神易玄義

大宮司朗 編著

神易玄義

大宮司朗 編著

緒　言

本書を『神易玄義』と名付けたが、そもそも神易と云うのは、古くは、布斗麻邇《ふとまに》と呼ばれ、神事の宗源であり、いとも重く尊い道であった。布斗麻邇は太占、太兆とも書かれ、フトは美称で、マニは任《まま》にと云う意味で、神の御心を問い、その神慮に従う事を玄義とする。

元来、神易は、天津神である皇産霊神《みむすびのかみ》が教え伝えた、日月星辰の運行、森羅万象の生成化育などを支配する天地の玄理に則って成り立つ、幽邃蒼古《ゆうすいそうこ》、神さびたる神術である。何か事をなすに当たって、あるいは人知では計り難い問題に直面した場合など、この神術を以て天に坐す神の幽意を確かめたのである。するとこの神術は、奇霊《くしび》な力を発揮して、如何《いか》なることであれ、その裏に隠れた吉凶禍福を未然に知らしめ、どのように考え行うべきかと云う教えを垂れたのである。まさに神の幽意を感得するところの秘法こそ、この神術なのである。

この神術によって得た神示を慎んで実行するときには、身を立て、家を興し、災いを避け、福を得るなど、その祥福の限りないことは、影の形に付き従うが如く、響きの声に応ずるが如く間違いないのである。

本書の第一章「神易幽義《しんえきゆうぎ》」においては、この神易が、皇産霊神からどのように巷間に伝えられていったのか、その歴史について詳述し、更に太極、陰陽、四象、八卦と神々の関係、占筮法、卦辞、爻辞など基本的な易の用語などについて解説する。

また、第二章「神易大象経《しんえきたいしょうきょう》秘解《ひかい》」では、『神易大象経』を収録し、その解説を行う。

『神易大象経』は、『易経』においては「大象（伝）」と呼ばれているもので、平田篤胤翁が、『易経』において神が残された言葉はこれだけであるとして、『古易大象経成文《こえきたいしょうきょうせいぶん》』を著し、またその簡単な解釈を施した『古易大象経　素読本』などが存したが、後に高弟の生田萬《いくたよろず》が師の命を受けて、より詳しい解釈を施した『古易大象経伝《こえきたいしょうきょうでん》』を著した。ちなみに、この著書は始め『神易大象経伝』とする予定であったとのことである。更には同じく篤胤翁の系統を引く土屋廣丸《つちやひろまる》が大象経などを基底として『神易要義』を著している。そうしたことも踏まえて、拙著では、神が授けられた易の意味で「神易」とし、その解説は生田萬の『古易大象経伝』を基にしてなした。

ちなみに大象経の言辞は卦象と関係なく示されたものではない。それぞれの語が八卦の象意と深く関わっている。よって、この大象経の解においては、主として、乾、坤、震、巽、坎、離、艮、兌の八卦の持つ象意とその位置によって、八卦の組み合わせである六十四の大成卦に包含されるところの神意、つまり大象経がどのようにして導き出されたかをそれぞれ詳しく説明した。これによって、仏教の経文のように意味なく大象経をそらんじるのではなく、卦象をよく観察することによって、自ずから大象経の言辞が浮かび出てくることになると思う。

もっとも、易を深く究めようとする必要はなく、日常出会う様々な問題について指針を今すぐにでも求めたいという人においては、ここは繙《ひもと》く必要はない。そのあとの大象の辞の説明を熟読し、自分がどのように心がけ、行動すべきかを知るだけであっても、十分に意味があることである。本書の主眼はここにあり、通常は、ここを見て、自分がどのように行動したらよいかを悟り知ることが大切である。

更に第三章には「易象《えきしょう》秘蘊《ひうん》」を収めた。これを繙くことによって、易の卦象を見て、人生における、過去、現在、未来の様々なことや、具体的な行動の指針、あるいは吉凶などを判断できるようになることだろう。

そしてそれもあえて『易経』の文字を暗記せずとも、易の象をじっと見ることで窺い知ることができる。その一端を易の大家である新井白蛾と云う江戸時代の人、ならびにその流を汲む人々が開示しているので、それを分かりやすく書き改めた。

ちなみにここで基とした本は、吉田《よしだ》政徳《まさのり》と云う人物の『古易占法《こえきせんぽう》秘蘊《ひうん》』と云う著書である。この著書の前に、新井白蛾の『易学小筌』と云う「象」と「意」、また諸事の吉凶のみを記した書があり、それに記された「象」と「意」が各卦からどのようにして導きだされたかと云うことを記した書、『古易一家言補《こえきいっかげんほ》』（西村白鳥、住川白瑩著）があり、更にそれを敷衍した『易学小筌象意考《えきがくしょうせんしょういこう》』（釈便道著）と云う書があり、またそれに細かい占示を加えた『古易天眼通《こえきてんがんつう》』（新井川順編）があり、そうしたものを踏まえて、『古易占法秘蘊』は成立したもののようで、諸事の吉凶がどのようにして導き出されたかを、各卦の象意から説明している。

ここでも注目すべきは、これまた大象伝同様に『易経』の卦辞、爻辞などに頼らず、各卦の象を観察することによって、掌《たなごころ》を指すように、ある事物がどこにあるか、相手が心になにを思っているか、あるいは諸事の吉凶如何を知ることのできることである。単に『易経』のあれこれの言葉を丸暗記して占うと云うのではなく、あくまで、卦象を見て一切を知るのである。

ともあれこの「易象祕蘊」によって、必要であれば、得卦の象を見て、ある事件の情勢、あるものの運気、ある人物の性格、社会や経済の動向などを占うことができるはずである。天地万物悉く易中に全備せざるはなしと云われるように、易は、森羅万象一切の事象、宇宙の玄理、玄則をそこに内包するものであり、実に易を知るものは、宇宙の叡知をも我が物にできるものであり、まさに受用無尽である。

だが、そうするには大象経を解する場合よりも、一層多くの易の要素やまた易独特の用語などを知る必要がある。例えば、互卦とか、綜卦とか、裏卦とか、全卦、似卦、包卦などである。よって、これまで易にあまり触れたことのない人のために、少し第一章の説明と重なる部分もあるとは思うが、その要素や用語について更に第三章の冒頭で簡略に示した。十分とはいえないが、その用語を知っていれば、第三章の「易象祕蘊」を繙《ひもと》くのにあまり苦労はしないと思う。もし、使われている用語で分からないことがあれば、ここの用語解説、あるいはまた第一章の用語解説に戻って調べて欲しい。

蛇足ながら、述べておく。運命とは必ずしも確定的なものではなく、その人の心がけ次第で転換できるものである。そここそ第二章の大象伝を活用する意味がある。神易の玄義からすれば、得た卦の象からどう行動すべきかを知れば良いのであって、他のことは余分なことである。どう生きれば神意に叶ったよりよい人生を送ることができるかを指し示すことこそが神易の本義だからだ。

だが易と云うものは、そこに一切の真理が秘められているとされていることからも分かるように、一切を包含するものであり、常人が知りたがる未来のことなどについても示さないわけではない。ただそうした枝葉末節なことに最終的にはこだわってはならない。

易によって、どんな状況にあるか、あるいはなりやすいかなどを知るのは無用であるとまでは云わないが、自分が災厄や困難に出会うであろうことを易で知り得ても、それを避けられないものとして甘んじるのと云うのでは意味はない。それよりもどのように行動したらそれを避け、凶をも吉にしうるかを知ることこそが大切なのである。

今、どのように行動すれば最善であるかを啓示するものこそが神易である。よってあくまで『易象祕蘊』は二次的なものと考えるのがよい。もっとも易の象は観象することによって、神折符同様に、そこに宇宙の神秘を開示すると云う面もあるので、象を見て森羅万象の有り様を洞察しうるようになるための参考とすることには問題はない。

最後に申し添えると、篤胤翁の著『太昊古易伝《たいこうこえきでん》』の前書きには、

すべて易《うら》と云ふものは、垂教《をしへ》を専《もはら》とせる道にて、まづ天神、地祇の御心を窺ひ識りて、其の御心の随《まにま》に仕へ奉り、福《さきはひ》を蒙り、禍《わざはひ》を避け、また吾人《われひと》ともに、皇産霊神の産霊によりて、生れ出し物にし有れば、固《もと》より定まりて、禀《う》け得たる性命《さが》有り、其を何《いか》なる性命ぞと、能《よ》く覚り得て、其の等々差々《ほどほど》に従ひ慎み、家をも身をも修むべきものにして、彼の嫌疑を決むるは、要とするところにあらざるぞ

かし。

と記されている。つまり、神の御心を窺い、その御心のままに行動して、幸いを蒙り、災いを避け、また神より受けた性命をよく悟って、慎んで、家も自分も修めるべきであり、あれこれの吉凶、紛らわしいことを判断するのはその大事ではないと云うのである。まさに、神易のあるべき姿を教示しており、本書を読まれる人は、こうしたことを心に刻み込んでおくことが肝要である。

なお、得卦の説明が、第二章「神易大象経秘解」、第三章「易象秘蘊」のいずれの頁に掲載されているかを手早く確認できるよう、本文巻末に【六十四卦の索引】を掲載しておいたので、ご活用頂きたい。

最後に付け加えておくと、『古易大象経伝』に基づき、神易六十四卦の意味、その卦を得た場合の心掛け、行動の指針を記し、加えてその卦に対応する霊符を配した『神易護符カード』というものが八幡書店から発行され、好評を得ている。このカードをお持ちの方は本書を読まれることで、それぞれのカードの意味するところがより一層明瞭となり、その活用が自在になるであろう。また、本書を読まれて、すぐにでも簡単に神意を得、神助を得たいと思われる方は、筮竹などを用いず、ただシャッフルして一枚を抜き出すだけで占え、各卦ごとに神助を得ることのできる霊符までもがついているこのカードを用いられることをお勧めする次第である。

大宮司朗

神易玄義　目次

第三章　易象祕蘊 …… 189

第一章　神易幽義

驚くべき易の秘密

「易」とは如何なるものであろうか。本書を繙《ひもと》くような読者には無用と思われるが、とりあえず、簡単に云っておくと、儒教の経典である四書五経のうちの一冊である『易経』に記されている、東洋の各種の占いの中枢に位置する重要な占術である。

しかもその中には哲理、倫理、心理、経済、政治といった人間生活にかかわることから、大は宇宙、小は極微の微粒子の世界に至るまで、一切が包蔵されていると考えられている。まさに森羅万象宇宙一切の過去現在未来の有り様を的確に表象する存在である。

易は約六千年の昔、伏羲《ふっき》の時代に創られたとされる。黄河より出現した龍馬の背に記されていた河図《かと》と云われるものに基づいて創られたとも、あるいは、伏羲が、天の象を仰ぎ観、地の法を究めて、天地自然の大原則に則って、それを全ての存在に適用できるように八卦を作ったのが始まり、とも云われている。

即ち伏羲は万象を乾（天）、兌（沢）、離（火）、震（雷）、巽（風）、坎（水）、艮（山）、坤（地）の八つの要素の集合によるものとし、八卦といわれるものを画し、更にこれを重ねて六十四卦を作り、以て万有に応ずるものとした。

伏羲が易を創始して以来、神農、黄帝、尭《ぎょう》、舜《しゅん》以下の聖人は易を至宝のものとし、以て王道の基礎とする。周の時代に至って、文王がその意義を一層明らかにするために、易の各卦に総論（卦辞《かじ》あるいは彖《たん》と云う）を付し、更にその子供の周王が三八四の一爻一爻に辞（爻辞《こうじ》あるいは象《しょう》と云う）を施す。

後、春秋時代の人、孔子が『彖伝《たんでん》上下』（各卦の説明である彖の解釈）、『象伝《しょうでん》上下』（各爻の象の説明）、

『繋辞伝《けいじでん》上下』（易の成立、内容に関する簡単な説明。また筮法）、『文言伝《ぶんげんでん》』（乾坤の解釈）、『序卦伝《じょかでん》』（六十四卦の順序の説明）、『雑卦伝《ざつかでん》』（六十四卦の二卦対立に関する説明）等のいわゆる十翼《じゅうよく》なるものを著したと云うのが通説だ。

だがここに驚くべき真実を開示した人物がいる。易は本来日本の神が創出したものだと云うのである。その人物こそ明治、大正、昭和の古神道家たちに多大な影響を与えた人物、平田篤胤翁である。

篤胤翁は歴史の教科書などによれば、江戸時代末期の国学者で、復古神道を提唱し、明治維新という王政復古の大原動力となった人物とされている。だが本書を手にするほどの読者なら、すでに知っていることと思うが、篤胤翁こそは現在の古神道と云われるものの本源をなす課題を積極的に研究し、提唱した人物であり、まさに現在の日本におけるオカルト研究の先駆的な人物であった。

伏羲は古く中国においては、太真東王父、扶桑大帝、東王公、木公、あるいは庖犠氏などとも呼ばれているが、篤胤翁によれば、彼こそは我が国の神真である大国主神がかの国の人々を扶養し、人倫の道を教えるためにしばらくかの国に渡られた時の仮の名であると云う。ちなみに、大国主神とは、稲葉の白兎で有名な大きな袋を背負った神、俗に大黒様と呼ばれている神である。

伏羲＝大国主神論を篤胤翁はその著書『三五本国考《さんごほんごくこう》』『太昊古易伝《たいこうこえきでん》』などでまことに詳細に論じ、「かくの如く、内外の古書を考証して、扶桑の皇国なる事を知り、なお委曲《つばら》に思えば、伏羲氏東王父は、疑《うつ》なく神典なる大国主神に坐《ま》し、女媧《じょか》氏西王母は、疑なくその后神須勢理毘売命《すせりびめのみこと》にぞ坐《おわし》ける」と断じている。その論は極めて明晰であり、反論することは浅学な筆者などには到底できそうにもない。篤胤翁の説が正しいとするならば、まさに古代中国において易を創始したとされる伏羲は、わが国の大国主神だったことになる。

神易の起源

そもそも神易とは、古くは太占《ふとまに》、また大真道《ふとまち》などと書いて、その大本は日月星辰の運行、森羅万象の生成変化などを支配する天地の玄則に則って、天神である皇産霊神が教え伝えたものである。

この神術を用いたことでよく知られているのは伊弉諾《いざなぎ》、伊弉册神《いざなみのかみ》である。神代の昔、天津神の命を受けて、この二柱の神は天沼矛《あめのぬぼこ》を以て国々を修理固成《つくりかため》なされた。この時、如何なるわけか不具合なことが生じたので、天津神の御教えを乞うために、太占を用いたのである。そして、その教えに従って国生み神生みの大業を果たされたのであった。

さて、この太占を授けられたのは、伊弉諾、伊弉册神だけではない。その玄理の一端は他の神も授けられた。

篤胤翁によれば、古代中国に渡った大国主神（中国名・伏羲）は皇産霊神に河図洛書を授けられた。洛書は夏の国の始祖・禹の時に出現したとされているが、伏羲の時代に河図洛書が同時に出現したと云う。これに基づき大国主神（伏羲）は天地万象を深く観察洞察し、神明の徳、万物の実相を把握し、以て八卦を制した。八卦を観象応用することにより人々が正しく上手に生活していけるようにとの神慮からであった。

と云うのは、この我々の住む世界には様々な現象が生成しており、人知を以てしては計り知れないことも多いからである。天には晴天と曇天があり、気に陰陽があり、年に豊作凶作があり、時候に寒暑があり、日に昼夜があり、万物に栄枯盛衰があり、また人に貴賤があり、賢愚があり、強弱あり、善悪あり、人生に苦楽あり、禍福あり、生死あり、すべて正不正、善悪混淆している。

神によって生み出された世界であるならば、すべてが善なるもの、正なるもの、美なるものであればよいのに必ずしもそうでもないように見える。何故なのであろうか。

これは人類が霊魂を練り鍛え、自らの自由意思で正道を好み、不正道を避けるようになれとの神策にいでたものなのだ。だが人間は情けないことに、神が定めた正しい道、踏むべき道は、清明な心を持っていれば明らかに悟り得るものなのに、しばしば迷妄の雲に覆われて事の善し悪し、神の御心が分からないこともままある。そのため、それを窺うための手段として、卜事の神術を大国主神が古代中国の人々に伝えたのである。

篤胤翁の弟子、角田《つのだ》忠行《ただゆき》もこのことについて、「この神術は皇産霊神が太陽神界において、天《あめ》之《の》御《み》中主《なかぬしの》神《かみ》の御心を遥かに窺い奉ったのに始まる。現世においては大国主神がこの術を以て人類を教え導いた。そのためその御霊を讃えて、大倭物代主大神《おおやまとものしろぬしのおおかみ》と云う。この術は後に唐土に伝わって易と云われるようになった。この神の御子事代主神《ことしろぬしのかみ》もこの術を駆使して天地の間のことをよくお知りになったので、世に於天《あめに》事代《ことしろ》於虚《そらに》事代《ことしろ》玉籤《たまくし》入彦《いりひこ》厳《いつの》事代主大神《ことしろぬしのおおかみ》と称え奉ったのである。その易術を後に姫昌《きしょう》というものがさかしらごととして、かき乱したのを、先師平田大人が考訂せられた」（『神易要義別巻』序）と、大国主神や事代主神が、易によって天下のことをお知りになられた趣旨を述べている。

文王の陰謀

ここで「その易術を後に姫昌というものがさかしらごとして、かき乱した」とはどういうことであろうか。

篤胤翁等によれば、現在流通している周易というのは、唐土の擬聖が、君を殺すというその道理に外れた行為を正当化するために作り替えたものなのだと云う。それによれば、中国の殷の時代の末に、姫唱父子（つまり周の文王と周公）がその主君であった紂王を滅ぼそうとして、その革命は易に記されていることで天命であり、決して悪逆非道のことではないのだと民に信じ込ませるために、伏羲つまり大国主神ならびにその孫にあたる神農の作った易を作り替えたのだと云うのである。

篤胤翁によれば、周易上下篇における、六十四卦の画象と卦名などは古伝の真物ではあるが、残りの卦辞爻辞ともに姫昌父子が作ったもので、そのために殷の天下を奪おうとする逆意のあからさまないつわりの言葉が多いのだと云う。一つ一つ篤胤はそれを指摘し弾劾しているが、本文の趣旨ではないのでここでは省略する。

神易大象経

それでは、篤胤翁のいう大国主神（伏羲）等が作ったと云う神易とは、そもそもどういうものであったのだろうか。大国主神が創製したところのものは、森羅万象を類例的に表示した八卦を二つ組み合わせたいわゆる六十四卦といわれるものと、その代表的な象の読み方を示した「大象経」と呼ばれるものである。また伏義の子・神農が創ったところのものは「象易（断易）」と呼ばれるものだ。

つまり「大象経」「象易」といわれるものこそが、日本の神、大国主神等が人々のため伝えられたものであり、卦辞爻辞といったものは本来存在しなかった。森羅万象を象った六十四卦の象は、深く思いを凝らして観ていると、その一つ一つの卦はその内包する玄意を語りかけてくる。六十四卦は必要に応じて、じーっと眺めていれば、どのような問題が生じ、どのように解決したらよいのかは自ずから分かってくるものなので、元来細かい説明は必要なかった。それぞれの卦から何を感得するのかと云うことは、元来、人々各自の器量に任されていたのである。

それを、姫昌父子は「大象経」や「象易」を剽窃《ひょうせつ》して、自らの王位簒奪に都合のよい厳めしい一定の占辞を卦爻ごとに付け、「周易」を作ったと云うわけなのだ。

さて神農の象易は、八卦に内包される木、火、土、金、水の五行の玄理を発展させ、占う月日の干支と深い関連を持たせた易で、「五行易」とも呼ばれている。鬼神がそこに働いているかの如くに驚くべき正確さを以て、過去・現在・未来の事象を占示する非常に興味深いものである。だが陰陽五行八卦に関するある程度の基本がないと分かりづらいものであるから、本書では基本である大国主神の創られた易についてのみ述べていく（断易に興味のある方は、定評のある九鬼盛隆の『断易精蘊』を参照して頂きたい）。

大国主神の創られた神易は、森羅万象の背後にひそむ神秘を解明し、未来を予測し、またどのように対処すべきかを的確に垂教してくれるものではあるが、決して難しいものではない。至極簡単で一度その玄理を理解すれば、あとは自在にその玄理を展開して、書物などはなくとも各自の力量次第で自然にその玄義を解明できるところのものである。

一つ例を挙げてみよう。乾為天（䷀）という卦だ。これについては『大象経』には「天行くは乾なり。君子、以て自ら彊《つとめ》て息《や》まず」と記されている。これは「天の運行することは休息することなくしかも疲れることがない（健）。有徳の賢人は天の運行の健であることを見て、それを身に体して、自らなすべきことを勉め励んで休息することはない」といった意味合いであるが、それはすべて☰の意味から演繹されている。

「天」とは乾の卦の象である。純粋に陽である乾の卦を天以上に代表するものはないからだ。「行く」と云うのも乾の象で、乾は天にある陽なるもの、太陽を意味する場合があり、それは常に進行しているからである。乾とは健であり、剛であり、これは☰がすべて陽で充実しているからだ。「君子」とは君主を云い、有徳の人を云う。純粋に陽なるもの、充実した存在を人間に当てはめて云っているのである。「彊て」と云うのは、勉めてと云うことで、☰の持つ「動く」とか「専ら」と云った意味からくるのである。動くとか専らとか云った意味は、太陽（☰）のひたすらに運行することから類推される。「息まず」とは休息することがないと云う意味である。これも☰の太陽が運行して止まることがないことからきている。

後で「大象伝」に基づく卦の解説、指針を簡略に示すが、実際は各自がその卦の象を観て、その意味するところを判断すべきなのである。実際のところ一卦の読み方はいく通りもあり、立場、状況などによって千変万化するものなのである。ゆえにこそ易《かわる》なのだ。

易の基本

易は、太極・陰陽・五行・天干地支・八卦の思想を総合し、体系付けたものである。その一つ一つは、独立した思想でもあるが、それらを統合することによって、天地間の森羅万象および宇宙の真理は、より明確なものとなる。易とは、いわば古今の聖人や哲人たちの叡知の結晶と云える。

我々は気によって生き、気の影響を受けながら、生涯を過ごす。この気が発したところを「太極」と云う。つまり、太極は宇宙の核となるところである。ものの根本をなすものであり、この核がなければなにものも存在しえない。

この太極からは、「陰」と「陽」、両極二つの気が発現する。陰の気と、陽の気とが交わることによって、ありとあらゆるものが発生し、成長していく。即ち、陰と陽の気は、生命の根源となる存在である。

さらに、陰の気と陽の気の作用から、「五気」が生じる。五気とは、木気・火気・土気・金気・水気を指し、無形で視覚的に捉えることはできないが、その働きによって、形あるものを生じさせる。つまり、木気が木を、火気が火を、土気が土を、金気が金を、水気が水を生じさせる。五行とは、形のないものから形あるものを生み出す根源ともなるべき、気の作用である。

また、陽の気は天となり、陰の気は地となる。この天の精神と地の作用を現す存在を「十干十二支」と云う。天の精神を現すものは、「十干」、すなわち甲・乙・丙・丁・戊・己・庚・辛・壬・癸である。地の作用を現すものが「十二支」であり、子・丑・寅・卯・辰・巳・午・未・申・酉・戌・亥である。この十干と十二支を合わせて、「天干地支」とも云う。

陰陽が結び合い発展して八つの存在となったものを「八卦」と云う。乾・兌・離・震・巽・坎・艮・坤の八つを云い、人間界、自然界の一切の存在を象徴するものである。

以上、その大まかな体系と、それぞれの関連を簡略に記したが、以降の頁でその詳細を述べていく。本書を熟読玩味し、これらに精通し、その知識を実生活のなかで活用し、その応験の素晴らしさを経験するときは思い半ばに過ぎるものがあろうかと思われる。

太極

太極とは、気を発する根源、また一切を生み出す本源である。宇宙の森羅万象はこの太極より発生する。太陽も月も星も、植物も動物も、山も海も一切はこの太極から生じてくる。とは云っても古神道的立場から云えばさらにその元がないわけではない。

そもそも天地の初発は、虚空の直中に上皇太一神《じょうこうたいいつしん》（即ち天之御中主神《あめのみなかぬしのかみ》）が存在し、その神徳が自然と表出されて、陰陽混沌とした一物を化出したのである。これこそ天地未分の太極なのである。つまり古神道的に云うならば、通常、易などで根源とされる太極よりもさらにその奥に、それを生じた天之御中主神が存在することになる。もっとも同様なことは老子も云っていることで「道は一を生じ、一は二を生じ云々」とある「道」とは、上皇太一、「一」とは太極を云うのである。ただ実際には太極と云う語彙自体の有する意義が、ほぼ天之御中主神と同一視して用いられることも多く、分けて考えると却って混乱を来すので、これ以降は便宜上、太極即ち天之御中主神と同じものとして用いていく。『易経』の「繋辞伝」に「易に太極あり、これ両儀を生ず。両儀、四象を生じ、四象、八卦を生ず」とあるが、ここで云う易とは「生々、これを易と謂ふ」（「繋辞伝」）とある易であって、生長展開するところの変易を云うのである。つまりは古神道的に云うならば、造化三神による生成化育、生成変化、つまりは産霊《むすび》の道が易であり、その変易の中心をなすものこそが太極なのである。

古来より、さまざまな現象を派生する根源的な存在、万物の中心をなすもの、万象の大本となるものが、宗教や哲学などの分野においても考えられてきた。たとえば、神道では「天之御中主神」と云い、密教では「大日如来」と云うが、どちらも一切のものの根本を云い現した言葉である。「宇宙精神」、「天主」、「太霊」なども同様であり、先に述べた古神道的な考え方と同様に、その宗派宗派において自らの本尊がもっとも本源的なものであると云う考え方がないわけではないが、ほぼ太極と同義語として用いられてきたのである。

さて万象の中心としての太極の例を挙げてみる。たとえば、この広大なる宇宙は、あまたの恒星や惑星によって形成されている。それらは無秩序に散在するものではなく、太極の一点に集約され、太極によって存在し運行するものである。宇宙の一部である銀河系は、巨大な渦として天文学的に観測されているが、その渦の中心に当たるものが、銀河系における太極である。

太極は云うまでもなく無形のものであるが、一切の中に存在するものである。それは天之御中主神の一霊がすべてのものに与えられており、すべてのものがそれにより存在しているのと同様である。中心を掴むことが大切であるとよく云われるが、誤解を恐れずにつづめて云うならば、中心こそが正に直中であって天之御中主神であり、太極である。

故に家の中心にある柱を太極柱と云うのである。また伊勢内宮、外宮の建物の中心に「心の御柱」という重秘の柱が存在するのも、そうしたものを象徴しているのである。

この観点から見ていけば、地球と云う惑星に住む我々にとっても、太極的な存在が考えられる。無論、太極とは目に見えるものではないが、中心存在を太極と考えるならば、それは太陽に当たる。太陽系の惑星のすべては、太陽を中心にして公転していることは周知の如くである。

太陽は、太陽系と云う世界の核であり、同時に太陽系宇宙における精神の源なのである。その霊的体現が神道における天照大御神である。それ故にこそ天照大御神は至上至美至尊の存在、天地を知ろしめす神として神道においては崇められているのである。

地球上では太陽なくして万物は存在しえない。太陽から発せられる気と、地から発せられる気の二つの気の交合によって、地球上のすべてのものが存在し育まれているのである。この二つの気は、陰と陽の二つの作用の代表をなすもので、二つの気が交わることによって、五気が生じる。詳細は、それぞれの項目にゆずるが、これが地球上における万物の始まりなのである。

また、人間と云う個にとって、太極、つまり中心存在とは何かと問うならば、それは生命を維持し、感覚を統括して判断し、意思として指令を発して行動に移す「一霊」である。また肉体において考えるならば身体の中心である丹田となる。それだからこそ、より強い気を発して健康を維持し、あるいは己を支配し、環境を変化させるために、古来より呼吸法などによって丹田を鍛える人々がいたのである。

さらに、人体を構成する細胞一つ一つを考えた場合には、太極的存在として細胞核なるものが存している。どんな微小なもののなかにも、また広大無辺な宇宙のなかにも、その中心となる本源、つまり太極が存在する。

個としての太極から発せられる気は、たとえば、「本気で勝負する」「元気がでる」「気合を入れる」「気にとめる」などの「気」に関する熟語に見られるように、心のありようとか、考え方とか、意志などとして現れてくる。それは、継続的に発揮されることも、瞬時に沸き上がることもあるが、いずれにせよ、そのときのその人の中心的な思想をなし、行動と結びついていくものである。「本気で勝負する」と云うことは、持てるすべての力を発揮し、勝ちを取りにいくと云う強い意志のもとに、実行に移されることを云うのである。しかし、実はこのとき、人的な力以外の絶対的な力が大きく働き、勝負を左右しているのである。どんなに努力しても好ましい結果が得られないことや、また逆に何の努力もせず、難題が容易に解決していくと云うこともある。このような結果の如何は、太極から運気を変化させるような積極的な強い気が発しているかどうかによることが多いのである。

易を学んで運勢をよくしようとするものは、同時に拙著『神法道術秘伝』などに記した息長《おきなが》法や福寿神咒奉唱などを実践して、自らの身体に十分な玄気を充実させることも大切なのである。

古人の言葉に、「天の道に従う者は栄え、これに逆らう者は亡ぶ」とある。この箴言《しんげん》は、個人の行動が、天の道に順じているか、逆らっているかどうかで、幸運な結果ともなり不運な結果ともなると云うことを示している。

もちろん、運勢はその人自身の意志と行動力によって開かれていくものであるが、どんなに成功しようと努力しても、「天の道」に逆らっている場合には凶となり、「天の道」に従って努力するとき自ずから栄えてくるのである。つまり「天の道」を知り、それに従うことは、幸運を手中に収める最大の近道と云うことになる。「天の道」の一端を一年三六五日間断なく示しているのが、天にある太陽である。易において、乾の卦は天であり、太陽であり、父であって、天は太陽を示す。天の道、即ち太陽の道でもある。

我々人類は、太極的な中心存在である太陽から発せられる気を受けて成長する生類の一つである。意識するしないにかかわらず、太陽からの気はまんべんなく降り注ぎ、そして我々の日常生活に多大な影響を与えている。太陽は人が感謝するかしないかに拘わらず、人の貧富にも関係なく、その恩恵を施す。しかもなにか自分が得ようとか、代償を要求すると云った利欲的な考えは少しもない。これが「天の道」の一つである。

日本においては、太陽を天照大御神の御徳の現れであるとして拝する人々が少なからずいる。かつてある宗教の開祖は重い病の床にあったが、太陽を拝してその陽気を戴くことによって速やかにその病の床から脱した。そして天照大御神の存在を深く信じて天照大御神の御徳を説いた。不思議なことにその人物の講話を聞いて、天照大御神の御徳を素直に了解する人はまた即座に病は消え、運勢も転換された。

天照大御神の磐戸《いわと》隠れの神話が存在するが、もし太陽が存在しなかったならば、この世は文字通り闇となり、大地は凍てついて人々の生存は危ういのである。

我々太陽系にいる人々は、この太陽系における太極的な存在である太陽によって生かされ、この天なる父である太陽の子として、天の精神と生命とを先天的に備える存在である。したがって、天の精神は、おのずと人の精神となり、天理天道は、個のなかにも自ずから存在するのである。太陽のように一切のものに光を施し、徳を施してその代償を求めないと云う天の精神が自己のなかに確立していれば、「天の道」に従っていることになり、自然に栄えることができる。だが、天の精神を発揮しなければ、「天の道」に逆らうこととなり、破滅へと転落していくことになる。

すなわち、自己のなかにある天の精神をしっかりと見極め、天の気を保有し、揺らぐことのない太極、霊の御柱を自己のうちに確立し、お蔭を求めず徳を積むことこそが運命改善の第一歩なのである。徳を積むことの功徳は、袁了凡《えんりょうぼん》という人の『陰隲録《いんしつろく》』という書に詳しく、その要点は拙著『言霊玄修秘伝』に記してあるので参考にしてほしい。

陰陽

太極から発せられる気は、陰と陽の異なる二つの存在からなっている。陰のあるところには必ず陽があり、陽のあるところには必ず陰がある。それは万物を貫く玄理であり、生と死の源泉なのである。陰と陽はまったく異なる作用をなすものでありながら、陰陽互いに表裏一体、銅貨の裏表の如く不可分の関係で、それぞれが単独に存在するものではない。陰陽とは対立しながら互いに補っている宇宙の二つの側面なのである。

古神道の立場から云えば、陽、陰の元神に座されるのが高御産霊神《たかみむすびのかみ》、神産霊神《かみむすびのかみ》である。この二柱の皇《み》産霊神《むすびのかみ》の働きによって森羅万象は産霊《むすび》出され、その神徳によって天陽、地陰の道は生まれたのである。とは云え、この二柱の神も、元はと云えば天之御中主神の神徳から生まれられたのである。太極を天之御中主神と比定する場合、「易に太極あり、これ両儀を生ず。両儀、四象を生じ、四象、八卦を生ず」とある「両儀」つまり陰陽は、この皇産霊神に当たられることになる。

ついでに論及しておくと、易では、両儀の陽は⚊、陰は⚋で表されるが、それを二つ組み合わせると、⚏ ⚍ ⚌ ⚎ となり、これを四象と云い、それぞれ太陰、少陽、太陽、少陰と呼ばれる。この場合、太陰は神産霊神《かみむすびのかみ》、少陽は伊弉《いざ》諾神《なぎのかみ》、太陽は高御産霊神《たかみむすびのかみ》、少陰は伊弉《いざ》冊神《なみのかみ》に対応することになる。

さて陰と陽との交わりによって、万物が誕生し、五行や十干、十二支、八卦が生じてくる。太極から発せられた陰陽二つの気は、陽の気は縦に、陰の気は横に限りなく伸びていく。陽の縦と、陰の横の気が交差し交わることによって、すべてのものが生成されるのである。すなわち、陰陽は造化の根本をなすものである。

どのようなものも、陰と陽とで構成されている。陽は剛健な天の働きを云う。また、陰は生き物を育む大地の働きを持つ。陽は、天へむかって伸びていく姿であり、天、父などの意味を含んでいる。陰は、地に下っていく姿であり、地、母などの意味がある。また、陽は無形のもので、心や精神として表象されるが、陰は形をなし、物質や肉体として現れるものである。

自然界で云うならば、冷たいものは陰であり、熱いものは陽であり、夜は陰であり、昼は陽である。月が新月から満月にかけて満ちていくのは陽であり、満月から新月までの欠けていくさまは陰である。満ちれば欠き、欠くれば満ちていく。陰極まれば陽となり、陽極まれば陰となる。これが陰陽の自ずからの働きである。

人の人生にも、陰と陽がある。「運がいい」「不運つづき」など、人生には幸運と不運は付きもののように云われているが、実は、幸運は陽の気、不運は陰の気の現れたものなのである。この幸運のなかにも、奇跡かとも思われるような幸運もあれば、凶事よりはましかと云う程度の幸運もある。一口に幸運とは云いながらも、幸運の度合いは異なっている。これは、陽の運気のなかにも陰の気があり、この陰の気がどの程度作用しているか、と云うことに掛かっているからである。陰の運気についても、これと同様のことが云える。

陰と陽の気が多いか少ないか、どのように変化増減していくかと云うことが、運勢に微妙な違いをもたらす。陰と陽は潮の干満のように、一方が増えれば他方が減ると云うように、絶え間なく変化しているのである。こうした陰陽の働く玄理を称して「陰陽の理」と云う。

このような陰陽の理は、たとえば四季の成立にも関与している。易で四象と呼ばれるものがその一例である。

太陰（⚏）は陽がまったくない純陰で、季節でいえば冬に相当する。ここに陽が一つ入ると少陽（⚎）になり、季節は春になる。そして純陽の太陽（⚌）、夏となり、満ちたものは必ず欠けるものであるから、陰を含む少陰（⚍）の秋になる。そしてまた純陰の⚏になり、さらに陽が芽生えてくる。こうして、陰陽の理によって四季は循環していく。

このように森羅万象のなかに、陰と陽とが微妙に交わり、複雑に作用し運行することによって、四季の成り立ちにとどまらず、さまざまな事象が生じてくるのである。

そして我々も、誕生以来ずっと、陰陽の理のもとに生を営んでいる。目に見えない陰の世界から目に見えるこの陽の世に生を受け、生長していくうちに、生と云う陽の中にいつのまにか死と云う陰が拡大していき、その極点に達したときに人はこの世を去り、目に見えない陰の世界にと赴くのである。日本では死んでから次の生を受けるまでの死後の四十九日間を中陰と云うが、その辺のことを言い表しているのである。

また我々は、地である陰と、天である陽の気が相俟って誕生する。人は陽の気である精神と、陰の気である肉体とをもって地上に存在している。生きることは、精神と肉体を維持することであり、死は、精神と肉体の消滅することである。我々は生あるかぎり、太極の一点から発せられる陰と陽の気の影響を受け続けているのである。

また自分が陰陽どちらの特性を持って生まれてきたかを知り、それに適した人生を送ることが、成功の秘訣ともなる。陰性の気のもとに生まれた人は、陰の持つ優しくはぐくみ育てる、地の特性を生かした職業に就くと、その能力を充分に発揮し、成功を手中に収めることができる。会社で云うならば、社長の補佐役的な存在である。また、陽の気のもとに生まれた人は、天の剛健な働きを備えているのであるから、小さくても組織の頂点に立つ地位に就くよう努力することにより成功を収めることができるのである。

易を知る者は、陰陽の理を良く知り、陰陽の働きを理解したうえで、人それぞれの陰陽の濃淡強弱をよく識別し、運勢判断をなさなければならないと云うことになる。

以上のように、諸事全般に陰陽の理は関わり、吉凶の根源をなしているのである。さらに、十干、十二支にも陰陽は存在し、陰陽の理の影響が存在するのである。


【十干】

陽	陰
甲	乙
丙	丁
戊	己
庚	辛
壬	癸

【十二支】

陽	陰
子	丑
寅	卯
辰	巳
午	未
申	酉
戌	亥

このような陰と陽の概念は、実際に断易や気学を運用するうえで、非常に重要な事柄である。左記の表

に、陰陽の気の特質とその気が形となってあらわれたもののいくつかを列記した。陰陽の気の具現したもの、すなわち形となってあらわれたものは、地球上に無限に存在する。それを探しだしてみるのも、陰陽の気を理解する一つの試みとなろう。

【陰陽一覧表】

陽	陰
天	地
日	月
顕	幽
昼	夜
剛	柔
健	順
男	女
君	臣
夫	妻
大	小
多	少
上	下
進	退
動	静
表	裏

陽	陰
前	後
昇	降
正	邪
東	西
南	北
往	来
福	禍
主	従
奇	偶
善	悪
優	劣
左	右
富	貧
貴	賤
真	偽

五気

本書では扱わないが、断易などの根底にある思想としてはさらに「五行説」が挙げられる。「五行説」は自然界に存在するものすべてが、木・火・土・金・水という五つの気から成り立っており、これらが結合したり、反発しあったりして自然界が循環しさらには発展していくと云う思想である。

あらゆるものは陰陽に大別されたあとで、この五つの気のどれかに分類される。譬《たと》えば身体で云えば、体表には陽気が多く、内部には陰気が多い。身体上部には陽気が多く、臓の内では心臓が陽気の中心となる。身体下部には陰気が多く、臓では腎臓が陰気の中心になっている。それが更に分類されて、肝臓が木、心臓が火、脾臓が土、肺臓が金、腎臓が水とされ、それぞれ五臓はそれを支配する気の影響を受ける。

古神道においては、この五気の働きの根源となる神を五元神《いつもとのかみ》と云う。木神は久具廼馳神《くくのちのかみ》、火神は迦遇《かぐ》槌神《つちのかみ》、土神は埴安姫神《はにやすひめのかみ》、金神は金山彦神《かなやまひこのかみ》、水神は水波女神《みずはめのかみ》とされ、以上の神々の御神徳の現れが五気であり、それが人間界や自然界に影響を与えていると考えるのである。五気の運行が秩序を得れば、五穀豊穣にして国家太平となり、これに反して五気の運行が乱れれば、天変地殃《てんぺんちよう》の噴火、地震、山崩れ、津波、あるいは洪水などの変動が生じるのである。ちなみにこの五元神を祀ることは、五臓の安寧、あるいは玄胎結成、運気向上に大いに益あることとされている。

さて四季の成り立ちについては、先に「陰陽の理」と云うことで四象との関わりで述べたが、実際のところ季節の移り変わりには、五行が深く関わっているのである。五行とは、火、土、金、水、木の五種類の気の運行を云う。

春夏秋冬を四季と云うが、これに季節の変り目である土用を加えて、五つの季候とする。五つの季候は、五種類の気が運行することによって、変化し循環するのである。春は木の気が旺盛であるから草木が芽吹き、夏は火の気が盛んとなって暑くなり、秋は金の粛殺の気が活発となり草木が枯れ、冬は水の気が旺盛に働いて寒冷となるのである。各季節間の変化をもたらす土の気の旺盛な時期が土用である。暦法では立夏の前の十八日間を春の土用、立秋の前の十八日間を夏の土用、立冬の前の十八日間を秋の土用、立春の前の十八日間を冬の土用と云い、その初めの日を土用の入りと云う。このように、季節それぞれの趣は木、火、金、水、土のそれぞれの特質が活発に働くことによって現れる。季節の変化は、すべて五気のなせる業なのである。

木、火、土、金、水の間には、相互に生成と剋滅の二つの関係がある。ある一気が他の一気を生み出して行く関係を相生《そうしよう》関係と云う。すなわち、木は燃えて火を生じ、火は燃えつきて土となり、土はそのなかで金を育み、金からは水が出で、水は木を育て、そしてまた木は燃えて火を生ずると云うものである。相生関係は、あるものから別のものを生成していく「順」の理であるが、あるものが別のものを剋し滅ぼす「逆」の理もある。これを相剋《そうこく》関係と云う。すなわち、火は金を溶かし、金は木を枯らし、木は土の養分を吸い上げ、土は水を濁す、水は火を消す、と云うものである。

気学などにおいては、この五行の思想は家相や方位を判断するうえで不可欠のものとなっている。たとえば、方位も五気の特質を備えている。南は火、北は水、東は木、西は金、中央が土である。そこで、ここでいま述べたように、水は金と木とは相生関係にあるが、火とは相剋の関係にある。このことから、五黄が中央にある年に、水の性質をもつ者が、東や西の方位へ移動することは吉であるが、火の気のある南の方位へ移動すると凶となる。また、家相では、東が欠けていると木の伸びるような発展が望まれず家運が衰えてくる。西が欠けていると金に縁のない家相であるなどと判断する。

前にも述べたように人体にも五行は適合する。木は肝臓、火は心臓、土は脾臓、金は肺臓、水は腎臓に相当する。よって木の方位を凶方に用いると肝臓を患い、火の方位を凶方に用いると心臓を患うこととなる。

五行は数、音、色、方向などがあり、人体、自然現象、運勢などと深く関わっている。よって、気学など運用の際には、五行の相生相剋の理が究めて重要な判断基準となることを忘れてはならない。

五行の相生・相剋を図で示せば左のようになる。参考にして欲しい。

【相生・相剋】

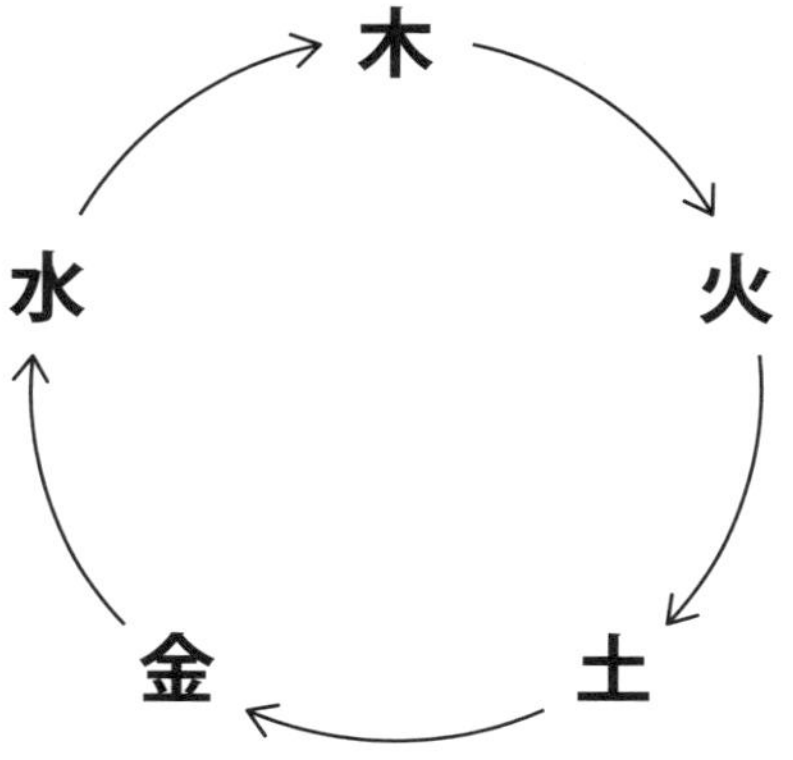

相生関係

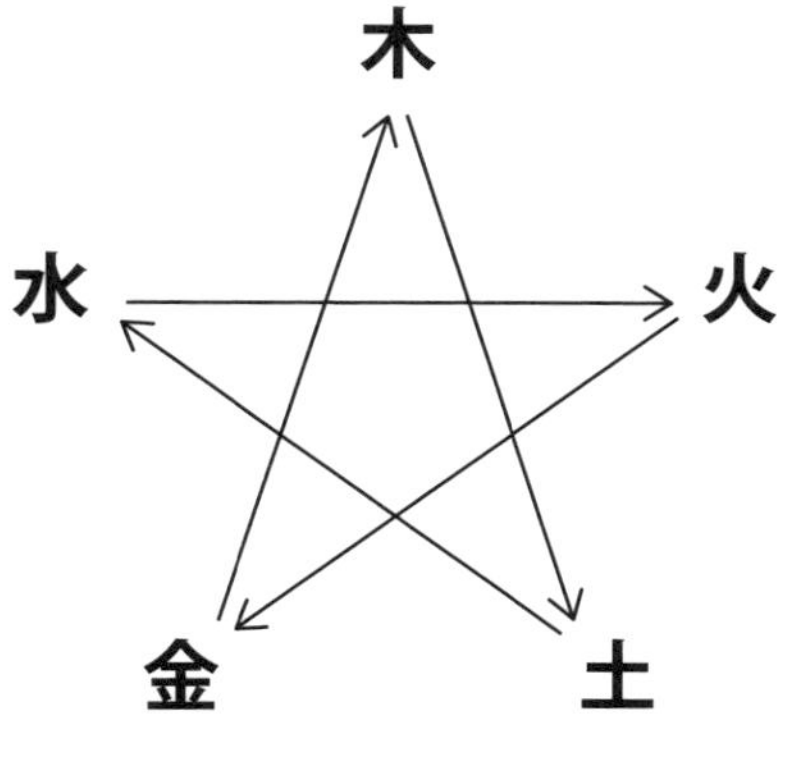

相剋関係

【五行分類】

	五季	五位	五充	五志	五臓	五味	五神	天干	地支	五官	五方位	五常
木	春	震巽	筋	怒	肝臓	酸	青龍	甲乙	寅卯	眼	東	仁
火	夏	離	血脈	喜	心臓	苦	朱雀	丙丁	巳午	舌	南	礼
土	土用	坤艮	肌肉	思	脾臓	甘	勾陳 螣蛇	戊己	辰未 戌丑	口	中央	信
金	秋	乾兌	皮膚	憂	肺臓	辛	白虎	庚辛	申酉	鼻	西	義
水	冬	坎	骨髄	恐	腎臓	鹹	玄武	壬癸	亥子	耳	北	智

八卦

八卦とは、乾（☰）、兌（☱）、離（☲）、震（☳）、巽（☴）、坎（☵）、艮（☶）、坤（☷）の八つの卦を云う。八卦は、天地自然の理に象《かたど》って作られ、自然の理法、深遠なる宇宙生成の密意が込められており、しかも、きわめて論理的な体系によって構築されている。

易を実践する者は、八卦の成り立ちに精通し、そこに秘められた玄意を十分に修得したうえで、あらゆる事物に対応させせ、なおかつ、そのときの状況に即応した自己の言葉で表現すると云う、「霊覚を以ての運用」が要求されるのである。

さて、八卦はどのようにして生じたのであろうか。まず、太極から生じた陰と陽は、その特質から陽は縦、そして陰は横へと限りなく広がっていく。つまり一点より四方に広がっていく。その広がりによって、自ずと四象が生じる。四象は、東西南北の四つの方位、つまり四正を現すものであり、さらに春夏秋冬を現すものでもある。

太極を本源にして成り立つ宇宙の構造は、ここからさらに、もう一つ、次の展開を見せる。つまり、四正に加えて四隅が生じるのである。これによって、四正と四隅を合わせて八方位が成立する。八卦はこの八方位の作用、特質、精神などを明らかにするものである。太極の一から、陰陽の二つが生じ、陰陽から四象が起こり、四象から八卦へと広がっていく。このことを『易経』の「繋辞伝」には「易に太極あり、これ両儀を生ず。両儀、四象を生じ、四象、八卦を生ず」と記されている。

一層の理解のために、以上のことを言葉を変えて説明する。先ず陰陽混濁とした太極があり、それが両儀すなわち陰陽に分かれる。陰陽を表現する印が⚋、⚊である。平田篤胤翁によれば、太極の姿とは卍であって、これを延ばすと＋であり、その縦の｜を引き抜き天陽に見立て陽爻とし、｜を抜き出したあとの横棒に跡があって⚋のようにあるのを地陰に見立て陰爻としたものが⚋であり、これを両儀を生ずと云うのである。

この⚋、⚊を二つ重ねたものが既に説明した四象、つまり太陰（⚏）、少陽（⚍）、太陽（⚌）、少陰（⚎）である。さらに宇宙を構成するのは、天地人の三要素であると云う三才観に基づいて、この⚋、⚊を三つ重ねて生じたものが八卦である。これにより八卦に森羅万象すべてのものは帰納され、八卦からすべてのものは演繹される。

八卦に至って、ようやく易における宇宙構造論と宇宙精神論が如何なるものか、おぼろげながらも、次第にその全容を現し始めるのである。

それでは八卦の玄意に触れてみる。易においては八卦の中に森羅万象一切の存在が網羅され分類されるとされ、『易経』「説卦伝」には「乾は天と為す。円と為す。君と為す。……坤を地と為す。母と為す。布と為す。……震を雷と為す。龍と為す。玄黄と為す。……巽を風と為す。木と為す。長女と為す。坎を水と為す。溝涜と為す。隠伏と為す。……離を火と為す。日と為す。電と為す。……艮を山と為す。径路と為す。小石と為す。……兌を沢と為す。少女と為す。巫と為す。」とある。

「天、地、雷、風、水、火、山、沢」などは各卦の代表的な象であり、それぞれ、なお多くの象を配属して一切を分類統合するのである。そのため、その多義を包蔵含蓄させるために乾と云い、坤などと卦に名称を与えて、それぞれの卦に配属した象物の総名としたのである。

また同じく『易経』「説卦伝」には、「乾は健なり。坤は順なり。震は動なり。巽は入なり。坎は陥なり。離は麗なり。艮は止なり。兌は悦なり」などとも記されており、「健、順《したが》う、動く、入る、陥る、麗《つ》く、止まる、悦ぶ」などは、八卦の持つその代表的な卦徳を示すものである。

八卦の象意とその所属する象物のいくつかをここに紹介しておく。

☰乾…この卦はすべて⚊（陽）である。よって陽が意味する剛健なもの、丸いもの、高貴なものなどがこの卦に属する。

所属例…天（混じり気のない陽であるから）、父（父は天の如し）、夫（☷坤に対応して）、神（天の妙用）、頭（尊く高いところから）、龍（陽物にして変化不測）、金（高価）、玉（丸く固い）、帝王（高貴な存在）、都（帝の住むところ）、実（気の充実したもの）、聖人、賢人、君子、健全、剛健、高い、尊い、行い、道徳、君主、大人、高殿、馬。

☷坤…この卦はすべて⚋（陰）である。よって陰が意味する柔順なもの、四角いもの、卑しいものなどがこの卦に属する。

所属例…地（純陰で形あるものであるから）、母（母は地の如し）、妻（☰乾に対応して）、腹（柔らかく下のほうに位置し方形）、皇后（☰の帝に対して）、牛（従順で蹄が二つに割れている）、倉庫（大地のように包容納入する）、布（柔らかく大地のように広い）、衣装、袋、田んぼ、順う、厚い、平均、育成、慈愛、誠実。

☳震…二陰の下に一陽があり、陰に抑えられた陽が激して動き上ろうとする象。よって動くもの、激発するものなどがこの卦に属する。

所属例…雷（激発し奮い動く）、長男（☳が始めて⚊を得た象）、兄（長男だから）、足（下で動くから）、行人（道行く人）、道（人の動き進むところ）、響き（雷の鳴る音から）、空箱（一陽を底とし、二陰を空虚とする）、車（振動し、走るところから）、祭、馬、竹、動く、進む、驚く、勇気、決断、木、草むら、龍。

☴巽…二陽の下に一陰があり、下り退く性質を持つ陰が陽の下に入り伏している象。よって、入るもの、下で従うものなどがこの卦に属する。

所属例…風（物の隙間によく入るもの）、長女（☰が始めて⚋を得た象）、姉（長女だから）、股（足に従って動止するから）、僧侶（仏に仕え従うから）、匂い（風が運ぶものだから）、命令（風の行き渡るように上から下るから）、長いもの（風は長いものだから）、蛇、縄、工、入る、出入りする、迷う、従う、誠実、鶏。

☵坎…一陽の上下に二陰があり、陽が陰の間に落ち込んで出ることができず悩んでいる象。よって陥るとか険《なや》むとか穴とか云うものがこの卦に属する。

所属例…水（水の落ち込んでいく性質）、中男（☷が二番目に⚊を得た象）、腎臓（五行では腎は水に属する）、耳（穴の開いた形から）、心（二陰の身体の中に一陽の気力を保つ象）、月（月を水の精と考えるところから）、盗賊（人を悩ます）、雨、雲、酒、陥る、悩む、誠、妨害、潤す、思想、血、月、雲、豚、酒。

☲離…二陽の間に一陰があり、陰が左右の陽に付こうとする象。ちなみに離は麗であると云われ、麗には「つく」、「うるわしい」などの読みがある。

所属例…火（火は物について存在し、美しい）、中女（☰が二番目に⚋を得た象）、明智（火があらゆるものを照射する）、目（明らかに像を映し出す）、電光（雷の火）、日（太陽を日の精と考えて）、蛍（発光する）、文書（物を明らかにする）、甲冑（柔らかな陰を固い陽で覆っている）、亀、網、光、戒め、離れる、麗《つ》く、美麗、輝く、心、太陽、刀剣、亀、雉。

☶艮…二陰の上に一陽があり、昇り進もうとする性質を持つ陽が昇り進んで更に進むところがなく止まっている象。よって止の意味を有するものがこの卦に属する。
所属例…山（高く地上に止まるもの）、少男（☷が最後に⚊を得た象）、手（物を止めるもの）、鼻（匂いを止め、高いもの）、慎み（内に止め蓄える）、門（人を止めるもの）、墓（祖先の止まるところ）、犬（門を守る）、星、賢人、獄吏、篤実、止める、蓄える、頑固、慎重、賢人、家。

☱兌…二陽の上に一陰があり、低き卑しい性質を持つ陰が尊い陽の上に出て喜ぶ象。ちなみに兌は悦であり、喜びを意味する。
所属例…沢（上に窪みのある象。また☱の流水の下を止めた象）、少女（☰が最後に⚋を得た象）、口（上に開いているもの、また人の喜びである飲食を摂するところ）、巫女（少女、また託宣を口より発する）、毀折（☰の円満な一部を破り傷つけた象）、廃物（壊れたものの意から）、説明、娯楽、和、谷、悦ぶ、娯楽、説明、弁舌、刑罰、不信、沼、水辺、羊。

右はその代表的なところの一部を上げたに過ぎないが、一切のものは八卦に分類される。ある事象が、なぜ八卦のあるものに分類されるかはそのものの持つ特性による。先にも乾を用いてそのことを説明したが、もう一度そのことについて説明しておこう。乾は上中下ともに陽であり、陽を高いとし、尊とし、陰を低いとし、卑とするところから、もっとも高く尊いものということで、それを自然においては天とし、社会においては君主とし、家庭においては父としたのである。また陽は強く固いものであるから、剛健とし、健全としたのである。一卦一卦に属する象はそれだけの理由があってそこに属するのである。

八卦の有する玄意を十分に理解すると云うことは『易経』の理解、あるいは易占などにおいては非常に重要なことであり、八卦に精通することによって始めて、太極から始まった宇宙生成とその精神を理解し、これを一切に応用して判断することが可能となるのである。

ちなみにこの八卦と云うものは、古神道においては伏義（大国主神）が神国の古伝に基づいて作ったものとされ、神々の御徳に擬《なぞら》えてあり、乾天は伊弉諾神《いざなぎのかみ》、坤地は伊弉冊神《いざなみのかみ》、震雷は大雷神《おおいかづちのかみ》、巽風は科戸神《しなどのかみ》、坎水は水波能売神《みずはのめのかみ》、離火は火牟須毘神《ほむすびのかみ》、艮山は大山津見神《おおやまつみのかみ》、兌沢は大海津見神《おおわたつみのかみ》の御神徳に対応するとされている。

さてこれより、卦を得る方法、六十四卦の意味、その卦を得た場合の心掛け、行動の指針を篤胤翁がその研究を委託した高弟・生田万の『古易大象経伝』に基づいて解説する。これは神農の象易ほどの派手さはないが、神易を知る上で基本となるものである。しかし、基本といっても決して馬鹿にはできない。たとえ過去はどうであった、未来にどんな事件が起きるなどと云うことを的確に知りえても、普通の占いでは凶運から逃れる術を教えてくれるものはほとんどない。この大国主神の神易こそは、凶運を吉運に、吉運を大吉運に変化させる要諦を読者に教示するものなのである。

易の用語

さて、実占の説明に入る前に易に接することが初めての人のために、簡単に易の用語などを説明しておく。すでにご存じの方はここを省略して、次の章に入って頂いても結構である。

「易」はその卦と云う形象の中に変化流動する宇宙万有の本質を的確に捉えていこうとするものである。現代の「易」は、『易経』によっている。この『易経』は「四書五経」と呼ばれる儒教の経典の一冊で、本文と解説部分から成っている。本文は「経」と呼ばれ、解説部分は「伝」と呼ばれる。この「伝」を作り上げたのは孔子と伝えられている。孔子によって書かれた「伝」は「十翼」と呼ばれ、全部で十編の「伝」から成り、先にも説明したが、「彖伝」の上下、「象伝」の上下、「繋辞伝」の上下、「文言伝」、「説卦伝」、「序卦伝」、「雑卦伝」と云う名称が付けられている。『易経』の本文には、先ず初めに「六十四卦」の「卦」を表す記号が、たとえば䷀と云うように示され、それには䷀の「卦」そのものを解釈した「卦辞」が付けられており、さらに「卦」を構成する六本の「爻《こう》」一つ一つについてその意味を解釈する「爻辞」が記されている。

卦辞は文王が作ったものとされ、また彖辞とも呼ばれる。卦とは掛ける意であり、彖とは断ずる意であり、一卦に掛けた言葉であり、断じて説くと云うことである。爻辞とは周公の作ったものとされ、また象辞ともいう。爻とは交わるとか、象《かたど》るといった意味があるが、金文ではもともと六爻の頭の部分が交わった形で示されている。象辞の象とは象《かたど》るとの意味であり、あらゆる存在の象について述べるとの意である。一卦六爻の説明があり、つまりは六十四×六で三百八十四爻の説明がある。

六本の「爻」のそれぞれの位置には定まった呼び方があり、一番下を初といい、それから二、三、四、五、上となる。よって一番下の爻を初爻、二番目を二爻……一番上を上爻と呼ぶ。また陽（⚊）と陰（⚋）については、陽（⚊）は奇数の九、陰（⚋）は偶数の六という数字で表すことになっていて、爻はさらに陽（⚊）と陰（⚋）の区別と位置の組合せによって呼ばれ、䷀という「卦」を例にしてみると、六本の「爻」は全部陽（⚊）であるから数字は奇数の九を用い、六爻の一番下を初九、二から五までについては、陽（⚊）と陰（⚋）の数字と一を示す二、三、四、五の番号を付けることになり、この場合は九二、九三、九四、九五と呼び、上は上九と呼ぶ。また䷁であれば、一番下を初六、二番目は六二、三番目は六三、四番目は六四、五番目は六五、一番上は上六と呼ぶ定めとなっている。

ちなみに䷀の「卦」を『易経』に見てみると、

䷀　乾下乾上　（乾為天の「卦」）

乾は元《おお》いに亨《とお》る。貞《ただ》しきに利《よろ》し（この部分を「卦辞」と云う）。

初九　潜竜《せんりょう》なり、用うることなかれ（以下、亢竜《こうりょう》悔ありまでを「爻辞」と云う）。象伝に曰く、潜竜用ゆる勿れ、陽下に在ればなり。
九二　見竜田《でん》に在り、大人を見るに利し。象伝に曰く、見竜田に在り、徳の施し普《あまね》きなり。
九三　君子終日乾乾《けんけん》、夕まで惕若《てきじやく》たれば、あやうけれども咎なし。象伝に曰く、君子は終日乾乾すとは、反復の道なり。
九四　或いは躍りて淵にあり、咎なし。象伝に曰く、或いは躍りて淵にあるは、進みて咎なきなり。
九五　飛竜天にあり、大人を見るに利し。象伝に曰く、飛竜天にありとは、大人の造るなり。
上九　亢竜悔あり。象伝に曰く、亢竜悔ありとは、盈《みち》ること久しかるべからざるなり。

用九　群竜首《ぐんりようかしら》なきを見る。吉。象伝に曰く、用九は天徳首となるべからざるなり（用九は「六十四卦」中、この「卦」だけに用いられ、䷁で表される「坤為地」の「卦」で用六で用いられる以外、「用」という語句は用いられず、残り六十二の「卦」は六本の爻に対する六つの「爻辞」だけになっている）。

象に曰く、大いなるかな乾元《けんげん》、万物資《と》りて始む。すなわち天を統《す》ぶ。雲行き雨施し、品物形を流《し》く。大いに終始を明らかにし、六位時に成る。時に六竜に乗り、もって天を御す。乾道変化して、おのおの性命を正しくし、大和を保合するは、すなわち利貞なり。庶物に首出して、万国ことごとく寧《やす》し（これが「象伝」で、卦辞の意を伝えたもの）。

象に曰く、天行健、君子以自強て息《や》まず（これが爻に付せられた「象伝」と区別して「大象伝」と呼ばれるもので、卦の象を元としてどうすべきかを示したもの）。

文言に曰く、元は善の長なり。亨《こう》は嘉《か》の会なり。利は義の和なり。貞は事の幹なり。君子は仁を体すれば、もって人に長たるに足り、会を嘉すれば、もって礼に合するに足り、物を利すれば、もって義を利するに足り、貞固なれば、もって事に幹たるに足る。君子はこの四徳を行う者なり。故に曰く、乾は元亨利貞と（これが「文言伝」で、もっぱら乾坤の二卦についてその要諦を説く）。

以上、「乾為天」の卦の卦辞、爻辞を記したが、これらの言葉も何の根拠もなく付せられたものではない。例えば「乾は元いに亨る。貞しきに利し」とは「乾の卦を得たものは、大いに物事が達成する。貞正な態度を取るのがよい」と云った意味であるが、乾は天であり、また太陽が運行するように進むことであり、天の運行が止まることがないように、努めて止まなければ通じないと云うことはないので、大いに物事が達成するとしているのである。

貞とは貞正のことであり、道に則った正しいことを行うのがよいと云うことになるが、これは人が進み動き、あまりにそれが過ぎるときは、他の柔弱な人を侮り軽んじたり、人の愚昧を嘲笑うような間違いをしでかしがちなので、それを戒めて云うのである。

そして、貞とか利とか云う語が用いられているのは、乾は純陽であり、不純なものは少しも含まれてなく、正しいものであり、貞であるからであり、また純陽で少しも欠けるところがないので、それは善であり、良いものであり、利《よろ》しいからである。

初爻の「潜竜なり、用うることなかれ」とは「地下に潜んでいる竜である。用いてはならない」と云った意味であるが、竜は陽物であり、雲を呼び、風を起こす変通自在の生き物（乾の通変無碍《むげ》なところから龍とみている）ではあっても、初爻は最下位にあって地に潜っている象なので、潜竜とし、地下に潜み隠れて、未だ出るべき時期ではないので、用いること勿れと云うのである。

象伝では、用いてはならない理由を「陽下に在ればなり」としているが、陽とは初爻の陽剛の象であり、乾の象。また「下に在れば」とは初爻が最下位にある象である。

ついでのことに九二も見てみよう。ここには「見竜田に在り、大人を見るに利し」とあるが「（地上に）現れた竜は地の上面である田にいる。立派な人と見《まみ》えるとよい」と云った意であるが、二爻の位置は易では地上の位であり、そこの竜なので、見《あらわ》れた竜と云ったのである。また大人とは乾の象であり、また乾の卦の二爻が変化すると離卦☲となり、離は眼とか、見ると云った象がある。

象伝では、「徳の施し普きなり」と記しているが、徳も、施すも、普くも乾の象であり、九二の賢人がその時を得て、九二に応じるところの九五の大人に出会って、その徳業を天下に普く施すべきときであると云っているのである。

ごく一部を説明しただけであるが、「大象伝」（これはあとで詳しく述べる）のみならず、卦辞、爻辞なども八卦の象を観察して作られていることがお分かりになったであろうか。卦辞、爻辞に関して平田篤胤翁は賢《さか》しらに作られたものと断じておられるが、とはいえこれも易の一つの見方を示しているので、読者は象の見方の練習として余裕があれば、易経全般を繙《ひもと》いて見ることも無駄ではないのである。

卦の出し方、実占例

「易」の占い方には、大きく分けて本筮法、中筮法、略筮法と三つの立筮の方法がある。その立筮の仕方にもそれぞれ意味が付与されている。先ず最初に「繫辞伝」に示された本筮法と呼ばれる立筮法を簡単に述べておこう。

○本筮法

第一変

①五十本の筮竹を揃え、占う事柄を強く心の中に思う。この五十と云う数は、十干十二支二十八宿を足した数であるとか、天数である一三五七九の合計二十五、地数である二四六八十の合計三十、これを合わせた計五十五から天地に共通する五行を除いた数であるとされ、大衍《だいえん》の数と呼ばれる。「衍」とは「のぶる」と云う意で天地の数を延べ広げたのが大衍である。次に一本を取り除きこれは使用しない。この一本は「易」の「太極」（天地未だ分かれる前のまさに天地を生成しようとする元気）に見立てられている。

②心を「無心」にし、四十九本の筮竹を左右両手に二分して持ち、これによって天地の両儀に象る。左手のものは天（陽）、右手のものは地（陰）である。右手の筮竹は下に置き、そこから一本を取り、左手の小指と薬指の間に挟む。これは「人」を象どり、これを以て天地人三才が象徴される。

③次に、左手の筮竹を四本ずつ数えていく。これは四時つまり春夏秋冬に象っている。余りの筮竹を左手

の薬指と中指の間に挟むのであるが、この場合四本ずつで割りきれるようであれば最後の四本を余りの分とする。

④取り除いて置いた右手の筮竹を同じように数える。四本ずつ数え、余り筮竹を左手の中指と人差し指の間に挟む。この場合も四本ずつで割りきれるようであれば最後の四本を余りの分とする。

⑤ここで、左手に挟んでおいた筮竹の数を足してみる（これらを足すと必ず、九か五の数になる）。

第二変

まえの「第一変」で出た九か五の数を、四十九本の筮竹から引いた残りの筮竹、つまり四十四本または四十本の筮竹を使用して、「第一変」の②から④までと同様の方法を行う。そして、左手に挟んでおいた筮竹の数を足してみる（これらを足すと必ず、八か四の数になる）。

第三変

まえの「第二変」で出た八か四の数を、四十四本または四十本の筮竹から引いた残りの筮竹を使用して、「第一変」の②から④までの方法を行う。そして、左手に挟んでおいた筮竹の数を足してみる（これらを足すと必ず、八か四の数になる）。

このうち九と八を「多い数」、五と四を「少ない数」といい、「第一変」から「第三変」までの三変に「多い数」と「少ない数」の顕れ方により「爻」が決定する。この三変のうち、

一、「多い数」が二回、「少ない数」が一回出た場合には「少陽」といって⚊で表す。
二、「少ない数」が二回、「多い数」が一回出た場合には「少陰」といって⚋で表す。
三、「少ない数」が三回ともでた場合、「老陽」といって□で表す。これは陽爻であるが陰に転じる可能性を示す。
四、「多い数」が三回ともでた場合、「老陰」といって×で表す。これは陰爻であるが陽に転じる可能性を示す。

このようにして、一番下の「初爻」を決定する。さらに三変を五回繰り返し、二爻、三爻、四爻、五爻、上爻を決定する。都合十八変の操作をすることになる。ここに「卦」が顕れる訳である。

○中筮法

次に中筮法を説明する。

本筮法十八変は、これを行うには時間もかかり、よって人によっては心も身体も疲れて心身統一した状態を維持することが難しい。そこでもう少し簡略化された中筮法が用いられる。これは太極を立て、天地人の三策を作るところまでは本筮法と同じである。よって少し省略して説明する。

①五十本の筮竹を揃え、占う事柄を強く心の中に描く。次に一本を取り除きこれは使用しない。この一本は「易」の「太極」に見立てられている。

②心を「無心」にし、四十九本の筮竹を左右両手に二分する。この二つに割ったものは、天地陰陽を象ど

る。右手の筮竹を下に置き、そこから一本を取り、左手の小指と薬指の間に挟む。これは「人」を象どり、これを以て天地人三才が象徴される。

③次に左手の筮竹を八本ずつ数えていく。そして余りの筮竹に人策の一本を加えたものを爻卦とする。一本ならば乾☰（老陽の爻）二本ならば兌☱（少陰の爻）三本ならば離☲（少陰の爻）四本ならば震☳（少陽の爻）五本ならば巽☴（少陰の爻）六本ならば坎☵（少陽の爻）七本ならば艮☶（少陽の爻）八本ならば坤☷（老陰の爻）。

右の操作を合計六回行う。初めに得られたものが初爻、次が二爻、そして最後に得られたものが上爻と云うことになる。こうして得られたものを「本卦《ほんか》」といい、そして、乾（老陽）と坤（老陰）を得た爻は変化し、他の六卦は変じない。変じた卦を「之卦《しか》」と云う。もっとも六つの爻全部が乾坤であれば全部変じ、また爻が乾坤を含んでいなければ全部変じず、之卦のない場合もある。

○略筮法

次に略筮法を説明する。

略筮法は三変するだけと云う、一番簡略な筮法なので、よく用いられる。よって少し詳しく説明してみよう。

まず、斎戒沐浴して身心を清めて正座し、五十本の筮竹を執り、額のあたりまで捧げて、占おうとする事についてお示しのあることを祈る。

それから筮竹の中から一本を抜き取って筮筒の中に立てて太極になぞらえる。残りの四十九本を細い方を本として左手に握り、先の方を扇型に開いて、右の手を添えて、心気を凝らして、天地陰陽の両儀に則り、これを二つに分ける。左の手にあるものが天策、右の手にあるものが地策である。この右の手にある地策を机の上に載せ、その中の一本を抜き取って、左手の小指と薬指との間に挟む。これを人策と名付ける。このようにして天地人の三才に象るのである。

次に天策を八本ずつ（二本ずつ四度）数えていく。つまり八本払いにして、その残りに小指の間に挟んだ一本（人策）とを加えて、その数によって八卦の卦を決定する。

一本残れば乾（☰）の卦
二本残れば兌（☱）の卦
三本残れば離（☲）の卦
四本残れば震（☳）の卦
五本残れば巽（☴）の卦
六本残れば坎（☵）の卦
七本残れば艮（☶）の卦
八本残れば坤（☷）の卦

これで内卦（下の卦）が決まり、同じ方法を繰り返すことによって外卦（上の卦）が得られるが、外卦を得る場合には太極の一本には触らず、四十九本を左手に握ったところから始める。

内卦と外卦が得られたならば、次に爻位で、どの爻が変化するかを求める。これも太極の一本には触らず、四十九本を左手に握ったところから始め、卦を求めるやり方と同じような方法を用いる。但し、内卦と外卦を得る場合には，天策を八本払いにして人策と合わせて数えたのに対して、筮竹を六本払い、すなわち二本ずつ三度数えていってその残りの数と人策の一本とを加えて数える。

天策を六払いした残りの数と小指に挾んだ人策の一本とを加えて、一本残れば（天策が割り切れて零となった場合）初爻が変じるとする。二本残れば二爻、三本残れば三爻、四本残れば四爻、五本残れば五爻、六本残れば上爻となるのである。こうして卦と爻が得られたら、その得た卦（形象）を様々な角度から検討し、観象して、そこに内包された玄意を探るのである。

古神道霊玄得卦法

以上説明したものは通常の得卦の方法であるが、次に古神道における筮法の一つをサイコロによるものと併せることによって簡略化したものを説明する。

正式に神易を執り行おうとするならば、神籬《ひもろぎ》を立て、御饌、神酒、種々のものを献じて、祝詞を唱え、蓍《めどぎ》を用いて卦を出すべきなのであるが、ここでは八面体のサイコロ二つと六面体のサイコロ一つを用いて行う方法を説明する。

①まず静かな部屋の整頓された机の上（机などが用意できないときは適当な大きさの清浄な紙などを用いること）に八面体のサイコロ二つと六面体のサイコロ一つを準備して座る。できれば机の上には他には何も載っていないほうが望ましい。勿論、神棚のある人はその前に適当な大きさの机をおいて行うほうがよいことは云うまでもない。

②次に右の手に八面体のサイコロ二つ（赤の字のものと黒の字のもの）と六面体のサイコロ一つを載せ、左の手を握手するようにその上に被せ、額の前にその手を位置するのである。

③次に眼を閉じ、鼻でゆっくりと呼吸しつつ、「我に教えを垂れたまえ」と何度か深く念じるのである。

④次に左の咒文を三度唱えるのである。

斗《と》於《お》保《ほ》於《お》可《か》弥《み》依《え》弥《み》多《た》米《め》

⑤次に左の咒文を三度唱えるのである。

麻《ま》古《こ》刀《と》毛《も》弓《て》古《こ》弊《へ》留《る》烏《う》羅《ら》磨《ま》嗟《さ》菩《ほ》耳《に》嗟《さ》吉《き》久《く》　宇《う》羅《ら》抖《と》乃《の》加《か》微《み》夜《や》麻《ま》知《ち》迦《か》那《な》弊《へ》満《ま》世《せ》

⑥更に三度「宇羅抖乃加微夜麻知迦那弊満世」と唱えつつ、強く両手を額の前で揺り動かし、サイコロを混ぜるのである。

⑦次に両手掌を開き、下に向けてサイコロをパッと落とすのである。そして黒の字で書かれたサイコロの卦を内卦、赤の字で書かれたサイコロの示す卦を外卦、六面体のサイコロの示す数字を爻位とするのである。

⑧次に得られた卦が六十四卦一覧表のどれに当たるかを調べ、それに記されたページのその卦の説明を読

むのである。そこにはどんな心掛けでどの様に行動すべきかが記されている。その通りに実行しさえすれば必ず吉運が読者にもたらされると云うわけである。

活用の実例

それでは実際にどのように判断するかを説明してみよう。現在受験で悩んでいるとする。そこでこの神易によって神教を得ようとして、サイコロを振ると、赤の字で書かれたサイコロには「離」、黒の字で書かれたサイコロは「震」を示していたとしよう。ちなみに神易で神教を得ようとするときにおいては、六面体のサイコロは用いる必要はない。

離　震

☲　☳

これを一覧表で調べると噬嗑《ぜいごう》という卦であり、二百七十三ページにあることが分かる。そこには「この卦を得た人は、自分のなすことが、上下の歯がピタリと噛み合うように、よく道理に叶った努力をすることが大切である。できれば万障は打ち砕かれて吉となり、反すれば凶となる」と記されている。つまり理に叶った努力をすれば合格すると云うことだ。

もう一つ実例をあげてみよう。会社の人間関係で悩んでいるとする。そして赤の字で書かれたサイコロには「艮」、黒の字で書かれたサイコロも「艮」を示したとする。

艮　艮

☶　☶

となる。これは一覧表で調べると「艮為山《ごんいさん》」と云う卦であり、三百九十七ページにあることが分かる。そこには「徳の備わった人はこれを見て、物事を考えるのに、自分の位置境遇以上のことを望み考えないのである。……即今の位置境遇においてまさに思うべきを思い、なすべきをなすのである。この卦を得た場合には、自分の位置境遇に相応しないことは思わず、親ならば親らしく、受験生ならば受験生らしく、その本分を守ること」とある。つまりこの場合には直接的には書かれてないが、敷衍《ふえん》して考えて、会社員としてのその本分を守っていれば必ず人間関係は解決すると云うわけなのだ。

右の例を参考にして各自、自分の持つ問題の解決法をこの神易で得て頂きたい。この神術によってもたらされた垂教を厳粛な気持ちで受け取り実行するときには、人間関係、名誉栄達、必ずどのような問題も解決し、災いを避け、福を得るなど、その招福開運は間違いないことを断言しておく。

第二章　神易大象経祕解

乾《けん》為《い》天《てん》（䷀）

天行乾。君子以自彊不レ息。

文語訳…天行は乾なり。君子以て自ら彊《つとめ》て息《や》まず。

天は☰の象。☰は純陽の積み重なったところから、純陰の積み重なった坤（☷）が地を象徴するのに対応して天であり、天にあってまた純陽である太陽をも意味する。

行は☰の象。行は進行である。陰陽を考えた場合、陽は進み、陰は退く、その陽の重なったものが☰であるから、進行となる。また太陽も進んで止まないものである。

乾は䷀の名。小成卦☰の名は乾であるが、小成卦を二つ重ねた大成卦䷀の名も乾である。また乾為天とも云う。ちなみに本によってはこの乾を健と書いてあるものもあり、健は剛健であり、これもまた☰の象である。陰陽はこれを考えた場合、陰は柔弱であり、陽は剛健であり、その陽の重なったものであるから剛健である。

彊は☰の象。彊は勉めるの意。陽のもっぱら動き続ける性質からその意が生じる。

不息は☰の象。不息とは止まらないの意。☰の代表的な存在である太陽が、繰り返し止むことなく、天に昇ってくるところからくる。

つまり乾為天の卦は外卦が天日であり、内卦が進行であり、内外剛健にして、息まざるの象がある。君子、つまり有徳の人は、この卦を観察して、自ら勉彊して止むことがないと云うのである。管子は「これを思え、これを思え、これを思いて止まざれば、鬼神これを助く」と云い、古人も自ら彊めて止まざることによって偉業をなしとげたのである。

天は健であり、剛であり、卦の内外ともに剛健であり、天は太陽であり、進行であり、天の太陽が常に進行して止まることがないと云う象である。これは神の御業は万古極まりなく、森羅万象を生成し、一切のものを組織あやなし調和あらしめているが、徳の備わった人はそれに神習って自ら努めて止むことがないと云う卦である。流水は腐らず、用いている器物はむしばまれることがないと云うことがよくいわれるが、この卦を得たときは、天の太陽が進行して止まることがないように、自らも積極的に前向きの姿勢で一切のことに対処し努めて止むことがなければ吉であり、それに反するようであれば、身分の上下にかかわらず大きな災いをこうむり凶となる。

地《ち》天《てん》泰《たい》（䷊）

天地交泰。后以裁㆓成天地之道㆒。輔㆓相天地之義㆒。以左㆓右民㆒。

文語訳…天地交るは泰なり。后《きみ》以て天地之道を裁成し、天地の義を輔相《ほしょう》す。以て民を左右す。

天は☰の象。天は気の重なったものであり、よって純陽の気が重なった象のある☰を天とする。

地は☷の象。地は純陰であり、よって純陰からなる☷の象に取る。六断している象を、高低がある、峙《そばだ》つ山、水流れる渓谷などと見て、地とする。

交は☷☰の象。地の気は上にあって下に下ろうとし、天の気は下にあって上に上ろうとして、その気が通接して、相断絶していない象に取る。

泰は☷☰の象。泰は安であり、二つの気が相交われば即ち安平亨通するからである。

后は古帝王、あるいは君と同じで、意味としては君子。

裁成は☷☰の象。裁成は布を裁って衣服を作り成すように、素材を有用なものに仕上げること。不安定な素材が安定したものとなるので、泰、安の意から転じた。

道は☷と☰の象。☰と☷は万物の父母なので、ともに乾道（至剛・至健の道）、坤道（至柔。至順の道）と道の代表とされるところから。

輔相は☷☰の象。気を交流して相手を助けている象より取る。

義は☷と☰の象。義とは、道理とか条理で、人間の行うべき筋道であり、☰、☷を道とするところより取る。

左右は☷☰の象。左右は助ける意。気を交流して助けている象より取る。もっとも輔相、左右ともに婦徳の意のある☷の卦象にとることもできる。同じような意味が重なっていて、それを抽出して占辞としていることも多いのである。

天の気が下って地に通じ、地の気が昇って天に通じ、天と地の気、陽と陰の気が相交じり相通じ相和合している象である。人間関係で云えば、上に立つものの思いが下に通じ、下にあるものの心も上に通じて意思感情がよく疎通しているさまである。帝王はこの卦に則り、洪水の氾濫を治めたり、暦を制定したりと云うように、天地の道において行き過ぎているところがあればほどよく取り去り、もし足らないところがあれば、それを補い助けるようにして、天地の化育を賛助し、万民の生活を安泰ならしめようとするのである。この卦を得た場合には、大きくは天地の道を助ける、小さくは周囲の人の生活を助ける気持ちを持てば吉。反すれば凶である。

雷天大壮《らいてんたいそう》（䷡）

雷在㆓天上㆒大壮。君子以非㆑礼弗㆑履。

文語訳…雷、天上に在るは大壮なり。君子以て礼に非《あら》ざれば、履《ふ》まず。

雷は☳の象。一陽が二陰に圧せられて激発激動する象。それより震と名付けられ、天地震動の最も大なるものこそ雷である。

天は☰の象。天は大きくして、偉大なもの。陽は大にして、偉いもの、その陽爻が一番目から三番目まであり、全陽であるところから。全陽は☰のみ。

雷在天上は䷡の象。雷は外卦で内卦の天の上にあるところから。

大壮は䷡の象。大壮は大いに強く盛んな意。雷の天上にあるときは、その震《ふる》うことが大きく強く盛んである。ゆえに大壮と云う。また初爻から四爻まで陽爻で陽が盛んなので、大壮と云う。

礼は☰の象。乾坤は万物の始祖で、よって乾道、坤道があり、そこより人の行うべき筋道の義も生じ、そこから人の行うべき礼儀も☰に取る。

履は☳の象。履とは歩くこと、あるいは履み行うこと。☳は震であり、進であり、身体の下方で陽の足が動いている象、つまり歩むことであり、よって履の象を取る。

非も弗も☰の象。☰は天であり、空であり、無とするところから。天は気の積もったもので形がない。

そこから無、非、弗の象を取る。

雷が天の上にあって盛んな勢いで轟き渡っていると云う、大いに壮んな象である。また雷（震）は足であり、天即ちこの上もなく大きな道を、震の卦の足が履んでいる象であり、正しい道を履み行っている形である。有徳の人はこの卦を見て、己に克って、天の運行・地の形勢に則って立てられた正しい条理、即ち礼を履み行うのである。それを大壮を行うと云う。それは火のなかに入り、白刃を踏むことも躊躇しないであろう益荒男《ますらお》でさえ行うことが難しいとされることなのだ。この卦を得た場合には、雷が激しく鳴り渡ることを恐懼するが如く深く恐れ慎んで、天地の理に従い、人間社会の秩序を定める規律に従うようにすれば、吉運を招来する。反すれば凶となる。

風天小畜《ふうてんしょうちく》（䷈）

文語訳…風、天上を行くは小畜なり。君子以て文徳を懿《よ》くす。

風行㆓天上㆒小畜。君子以懿㆓文徳㆒。


風は☴の象。どこにでもすっと入り込むのが風。一陰が二陽の下に入りこんだ象より取る。

行は☴の象。二陽は進み、一陰は退くところから、進退。また風の行ったり、来たりするところから。

天は☰の象。天は気の重なったもの。☰の純陽が三つ重なる象に取る。

風行天上は䷈の象。☴（風）は外卦で、内卦の☰（天）の上にいる象から取る。

小畜は䷈の象。小蓄とは小《すこ》しく蓄《とど》めると云うこと。この卦は四番目の一陰爻が他の五爻が上に上ろうとしているのを止めようとしているので、また柔巽を以て剛乾を止めようとしているので、大きく止めることが難しいと云うことで、小蓄とする。

懿は☴の象。懿は「うるわしくす」、「よくす」と訓《よ》む。☴は下の下方に下る一陰を根とし、上方の上に昇る二陽を幹枝の象に取り、木とか草とかする。木や草は春になると新たに繁茂して、潔く、また斉《ととの》うところから、潔斎の意がある。調えることとは、「うるわしくす」とか、「よくす」に通じるので懿とする。

文徳は☰の象。文徳とは礼楽を以て教化し、人々を心服せしめる徳であり、文治、学問文教の徳。☰は乾徳であり、徳より礼楽の意を発する。それを合わせて文徳。

風が天上を行きゆきて、止まらないようではあるが、必ず僅かに止まることがあると云うのがこの卦の象である。また天上にある風は、強く激しくあるいは緩く弱く吹き回って、雲を色々な形に変化させたり、あるいは黒雲を吹き払って青空としたり、空中においていろいろな美しい形象を作りだす。有徳の人はこれを見て、心をいささか文徳（学問によって教化し、人を心服させる徳）に止めて、それを修めて立派なものにしようと心掛けるのである。この卦を得た場合には、よい書物やそこに記された徳のある行いなどに心を止め、剛健強力な天を巽順な風が止めると云った、温柔和平の徳を修めるように努力すること。実行すれば吉。反すれば凶。

水《すい》天《てん》需《じゅ》（䷄）

雲上㆓於天㆒需。君子以飲食宴楽。

文語訳…雲、天に上るは需なり。君子以て飲食宴楽《えんらく》す。

雲は☵の象。雲は水気の上ったもので、☵の水の象より転ずる。

天は☰の象。天は純気の積もったもの。☰の三爻ともに純陽であるところから。

雲上於天は䷄の象。雲の象である☵は外卦で、内卦の☰（天）の上にある象より取る。

需は䷄の象。需とは待つと云う意味である。䷄には雲が天に上った象がある。雲が天にあるときは、久しからずして、雨が降る。その雨の潤いを待つと云う義である。また☰がその剛健を以て進みゆくが、前方に☵の険難のあるのをみて時を待つと云う象。

飲食は☵の象。☵は☷の腹の中に一陽を入れた象。よって食。また☵の水の意より転じて酒。よって☵を飲食とす。

宴楽は☰の象。宴楽は通常は酒宴し、楽しむ意。ここでは安んじて楽しむの意を取る。☰は三爻ともに陽であり、充実円満の象。それより富とか、福の意もあり、以て楽とか安に転ずる。ちなみに宴はウ冠を外せば、女子が頭上に玉（日）を加えて魂振りする意であり、廟中で行うのが宴であった。これにより心が安らぐので、宴には安らぐの意がある。

天に水が昇っている象である。天にある水は雲となっている。雲が天上にあるのである。天上にある雲はいつか雨となって地上に降ってくるが、それを暫く待っていると云うのがこの卦である。需とは待つと云う意味である。需とはある必要な物を待ち、ある適当な状態の来るのを待つことであり、身を養うにあたって必要な飲食物、衣服、住居などの必需品をも意味するのである。有徳の人はこの象を見て、今はむやみに焦って進むべきときではないことを悟り、飲食して以て自分の身体を養い、宴会をして楽しんで自分の心を養って時期を待つと云う。困難困苦に出会っても、それに恐懼《きようく》することなく平然と立ち向かって時期を待てば吉。反すれば凶。

火天大有《かてんたいゆう》（䷍）

火在㆓天上㆒大有。君子以遏㆑悪揚㆑善。順㆑天休㆑命。

文語訳…火、天上に在るは大有なり。君子以て悪を遏《とど》め、善を揚げて、天に順《したが》ひ命を休《よ》くす。

火は☲の象。火は太陽。☰の天の中にある一物（一陰）を太陽の象と取る。天を仰いで太陽を見れば火のようであり、よってこのように見る。

天は☰の象。天は気の積み重なったもの。☰は三爻ともに気を意味する陽爻であるところから清純な天の象。

火在天上は䷍の象。☲（火）の外卦が☰（天）の内卦の上にあるところから。

大有は䷍の象。大有は盈であり、衆である。日が天にあって四方を照らし、万物を発育させる。故に有《も》つところが大であり（大有）、盈満、衆多となる。

遏は☲の象。遏は止である。☲は中央にある陰爻が上下の陽爻につき、引き止めている象があるところから。

悪は☰の象。三爻ともに陽にして剛健なるところから武人、戦いの意があり、それを悪と見て。あるいは☲は内柔にして外剛なるところから甲冑、☲は離であり、切り離すところから刀剣、また戦火などから悪に転じるので☲とも見ることができる。

揚は☲の象。☲は火であり、燃え上がるものであるところから転ずる。
善は☰の象。全陽で欠けるところなく円満充実しているところから。
順は☲の象。一陰が二陽に付いているところから。
天は☰の象。天地が分かれるとき陽の澄みきったものが天になったところから。
休は☲の象。休は善くする意。☲は中虚であり、それは誠を意味するところから善。
命は☰の象。命は天の命ずるところであり、人がその性とするところであるから。

太陽も低いところにあるときは遠くを照らすことができない。この卦は太陽が天上にあって四方八方を照臨して万物を発育させ、その結果多くのものが充ち満ちている象である。この故に徳のある人は一切の善悪を明らかに観察弁別して、悪人には刑罰を加えて悪い行いを禁止し、善人にはその善行を賞与や地位を与えて顕彰する。そうすることによって自ずから天に従って天の道を行い、天から授かった本来の神性を発揮し、人の道を尽くしたことになるのである。この卦を得た場合には天下の悪事を禁絶し、天下の善事を顕揚して天上の神の御心に適うようにし、自らの神性を発揮するようにしていけば、大いに幸いを得て吉となり、さもなければ凶。

山天大畜《さんてんたいちく》（䷙）

天在㆓山中㆒大畜。君子以多識㆓前言往行㆒。以畜㆓其徳㆒。

文語訳…天、山中に在るは大畜なり。君子以て多く前言往行を識《しる》し、以て其の徳を畜《たくは》ふ。

天は☰の象。天は気の積み重なったもの。☰は全爻ともに気を意味する陽爻よりなっているところから天とする。

山は☶の象。一陽の高いものが二陰の土の上に止まっている象より取る。ちなみに「動かざること山の如し」と云う言葉があるように、不動静止は☶の象となる。

天在山中は䷙の象。内卦の☰（天）が外卦の☶（山）の中にある象より取る。

大畜は䷙の象。大畜とは、止めることが大きいとの意。剛健にして大きく強いもの（☰）を止めている象があるところから取る。また天日を山の中に貯畜している象があるので、天日を畜《たくわ》えるというのはこれ大なることなので、大畜とする。

多は☰の象。☰は天で、多くのものを包み込む大なるものであるところより取る。

識は☶の象。識とは、知ることであり、記し覚える意。☶は止める意があり、それより転ずる。

前言往行は☰の象。前は、天が一切に先立って存在するものだから、言は、天の運行が地界のことを物語るものだから、往行は全部陽爻で動き進む意があるところから、など考えることができるが、☰（乾）

は賢であり、偉大な存在としての過去の聖賢であり、その言行を考えて前言往行とすると考えることもできる。

畜は☶の象。畜は養う、あるいは蓄えるの意。☶は止めるの意があるところから転ずる。

徳は☰の象。徳とは得であって、生まれつきのもの、つまり天性具得のものであるところから。

天が山のなかにあり、天の元気が山のなかに沢山蓄えられている象である。徳のある人はこれに則って古人の云った言葉や、古人の行った行動を心に深く止めて、これをよく玩味して自分の徳を蓄えるのである。つまり古の聖賢の嘉言善行はそれぞれ理に適い、古人の徳を示すものであるから、その多くを記憶に止め、意味するところを探究して、万理に通じるようにして徳を養うのである。この卦を得た場合には多くの良書を読破し、前聖往賢の言動をよく心に止め、あるいはその理のあるところを悟って自らの徳を蓄えると云う心構えが大切である。先人の嘉言善行を知悉《ちしつ》して自らの人間を高めることができれば吉となり、できなければ凶となる。

沢天夬《たくてんかい》（䷪）

沢上㆓於天㆒夬。君子以施㆑禄及㆑下。居㆑徳則忌。

文語訳…沢、天に上るは夬なり。君子以て禄を施し、下に及ぼす。徳に居れば則ち忌む。

沢は☱の象。☱の水の下が塞がれて流れない象。また上爻が陰爻で窪みがある象から沢に取る。

天は☰の象。天は丸いもの。☰が全て陽爻で欠けるところのないところから充実、全円とし、天とする。

沢上於天は䷪の象。☱（沢）は外卦にして、内卦の☰（天）の上にある象より取る。

夬は䷪の象。夬は決である。天の上に沢が昇るはずもなく、もし上ればたちまち決壊する、よって夬と名付ける。また陽剛の勢いが強く、今や一陰を決し去ろうとしている象があるので夬である。あるいは☱の水が蕩々として増えて、堤を壊して天にも上る勢いになっているので夬とする。

施は☰の象。☰は天であり、天にある丸く陽なるものの代表は太陽であるところから太陽をも意味する。太陽が地上の種々のものに光と暖気をあたえているところから、施すの意を取る。

禄は☰の象。禄とは職務に対する報酬の米または銭の意ではあるが、本来は天から与えられる福善を云う。つまり幸いと云うことである。☰は充実、十全なものであるところから、善とか、福とかの意味があり、それより転ずる。

及は☰の象。剛健にして進む意から、致すとか至るの意があり、それより転じて及ぼすの意となる。

下は☱の象。☱は☰と☷が交わって、一番最後に生まれた卦で、卦の一番最後、つまり下に位置するところから取る。

居は☱の象。☱の流水（☵）の下が止められて、水が止まっている象より取る。

徳は☰の象。徳は得であり、天から与えられた生得のものであるから。

忌は☱の象。☱は☰の一陽が損なわれた象があるところから、毀折《きせつ》、損なうの意があるので、それより転じる。


天に昇るべきはずのない沢が天に昇ったため決壊して下に流れ落ちる象である。これまで高いところにばかりあった水が下に行き渡り、地上の万物がみなその恩沢を受けるのである。この卦を得た場合には、自分が人を雇っているならばそれぞれにその職務に対する十分な報酬を与え、あるいは自分の周囲の人に対して恩恵を施して徳を積む必要がある。そうすれば必ず吉運を招来することができる。ただ気をつけなければならないことがある。そうした施しをしたことを以て自分は他の人に恵みを与えたのだ、徳を積んだのだなどと思わないのがよいし、いわんやそういう素振りを決してしてはならない。そんなことをすれば人から忌まれ、却って凶となる。

天《てん》地《ち》否《ひ》（䷋）

天地不レ交否。君子以倹レ徳辟レ難。不レ可二栄以一レ禄。

文語訳…天地交らざるは否なり。君子以て徳を倹《つづまやか》にし、難を辟《さ》く。栄をするに禄を以てすべからず。

天は☰の象。天は純気の積もったものと考えられ、☰は三爻ともに陽爻であることから☰を天とする。

地は☷の象。地は、天の純気に対して純形である。☷は純陰であり、地の純形方体で静かな象がある。

不交は☰☷の象。これは☰が上にあって天気が上昇したままであり、☷が下にあって地気が下降したままである。よって陰陽の気が交わらないのである。地天泰（☷☰）の卦のように☷が上にあって下に下がろうとし、☰が下にあって上に上がろうとしてこそ、交わりは生まれるのである。

否は☰☷の象。否は閉塞の意。天の気が閉塞して下らず、地の気が閉塞して昇らない象が見えるので否とする。

倹は☷の象。倹とは「つづまやか」「つつしむ」「ひかえる」と訓《よ》む。ここでは秘めて控えめにすること。坤地が天から受けて施すことがないところからから来る。

徳は☰の象。徳とは得であり、天性を具得していることであり、☰は天であることによる。

辟は☷の象。☷は純陰で空虚なところから、逃れる、避けるの意がある。

難は☰の象。☰は剛健至進の意があるが、それが過ぎると危ういところから、難とする。

不可は☷の象。☷の空虚、無の意から、不可の意を生ずる。

栄は☰の象。栄は栄位、つまり名誉ある地位の意。☰の陽気充実したところから、栄とする。

禄は☰の象。禄は職務に対する報酬の意。☰が三爻ともに陽で充実したところから禄とする。


天の気が閉塞して上にあって降下せず、地の気がこれまた閉塞して下にあって上昇することがなく、その気が断絶懸隔している象である。もっとも陰の極まりは陽であり、「否」が極まれば一切通じる「泰」であり、泰否の機は相待つものである。道を得た人はこの卦を見て、ものごとが否滞閉塞してうまく行かないときには、みずからの徳を包み隠し、愚かな人々からの難を避け、飾り物の地位名誉報酬などを求めず、奢り高ぶりは徳を傷つけるものとして自重するのである。この卦を得た場合、自分の才徳を隠せば吉であるが、正しいことであってもむやみに主張すれば凶となる。

坤《こん》為《い》地《ち》（䷁）

地勢坤。君子以厚レ徳載レ物。

文語訳…地の勢は坤なり。君子以て徳を厚くし、物を載す。

地は☷の象。天の気に対して、地は形あるものにして、☷が全て形を象徴する陰爻からなっているところより取る。また地は繰り返し断絶し、高低あり、山は峙《そばだ》ち、水が流れている。☷の三陰爻六断の象にそれを取る。

勢は☷の象。勢は形勢で、有り様であり、形あるものとしての☷に取る。ちなみに大地の形勢は、柔順静平とされる。

坤は☷の象。坤とは、順であり、柔であり、すべて陰爻の☷の象に取る。また坤は小成卦☷の名であり、小成卦を二つ重ねた大成卦䷁の名でもある。

厚は☷の象。形の象徴である陰爻を重ねている、つまり厚くなっている象より取る。

徳は☷の象。☰（乾）と☷（坤）は万物の父母であり、乾徳、坤徳があるところから☷を徳とする。

載は☷の象。☷は地で多くの物を載せているので載せるの意がある。

物は☷の象。☷に形の意、また切れ切れで数が多いところから、衆（多くの人、多くの物）の意があるので、物の意に取る。

大地の形勢は地の上に地があり、その上にまた地があり幾重にも重なって、極めて厚く、天下のあらゆるものを載せている。まさに山岳を載せて重しとせず、河海を抱いて洩すことがなく、動物、植物、鉱物あらゆるものをその上に載せていると云うのが大地なのである。自分の私意を交えてこれはよい悪いなどと区別することなく、絶対従順に一切のものを受け入れているのだ。有徳の人はこの卦にならって、徳を厚くして、好悪に偏することなく、厚く大きくまさに堅固にして一切のものを快く受容するのである。この卦を得た場合には、恵みの徳を発揮して一切のものを快く受け入れることが、この大地のようであれば吉。反すれば凶となる。

雷地予《らいちよ》（☳☷）

雷出レ地奮予。先王以作レ楽崇レ徳。殷薦二之上帝一。以配二祖考一。

文語訳…雷、地を出て奮ふは予なり。先王以て楽を作り、徳を崇《たつと》び、殷《しき》りに之を上帝に薦めて、以て祖考を配す。

雷は☳の象。一陽が二陰の下に圧せられている象。圧せられれば反動で激発する。その激発する象を雷に取る。

出は☳の象。一陽が発出しようとしている象から、発するとか出るの意を取る。

奮は☳の象。奮は震うの意。一陽が二陰の下にあって上に出ようと振るい動いている象から。

予は☳☷の象。予は楽しむ、喜ぶの意。蟄居鬱屈していた気が地上に出て伸び伸びとし、予楽する性情から。

先王は夏の先王で、その義としては君子とか后よりも重い。

作は☳の象。☳は一陽が発出する象から、起きるとか建てるなどの意があり、それより転ずる。

楽は☳の象。☳が激発して音をだすところから、鼓とか、鳴るとか、歌にとるので。

崇は☳の象。神仏などを崇めて社寺などを建立（☳）するところから。

徳は☷の象。徳は祖考の徳の意。☰、☷は乾徳、坤徳といって、陽、陰二つの代表であり、他の卦を生成するものとされるところから、☷は徳を意味するものとなっている。殷は☳の象。殷は盛ん、しきりにの意。激発動行する象から取る。薦は☳の象。薦は進める意。一陽の発出する象から、よいものを人に勧めたり、奉る意を取る。上帝は白帝で、夏の時代には白帝が祀られていたと云う。配は☷の象。配は合わせる意。三爻とも陰爻で柔順であり、三偶六断しているところから衆多の義があり、そこから均しいとか、同じ、合わせてと云った義が生じた。祖考は☳の象。祖は先祖で、考は逝去した父。☳が建てる意味のあるところから、祖考を祀る宗廟の意もありそこから取る。

春になって雷が地上に出て発声奮激している象であり、予は喜びである。春は草木も芽を出し、花も開き、人間はもとより禽獣までもが心軽く喜びにあふれる季節である。昔の帝王はこの卦を見て、音楽を作り、先代の王の徳や功績を賛嘆して、盛んに音楽を演奏して上帝を祭り、また自らの親や祖先も合わせ祭ったのである。ここで先王を祭るのは敬の極であり、祖先を祭るのは孝の極致であり、大祭をなすのは遊び楽しみの極みである。人々の楽しみである音楽は本来祭りに使用したのであって、あくまで上帝や祖先に対する孝敬を表したものであったのだ。この卦を得た場合には遊び楽しむことも結構であるが、その程を弁《わきま》えてはじめて吉である。

風地観《ふうちかん》（䷓）

風行二地上一観。先王以省レ方。観レ民設レ教。

文語訳…風、地上を行くは観なり。先王以て方を省み、民を観て、教へを設《まう》く。

風は☴の象。風は陰気にして天を行くものである。☴には一陰の風が二陽の天を行く象がある。また風はものの隙間に入るもので、☴には一陰が二陽の下に入りこんだ象がある。

行は☴の象。☴の二陽は進み、一陰は退く、よって進退とか、往来の意があり、行くはその一つの象。

地は☷の象。☰（乾）を気とするが、三爻ともに陰である☷は形であり、それが六つに分かれているのは地上の山が峙《そばだ》ち、川が流れていると云った地のありさまとして、地に取る。

観は䷓の象。二陽が上にあって下の四陰に観せ示す象。また風は見ることができないが、風、地上を行くときは、万物に触れて、その行くことを観せ示す。よって観の意がある。

省は䷓の象。省は省察で、観から転じて省となる。あるいは☴から来ており、☴は二陽は進み、一陰は退くところから、振り返り見る、省みる意を取る。

方は☷の象。方は四方の国の意。☷が大地を意味するところからその象を取る。

観は䷓の象。風が地上を行くときは、草木が動き、風のあることを観ることができる。

民は☷の象。三陰爻六断の☷は数が多いことを意味し、また純陽の乾（☰）を君とするときは、その対応から純陰の☷は民となる。

設は☷の象。設は「もうける」「ならべる」「おく」と訓《よ》む。☷の地はその上に多くのものを置いているところから、設けるとする。

教は☴の象。徳を以て教え導くことを風化と云う。☴は風なので、よって教えとする。

風が空中を行くとき、人はそれを見ることができない。だが風が地上を吹くときは、草木は動揺し、あるいは塵埃が空中を舞って、これを見ることができると云うのがこの卦の象である。観とはものをよく見つめて観察することである。上にあるものが下にいるものを観察し、下にいるものが上にあるものを仰ぎ観ている象でもある。それで昔の帝王はこの卦を見て、遍《あまね》く風が地上を吹きまわるように、広く四方の土地を巡幸し、万民の状態を観察して、政治教化を設け施したのである。この卦を得た場合には、草木が動いているのを見て風の吹いていることを察するのと同様に、人を見、事件に接してその背後に働いている真実を見極めねばならない。できれば吉となる。

水《すい》地《ち》比《ひ》（䷇）

地上有レ水比。先王以建二万国一親二諸侯一。

文語訳…地上、水有るは比なり。先王以て万国を建て、諸侯に親しむ。

地は☷の象。三陰爻の間が切れて六つに分断されている象を、山が峙《そばだ》ち、水が流れている象と見て、地とする。

水は☵の象。初爻と上爻の地の間を陽爻の水が流れている象より取る。

地上水有は䷇の象。内卦の☷（地）の上に外卦の☵（水）が有るところより取る。

比は䷇の象。比は相親しむ、あるいは親しみ助ける意。物と物とが相親しんで、少しも隙間がないのは、土の上に水がある関係に勝るものはない。水は地に染み込み、その間に少しの隙間もないのである。よって水が地の上にあるこの象を比とするのである。

建は☵の象。☵には棟の象があり、棟上げなどから、建てるに転ずる。ちなみに☵は一陽の剛が二陰を担っている象があり、棟の一陽の剛木が、多くの木を載せ負う象がある。

万国は☷の象。☷は地であり、村とか、国とかは地に属するからである。

親は䷇の象。比から親しむの意を取る。

諸侯は☷の象。諸侯とは、天子から封土を受け、その封内の人民を支配した人。☰を天子とするとき、それに対応する☷は諸侯となる。

地の上に水がある象である。地の上に水があればそれは地にしみ込み、土と水は離れることがなく、土と水の間には隔てるものはない。地は水の潤す力によって草木を生長させ、水は地によってその草木を成長させる働きを完遂するのである。水と地は密着して離れず相い助け親しむのである。ちなみに比とは親しむと云う意である。昔の帝王はこの卦に則って、土地の形勢・人情・風俗などを観察して国の境を定め、諸侯の国を建て、諸侯の国を巡幸し、諸侯は王に謁見して親しみを深め、また王の政治教化を領内の民に宣布し、万民と親しむのである。この卦を得た場合には、先ず人と親しむことに努めること。必ず助けを得て吉。反すれば凶。

火《か》地《ち》晋《しん》（䷢）

明出二地上一晋。君子以自昭二明徳一。

文語訳…明、地上に出るは晋なり。君子以て自ら明徳を昭《あきら》かにす。

明は☲の象。明とは日月である。明は日と月に従《したが》う字で日月を表し、☲は一陰の物体が二陽の空中にある象であり、代表的なものとして、日月となる。もっとも☲は外の二陽が外を明るく照らし、内は一陰で暗いところから火を意味し、天にある火と云うことで太陽を意味することが多い。

出は☲☷の象。太陽が地上に見える象があるところから、出るの意が生ずる。

地は☷の象。万物は天地の間にあり、全陽の☰を天とすれば、全陰の☷は地となる。

晋は☲☷の象。晋は昇り進む意。日月が地上にでると云うのは昇り進んできて出たのである。

昭は☲の象。昭は明かにする意。☲は火であり、暗闇を照らして明かにするのである。

明は☲の象。明は一説によれば、窓から入る月の光で、そこは神を迎えて祀るところであるから、神明と云う言葉があると云う。それより明は神明の徳を表すとも云う。

徳は☷の象。☷は中虚になっており、それから誠とか徳の意がある。

火のようにあたりを照らすもの、太陽や月が地上に出て昇り進む象で、晋は進で、進み昇って光明盛大

となる意である。徳の備わった人はこの卦を鑑みて、自らが本来天より稟《う》けた本性、つまり明徳を明らかにするのである。人の心は本来、明らかな徳を持っている。それがなぜ光明を発しないかと云うと、惜しい、欲しいと云う自分の欲望の暗黒（地は陰のみでできている）に被われているからなのである。今進み昇ることによってその暗黒から脱出して火と云う光明を発すれば、それに照らされて暗黒である欲望は徳となり才能となるのである。この卦を得た場合には、私欲を捨てて明徳を発揮するようにすれば吉。さもなければ一時はよさそうに見えても凶。

山地剥《さんちはく》（䷖）

山附㆓於地㆒剥。上以厚㆑下安㆑宅。

文語訳…山、地に附くは剥なり。上以て下を厚くし、宅を安くす。

山は☶の象。山は高く地上に止るものであり、☶には一陽の山、坤の二陰の地上に高く止まる象があるため山とする。

付は☶の象。一陽上に昇って行くところがなく、止まった象。止より付に転じた。

剥は䷖の象。剥は落着の意で、䷖は山が地に付着しており、付着すれば、落着して動くことがないので。

上は君上で、君子とか、后と云った語と同じである。

厚は☷の象。厚は☷である地の徳であり、大地は厚くして多くのものをその上に載せている。

下は☷の象。三偶六断の☷は数が多いことから民であり、下は民の意。

安は☶の象。☶の止まることから安定の象を取る。

宅は☶の象。家宅は人の止まるところであり、また二陰の空間の上に一陽が被さっている形には家の象がある。

山が地に付属して変動せず落着した象である。剥は落であり落着であって落ちついた状態である。高く聳《そび》えた山岳であっても大地が厚く安定していれば、そう簡単に崩れることもない。昔の帝王はこの卦に従って、人民に恵みをたれ、租税を少なくし、人民を使うにも適当な時期を選び、まず民が平和に安心して豊穣な生活を送れるようにした。その結果、王としての自らの地位を安全堅固にしたのである。従って、この卦を得た場合にはまず自分より目下の人のことを思い、その人の為になることをしてやることである。そうすることで自分の位も安泰となり、様々な問題も次第に整い落着することになり吉となる。これに反すれば災いごとが続発し凶である。

沢地萃《たくちすい》（䷬）

沢上㆓於地㆒萃。君子以除㆓戎器㆒。戒㆓不虞㆒。

文語訳…沢、地に上るは萃なり。君子以て戎器《じゆうき》を除《をさ》め、不虞《ふぐ》を戒む。

沢は☱の象。上の一陰を沢の面とし、下の陽爻を底とし、中爻を湛《たた》えた水とみる。

地は☷の象。三陰爻で六つ断片の積み重なった象を地に取る。

沢上於地は䷬の象。☱（沢）は外卦にして内卦☷（地）の上にある象より取る。

萃は䷬の象。萃は集まるの意。沢が地上にあって、そこに四方から水が流れてきて、集まる象から取る。

除は☷の象。除はここでは修理整備の意。☷の大地が一切のものを癒し育むところより転ず。

戎器は☱の象。戎器は武器の意。☰の一部が欠けたものが☱。よって毀折《きせつ》の意がある。そこから戎器に転ず。

戒は☱の象。☱の上の方にあいた穴は人においては口。よって☱には口の意がある。戒めの言葉は口より出るところから転ず。

不虞は☷の象。不虞とは思いがけない出来事の意。☷は全部陰爻であるから、大陰、暗味、混乱の意があるところから不虞とす。

地の上に沢のある象である。地中にはもとから水気があり、地上の沢は地中の水気が上り集まってできたのである。あるいは地上の沢に四方から水が流れて来て集まるのである。それによって草木が集まり繁るのである。萃とは草木が集まり繁ることである。それから転じて人や物が集まる意味をも持つのである。沢が地上にあってそこに水が集まり、度を過ぎるときには決壊し反乱することがある。徳のある人はこの卦を見て、兵器を修理整備し、思いもよらぬ事態に備えるのである。人が多く集まれば争いが、物が多く集まるときにはそれを奪おうとするものがあるかも知れないからだ。この卦を得た場合には善いものを集めるようにして吉。反すれば凶。

天雷无妄《てんらいむぼう》（䷘）

天下雷行无妄。先王以茂対レ時。育二万物一。

文語訳…天の下に雷行くは无妄なり。先王以て茂《さか》んに時に対し、万物を育《やしな》ふ。


天は☰の象。天は気が幾重にも重なったもの。気を表す陽爻が重なっている象から取る。

雷は☳の象。一陽が二陰に圧せられて激発する象から取る。

行は☳の象。一陽が動いて上に進もうとしている象から取る。

天下雷行は☰☳の象。内卦の☳（雷）が外卦の☰（天）の下にある象から取る。

无妄は☰☳の象。无妄とは妄念がない意。動くのに天を以てするから无妄なのである。また天の下に雷が轟きわたって、万物その性質に従って発生し、そこには僅かばかりの虚妄なく、正しく発育する。それを无妄とするのである。

茂は☰の象。茂は盛んの意。三爻ともに陽であって剛強至健の象から取る。

対は☰☳の象。対は対応の意。動くに天の意を以てすることこそが真の対応である。

時は☳の象。時とは春、夏、秋、冬であり、天の時でもある。☳は進みゆくものであり、それより時とする。また常に運行する☰をも時とすることもできる。

育万物は☰☳の象。天下に雷が轟きわたり、万物が発生し、それぞれが无妄、すなわち天の道に従って性命の宜しきを得る。それと同じように先王は万物を育成すると云うのである。

下に震（雷）があり、上に天がある。天の下に雷が轟き渡って、万物が発生し、万物がみな誤ることなく発育する象である。また震は動くことであり、動くに当たって天を戴いて天理のままに動くと云う象である。即ち天の道に従って動くのである。動くに人を以てし、人欲で動けば妄となるが、天を以て天の道により動くので无妄となるのである。无妄とは妄なることのないことで、至誠真実にして一点の虚妄邪偽のないことである。この卦を得た時は、妄念邪念私欲を以て動くときは凶災をこうむる。人の根本に立ち返り、本心に立ち返り、正しい道に立ち返り、至誠の心を以て行動すれば吉運をもたらし、反すれば凶運を招来する。

地雷復《ちらいふく》（䷗）

雷在二地中一復。先王以至日閉レ関。商旅不レ行。后不レ省レ方。

文語訳…雷、地中に在るは復なり。先王以て至日に関を閉《と》ぢ、商旅行かず、后《きみ》、方を省《み》ず。

雷は☳の象。二陰に圧せられて一陽激発する象に取る。

地は☷の象。地は形あり、一切のものを受け入れる。☷はすべて形を意味する陰爻よりなり、☷の徳は柔順で一切を受け入れるところより地とする。

雷在地中は䷗の象。内卦の☳（雷）が外卦の☷（地）の中にある象に取る。

復は䷗の象。純陰の䷁の卦の下に一陽が復《かえ》り来て、次第に勢いを増していく象に取る。雷は天にあってこそ、その勢いが盛んであるが、それが地の中にあるので、まだ勢いが弱いのである。

至日は䷗の象。至日は冬至の日のことである。復つまり一陽来復の日が冬至なのである。

閉は☷の象。陰は閉塞するところより、括《くく》り束《たば》ねるなどの意があり、それより転ずる。

関は☳の象。関とは元来の意はかんのきで、「木を以て横に門戸を持するなり」とされるものである。☳を竹木などとするところより転じる。

商は☷の象。商はあきないの意。もとは農民の間で同じくらい価値の収穫物・織物などを交換したのがあきない。☷には均等の意があるので、それより転じる。

旅は☳の象。一陽の発して動き進む象に取る。

不は☷の象。陰は不足の意があり、陰爻ばかりであるから、虚、不の意となる。

行は☳の象。☳は震であり、震はまた進であるから。

不は☷の象。中央が全て無であるところから、不とする。

省は☳の象。省はみるとか、かえりみるの意。元来は王が各地を巡って示威巡察を行った巡省であったところから、☳とする。

方は☷の象。方は四方の国の意。よって地であり、国である☷とする。


雷が地のなかに潜んでいる象である。雷は地中から出て春ともなれば天に轟きわたるものであるが、今は地底にあって振動激発を反復して自らを養っているのである。また反復した一陽は未だ微弱であるが、やがて陽が長じ陰が消滅していく象である。昔の帝王はこの卦により、一陽来復の冬至の日には、関所を閉じ、商人旅行者の足を止めて静安にし、王といえども天下を巡行することは止めて休息して、微弱な一陽を大切にし、養うのである。この卦を得た場合には、小さな兆しでも疎《おろそ》かにせずそれを扶《たす》け育てていけば、必ず大きな結果になるものであることを承知し、小さなことであっても善悪をよく判断し、良いことは実行し、悪いことは行わないようにすれば吉。さもなければ凶。

震為雷《しんいらい》（䷲）

洊雷震。君子以恐懼脩省。

文語訳…洊《しきり》に雷するは震なり。君子以て恐懼《きょうく》脩省す。

洊は䷲の象。洊とは、「しきりに」「ひきつづいて」と云うこと。雷がただ一つではない象に取る。

雷は☳の象。一陽が二陰の下にあって激発する象から取る。

震は☳の象。一陽が二陰の下にあって震動激発する象から取る。またこの場合はこの卦の卦名ともなっている。このように同じ卦が重なったもの（大成卦）は、その構成要素である小成卦（この場合は☳）の拡大したものと見る。

恐懼は☳の象。雷が激発震動すれば、恐懼しない人はいないところから取る。また雷とは、天地の威怒で、陽が迫り撃つところの声である。これは恐るべき時であると古人は恐れたのである。

修省は☳の象。天地の怒りに触れて、古人は自らを省み、己を修めたところから、☳を修省とする。

雷がしきりに鳴り渡り振動激発している象である。古人は天地間の現象と人間世界の事とは表と裏のように密接不離の関係にあり、人間世界に間違いがあると天変地異が起こる。そしてそれは天が人に警告を与えているのだと考えた。激雷が空中に鳴り響くとき、徳の備わった人は天の怒りを恐れて、自らを反省

し、道を行い、徳を修め養うように心掛けたのである。天網恢々《てんもうかいかい》疎にして漏らさずと云う言葉があるが、顕幽一貫し、人の目は欺《あざむ》けても神の目から逃れることはできず、人の善行悪行すべて神は照覧しているのである。この卦を得た場合には、雷が自分の頭上で鳴り響いているものと考え、深く行いを反省し、徳を積むようにして吉。さもなくば凶となる。

風雷益《ふうらいえき》（䷩）

風雷益。君子以見レ善則遷。有レ過則改。

文語訳…風雷は益なり。君子以て善を見れば則ち遷《うつ》り、過有れば則ち改む。

風は☴の象。風はどこにでも入り込む。二陽の下に一陰が入り込んだ象から取る。

雷は☳の象。一陽が二陰に圧せられて、激発激動する象から取る。

益は䷩の象。益とは増すの意。風と雷は相助けてその勢いを増す。風激しければ、雷激しく轟き、雷激しく轟けば、風いよいよ激しく益すのである。よって䷩を益とする。またこの卦は䷋（否）の卦から来ていて、九四が来て初爻に、初六が往って四爻にいる。これは上を損して、下を益するの象である。

見は☴の象。草木の動くを見て、そこに風を観る。䷓（観）の卦が大艮の卦であることからも分かるように、☴に見るの意がある。

善は☳の象。一陽が上に則ち善きほうに進もうとする象があるので。

遷は☳の象。☳は震で、進であり、こちらからあちらへ動き進むものであるから。また☳によって、人心が奮発して、初めて善に勇なるものとなるのである。

有は☳の象。進み行きてこそ得るものが有ることによる。

過は☴の象。過はあやまちである。二陽は進み、一陰は退いて物事を果たさない象からそのように見る。

改は☴の象。☴の風が雲霧など色々なものを吹き払うところから。

風と雷がある象である。雷が盛んに轟いており、その上に烈しい風が加わって勢いが増大するのである。風が烈しく吹くときには雷が益々盛んになり、雷が盛んに轟くときには風がいよいよ烈しくなる。風雷交々《こもごも》相助けて、その気ますます盛んになるので益と名付けられている。徳のある人はこの卦に則って、雷が陽気を動かすのに倣《なら》って人心を奮発して善に向かい、陰気を散ずる風に倣って人心を禊して悪を改め解消するのである。この卦を得た人は、人のよいところを見たら疾風の如く速やかにそれを学び、自分の間違いがあったならば、雷の如くまた速やかに改めるようにすれば、大吉運を招来する。但しそれができなければ凶運が来ることになるので要注意。

水雷屯《すいらいちゅん》（䷂）

雲雷屯。君子以経綸。

文語訳…雲雷は屯なり。君子以て経綸す。

雲は☵の象。雲は水気の昇ったもので、☵が水の象であるから、それより転じる。

雷は☳の象。二陰に抑圧された一陽が激発する象より取る。

屯は䷂の象。雷雨の起こるのは、万物発生の時期で、また一年においても草木発生の時期である。雷は地から昇って鬱屈した気を解消し、雲は天より下って潤いの雨となる。しかし、雲雷が発したといっても、まだ満ちわたらず草木は蟄居《ちっきょ》し困っている状態を屯と云う。屯とは悩むと云うことで、☵の艱難《かんなん》が前にあって進もう（☳）として進めずにいる象からも見てとれる。

経綸は䷂の象。経綸の経とは、機織りの縦の糸で、綸は緯《ぬき》の糸のことで、国家を治め調えることである。陰陽の雲雷が天地を経緯する象から取る。

水は雲であり、雲雷が発動はしたが、その気が未だ充ち満たされてない象である。雲が雷の上にあってまだ雨にならず、雷は雲のはるか下にあって雷となって鳴り渡らないのである。雷が轟き雨が降って地上を潤すことができないのである。屯には物が始めて生じたが、未だ十分に伸びきることができず苦しんで

いる意がある。上には坎と云う険難があり、進もう（震）としても進むことのできない卦なのである。しかし、これは物事の始まり、大事業を始める時にあたっては避けることのできないことである。かつこれがあるために物ができあがり、大事業が成就するのである。この卦を得て、困難を厭うことなくその策を立て実行すれば吉。さもなくば凶。

火雷噬嗑《からいぜいごう》（䷔）

電雷噬嗑。先王以明レ罰勅レ法。

文語訳…電雷は噬嗑なり。先王以て罰を明かにし、法を勅《ただ》す。

電は☲の象。電とは電光のこと。☲が火（一陰の火が二陽の空中に昇る象に取る）であり、明るいところより転じた。

雷は☳の象。雷は雷鳴のこと。一陽の気が、二陰の下に閉じ込められて激発する象に取る。

噬嗑は䷔の象。噬嗑は物を噬《か》み嗑《あわ》すこと。山雷頤（䷚）と云う卦があり、それは上顎と下顎があって口を開けた象。従って䷔は四爻に物がある象であるから、上下の顎を噬み嗑わせて、かみ砕く象があるのである。また電光と雷鳴が相合って発することが、歯牙をかみ合わせて、食することのようだとしたのである。

先王は古代の聖王のこと。

明は☲の象。☲は火であり、あたりを明るくするところより転じる。

罰は☳の象。☳は激発して、その勢いの赴くところやり過ぎる傾向があり、やり過ぎれば罰せられることがあるとする。

勅は☲の象。勅は「ととのう」とか、「ただしくす」と訓《よ》む。☲の暗いものを明るくするところより転じる。

法は☳の象。☳を罰とするところより転じる。

電光が閃き、雷声が震えている象である。同気のものが相和して天地の間に発する勢いは歯牙が物をかみ砕くような勢いがあるので噬嗑と名付けられている。噬嗑とは、噛んで合うことである。口のなかにある物を噛み砕いて上下の歯がぴったりと合うことなのである。即ち万障を打ち砕いて合同する意を有している。雷の恐るべき盛んな威力と電光の閃き渡る明智を表すこの卦を見て、昔の帝王は、刑罰の軽重を明らかにし、その法令規則を整えて厳正にしたのである。この卦を得た人は、自分のなすことが、上下の歯がピタリと噛み合うように、よく道理に叶った努力をすることが大切である。できれば万障は打ち砕かれて吉となり、反すれば凶となる。

山《さん》雷《らい》頤《いい》（䷚）

山下有レ雷頤。君子以慎二言語一。節二飲食一。

文語訳…山下、雷有るは頤なり。君子以て言語を慎しみ、飲食を節す。


山は☶の象。二陰の大地の上に一陽の高いものがある象より取る。

雷は☳の象。一陽が二陰に圧せられて激発する象より取る。

山下有雷は䷚の象。外卦☶（山）の下に内卦☳（雷）があるところより。

頤は䷚の象。この卦、上下の二陽の間に四陰が並ぶ象は、まるで両顎間に歯牙が並んだような画象があり、しかも上顎は☶で止まり、下顎は☳で動き、両顎の作用を示している。

慎は☶の象。☶は勢いのある一陽がその場所を得て盲動することなく上に止まった象。そこから篤実と云った意が生じ、それより転じる。

言語は☳の象。☳が激発して音を発することから転じる。

節は☶の象。☶の止める、止まると云うところから転じる。

飲食は䷚の象。頤と云う飲食に関係する象より取る。また☳の宴の象より転じる。


山岳に震雷発動の気を包含し養っている象である。よって頤と名付けられる。頤は「おとがい」であり

「あご」であり、それから転じて養うと云う意味になる。人はあごを動かして物を食べて身体を養うので、頤の字に養うの意味が生じて来るのである。広く頤養の道を云えば、天地は万物を養い、動息節義（働き休み節操を守ること）は生命を養い、飲食衣服は形を養い、威儀行儀は徳を養い、自ら養った徳を他に及ぼすことは他を養うことになるのである。この卦を得た場合には、体を養うために飲食を節度あるものにし、徳を養うために言語を慎しむことだ。そうすれば一切のことが絶妙に展開し運が開けてくる。反すれば凶運となる。

沢雷随《たくらいずい》（䷐）

沢中有㆑雷随。君子以嚮㆑晦入宴息。

文語訳…沢中、雷有るは随なり。君子以て晦に嚮《むか》ひ、入りて宴息す。

沢は☱の象。二陽を大地、一陰の欠けたところを窪みに見て沢とする。また流水☵の下が塞がれて水が下に漏れない象より取る。

雷は☳の象。一陽が上より二陰に圧せられて激発する象より取る。

沢中有雷は䷐の象。☳が内卦で☱中にある象より取る。

随は䷐の象。☱は☰☷が交わって最後にできたもので、人間に例えるならば末女、☳は☰☷が交わって初めにできたもので、人間に例えるならば長男、上にあるべき長男が下にあり、それが喜んで（☱）、動いて（☳）いる象より随となる。

嚮は☳の象。嚮は向かうとか赴くとかの意で、☳は震で進であるところから取る。

晦は☱の象。晦は冥などと同じく暗いとか微かと云った意味で、☱は☰の外側の陽の光を発するところが欠けたところから、幽すなわち微かとか暗いと云う意があるからである。

入は☳の象。☳は進み、動くものであり、それが☱の下に入っている。

宴息は☱の象。☱は卑小な一陰が尊大な二陽の上にいる象で、喜ばしいことかぎりないので、よって兌と名付けられ、兌は喜びである。また人間の身体で上に穴が空いているのは口であり、口の意があり、そこから飲食の意もある。よって宴楽。その宴楽は心身を休息させるものなので宴息とする。

沢の中に雷が静かに引っ込んでいる象である。火雷は水沢にはどうやっても勝てず、それ故しばらくこれに随従しているのである。また雷は春になると発動し、秋になると沢の中に潜み隠れ、時の宜しきに随って進退する、それが随の卦である。これにならって徳の備わった人は夜が明けて明るくなると仕事を始め、日が落ちて暗くなると家のなかに入って落ちついて休息すると云うように時宜に随うのである。この卦を得たときには、まわりの人々の考えが正しくない場合においても、意を屈し、節を曲げて、静かにそれに随って機の熟するときを待たなければならないのである。それができるならば必ず光明が点じるし、反すれば凶となる。

天風姤《てんぷうこう》（䷫）

天下有レ風姤。后以施レ命誥二四方一。

文語訳…天の下に風有るは姤なり。后《きみ》以て命を施して四方に誥《つ》ぐ。

天は☰の象。☰は陽が積み重なったところから、また陰陽を地と天とにあてはめるとき、陽は天に、陰は地になるところから、天である。

風は☴の象。☴は二陽の下に一陰がもぐり込んだ象。よく物の隙間に入り込むものは風、また一陰、二陽の天を行く、陰気にして天を行くもの、風である。

天下有風は䷫の象。外卦☰（天）の下に内卦☴（風）が有るからである。

姤は䷫の象。姤と云うのは遇《あ》うの意で、風が天の下を行くときには万物に触れ遇う、風が時と所に遇うのである。

命は☴の象。命とは命令であり、命とは上より下に告げ号することである。それが風の万物に触れて行く姿と同じところから取る。

施は☰の象。☰は陽であり、父であり、君主であり、天であり、そうした存在は施す徳を有するものであるからだ。

誥四方は䷫の象。四方に誥ぐと云うのは䷫の天の下に風がある象からくる。乾為天の純陽の君徳が盛んとなり、下に向かって一陰の口を開いて、仁政の命令を告げ、風教風化を施すのである。

天の下に風があって四方にあまねく吹きわたる。時と所とによらず地上にある万物はその風に吹かれ、その風に出会うと云う象である。姤は邂逅の逅であり出会うと云うことである。また同時に后《きみ》であり、后はこの象を見て、それに則って、その時、その所に応じた命令を発布し、天下四方の民に告げ諭すのである。そして隠匿を除き、積み重なった弊害を消すこと、まさに陽風が伏陰を吹き散らすようにするのである。この卦を得たものは、その時、その所に応じて、その機を失わないように努力する必要がある。悪いところがあれば匡《ただ》し、正しい事はたとえ困難があってもそれを守らなければならない。それができれば吉であるが、できないようであれば凶となる。

地《ち》風《ふう》升《しょう》（䷭）

地中生㆑木升。君子以順㆑徳積㆑小。以高大。

文語訳…地中、木を生ずるは升なり。君子以て徳に順《したが》ひ、小を積みて、以て高大にす。


地は☷の象。陰陽で天地を分類すれば天は陽、地は陰、☷はすべて陰爻である象から取る。

中は䷭の象。地をあらわす☷が外にあり、☴が中にある象より取る。

生は☷の象。万物を生み出す大地の象から取る。

木は☴の象。一陰を根として下に下り、二陽を幹枝として上に伸びる象を見ることができるからである。

升は䷭の象。升は上る意。地中に木を生ずると、その木は上に伸びていくからである。

順は☷の象。陰は柔を現し、☷は全て陰爻だから、柔順の意を取る。

徳は☴の象。木が高く成長し、見上げるばかりになるところからである。また☷は坤徳と云う言葉があるほどなので、☷の象とみてもよい。

積は☷の象。三陰爻六断の象で、多くのものが積み重なった姿をしているところから取る。

小は☷の象。☷の六断して細かい象から、また土は小さく細かいものであるから。

高は☴の象。木が高く成長する象から取る。

大は☴の象。木が高く、長く、太く成長する象から取る。

地中に小さな木（巽）を生じ、少しずつの生長が積み重なって次第に大きくなって上進していくと云うのが升の象である。千里の道も一歩から始まり、高いところに登るにも低いところより登っていくのが常道である。たとえ善であってもそれを積み重ねていかなければ名をなすには至らないわけである。立派な人物は、この卦を見て惟神の道のまにまに少しずつ善徳を積み、終いには海が万の川の流れを集めて大をなすように、遂に大成して、その徳を高大長上のものとするのである。この卦を得た場合にはその結果を焦ることなく、樹木が次第に成長していくのを待つつもりで努力していれば必ず成就して吉となる。反すれば凶となるのである。

雷風恒《らいふうこう》（䷟）

雷風恒。君子以立不㆑易㆑方。

文語訳…雷風は恒なり。君子以て立ちて、方を易《か》へず。

雷は☳の象。二陰に圧せられた一陽が激発する象から雷とする。

風は☴の象。風はどんな隙間にも入り込んで行く。柔弱な一陰が二陽の下にそっと入りこむ象から取る。

恒は䷟の象。恒は常久の意。雷風が相迫り、相撃つところの道は天地に極まりなく、古今に亘って常久で止むことない象から取る。

立は☳の象。一陽が二陰の下から発する象から、起きるとか立つとかの意を取る。

不は☴の象。風は進みまた退く、進んでもすぐ退いていてはなにごとも果たせない。それより不の意。

易は☴の象。易は変わるの意。行きさして常に変わるものが風。

方は☳の象。方は向かっていく方向の意。一陽の激発して動き行く象から取る。

不易方は䷟の象。この象を恒と取ることから不易方とも取る。一般に象は一つ一つをもみるが、このように全体からみて各八卦の意味を取り出していることが多い。

雷と風が相互に迫り、到達して雷の力が風に及び、風の力が雷に及ぶ。互いにその力を十分に発揮し、

今も昔も常に久しく止むことがない（恒）象である。よってこの卦を見て、日月が天にあって四時違わず、四方を照らすように、徳の備わった人は一度志を立てたならばそれを変えることがなく、必ずその道を成就するのである。もっとも徳に優れた人とそうでない人ではその志に清濁があり、前者であれば善いことを久しく続けるであろうから、その方向を変えないことが吉となるが、後者であれば悪に恒であることが多く、旧弊を変えなければ凶になりやすいのである。とはいえ、善悪判断できない場合には、この卦を得たならばその志を変えないことが開運のポイントとなるのである。

巽《そん》為《い》風《ふう》（䷸）

随風巽。君子以申レ命行レ事。

文語訳…随ふ風は巽なり。君子以て命を申《かさ》ね、事を行ふ。

随は䷸の象。随は相継ぐの意。一風あって、また一風がある。相継ぐと云う所以である。また一つの風に随って次の風が吹くのである。

風は☴の象。どこにでも入り込むのが風。一陰が二陽の下にそっと入り込んだ象より取る。

巽は☴の象。巽とは遜（のがれる）の意であり、☴は二陽の下に一陰が入りこみ、従い、遜《へりくだ》っている象が見られる。また小成卦☴、大成卦䷸の名である。

申は䷸の象。申は重ねる意。☴が二つ重なっているところからくる。

命は☴の象。上から下に告げ命じ、下のものがその命に応じてひれ伏すように、風が万物に触れると万物が自然とひれ伏す。☴を風とするので、命とする。

行は☴の象。☴には命、また従うの意がある。それを合わせて行うとする。

事は☴の象。☴を行うとするところから、事に転じる。

風が重なっている象である。前の風が吹き去ると、後の風が直ちにそれに従って吹いてくるのである。

巽は命令を意味する。有徳の人はこれを見て、命令を下すに当たって、よく理解されるように、丁寧反復してその命令を説き諭す。よって臣下人民はそれに従順に従い、その命令のままに動くのである。また巽は「したがう」と訓《よ》んで、従順にして人に謙《へりくだ》る道をも説いている。上下に巽があり、下の者が上のものに従順であるばかりではなく、上の者も下の者に従順であるべきことを説いている。これを学べばいかなる人にも順応できるのである。この卦を得た時は、相手も納得づくでこちらに従うように工夫して吉。さもなければ凶となる。

水風井《すいふうせい》（䷯）

木上有レ水井。君子以労レ民勧相。

文語訳…木上、水有るは井なり。君子以て民を労《いたわ》り、勧め相《たす》く。

木は☴の象。☴の一番下の一陰を地とし、その上の二陽を空とする。その環境の中で一陰は根で、下に下り、二陽は幹枝で上に伸びる象を見ることができるからである。

水は☵の象。二陰の地の間を一陽が流れる象を水とする。

木上有水は䷯の象。☵（水）が外卦で上にあり、☴（木）が内卦で下に有る象から取る。

井は䷯の象。☴の木が下って☵の水の下に潜り、☵の水は☴の木の上にいる。これは井戸で木の桶によって水を汲み上げる象。そこから井とする。

労は☵の象。労は慰の意である。二陰の肉体に一陽の心がある象から、思うとか、慰めると云った意を生ずる。

民は☴の象。☴は木や草であり，大地にある民も民草と云う言葉があるように同様に見る。

勧は☵の象。☵の卦名は坎であり勧となる。心の象から勧めるの意も取る。

相は☴の象。相は助ける意。☴は巽であり、巽《したがっ》て助ける意を持っている。また勧相は井戸の人々を養って極まることのないところからも導かれる。

木の上に水がある。これは瓶とか桶あるいは木器などの釣瓶で水を酌む象で、井（井戸）の卦である。井戸は、良い井戸である場合にはいくら汲み上げても尽きることはない。あとからあとから清水が湧きだし、人や物を養うのである。またこの卦は水の潤いが上昇して木の枝や葉の先にまでも行き渡っている象でもある。徳を知る人はこの大地に潜んだ水が人や物を養っている象を見て、人々を養うために勤勉労苦し、人々が互いに助け合い、養い合うことを勧めるのである。この卦を得た場合には、井戸水を下から汲み上げるように、よく下のものの気持ちを察し、心を通じさせるように工夫し、努力することに怠りがなければ吉。反すれば凶となる。

火風鼎《かふうてい》（䷱）

木上有レ火鼎。君子以正レ位凝レ命。

文語訳…木上、火有るは鼎《かなえ》なり。君子以て位を正しくし、命を凝《さだ》む。

木は☴の象。一陰の根が下に伸び、二陽の幹枝が上に伸びている象がある。

火は☲の象。外が陽爻で熱く、動き、内が陰爻で静かなところに火の象を見る。

木上有火は☲☴の象。☴（木）は内卦で、その上に外卦の☲（火）が有るところから。

鼎は☲☴の象。卦を全体的に見ると、鼎の象がある。これを画象と云う。初六は鼎の足であり、九二、九三、九四は物を入れる腹であり、六五は左右の耳であり、上九は鉉《つる》である。このように鼎の象を作っているので鼎と名付けられた。☲の木は大きく堅い木であり、☴の木は小さく柔らかな木であり、薪の類である。その木の上に火があって盛んに燃え上がっているのである。薪の火が燃え上がり、鼎の中の食べ物が煮えると、生の時とはまるで違ったものになる。そこで鼎卦には事物が新しくなると云う意がある。

正位凝命は☲☴の象。鼎は天地の神を祭り、祖先の心霊を祭り、天下の賢人を養うための古代の王の宝物であった。その鼎の端正荘重な形に則って、自ら端正にその地位を保ち、命を成就することに勉めると云うのである。また鼎の象から、正す、定む、成すなどの意をとり、☲を位、☴を命とみてもよい。

木の上に火が盛んに燃え上がっている象である。これによって鼎のなかにある物がよく煮えるのである。よって鼎と名付けられている。鼎は物を煮たきする器である。これを以て、昔の帝王は煮たきし、それを供え物として、天地の神及び宗廟の神霊を祭り、天下の諸侯及び賢人を饗応したのである。またどんな食べ物でも煮ると生の時とは違ったものになる。固いものが柔らかくなり、生では食べられなかったものが食べられるようになる。有徳の人は鼎が極めて端正で安定している象から、その位に正しく居し、命令を定め、天下を一新させるのである。この卦を得て、よく一切を一新し変え改めて、加減よく熟成するようにすれば吉。反すれば凶となる。

山風蠱《さんぷうこ》（䷑）

山下有㆑風蠱。君子以振㆑民育㆑徳。

文語訳…山下、風有るは蠱なり。君子以て民を振《すく》ひ、徳を育《やしな》ふ。


山は☶の象。二陰の大地の上に一陽の高いものがある象より取る。

風は☴の象。風はどのような隙間にも入り込む。二陽の下に一陰がそっと入り込んだ象より取る。

山下有風は☶☴の象。外卦☶（山）の下に内卦☴（風）が有るところより。

蠱は☶☴の象。☴を風とし、気とし、匂いとする。☶を山とし、止めるとし、覆った器とする。器の中に匂いする腐ったものを止めれば、虫を生ずる。故に蠱とする。また陽であり、剛である☶は上にあって、上に止まり下と交わらず、陰であり柔なる☴は下にあって、ひたすら媚びて、正しいことを云わず、上下意志の疎通がある。そうなれば必ず腐敗が生じる。そこで蠱敗（やぶれ）の義があるのである。

振民は☴の象。振は救う、また風化振作するの意。風が草木を吹き動かすところから、振るうと見、また風の動かす草木を民と見る。

育徳は☶の象。☶は山であり、止めるところから、篤実、また君子の意があり、徳もそこから生じる。また止めるところから育《やしな》うの意も生じる。

山の下に風が吹いて行き、山にせき止められて澱んでいる象である。澱み腐ったところから蟲と名付けられている。蟲の字は器物の上に沢山蟲がいる形の字である。器物に蟲が付いているのである。あるいは皿の上に盛ってあるものが腐敗して蟲が付いているのである。この卦は年月が久しくなるといかに立派な物あるいは事であっても、その内部が腐敗することを意味する卦である。また風が山に阻まれて、その方向が変わって山の下にある草木を吹き回している象でもある。この卦を得た場合には、様々の事件が持ち上がろうと、規律が乱れていたなら規律を正し、ほつれがあるならばほつれを直すようにする。また周囲の人の心を新たに奮い立たせるようにし、自他の徳を向上させるようにすれば、終には吉。反すれば凶となる。

沢風大過《たくふうたいか》（䷛）

沢滅レ木大過。君子以独立不レ懼。遯レ世无レ悶。

文語訳…沢、木を滅《つく》すは大過なり。君子以て独立して懼《おそ》れず。世を遯《のが》れて、悶《うれ》うること无《な》し。

沢は☱の象。沢は水の集まるところ。下の二陽を土地として上の一陰を窪地とし沢の象を取る。また流水である☵の下の一陰を一陽にして流水の下流を防いだ象より取る。

滅は☱の象。☱は☰の卦の十全なものを毀折した象。よって毀折とか滅するの意がある。また☴木が☱沢の水に没して腐って行くと見ることもできる。また兌金が巽木を克しているところから。

木は☴の象。☴の一陰は根で下に下り、二陽は幹枝で上に昇る象から取る。

大過は䷛の象。水はもともと木を生じるものであるが、木がもしも長い間、沢水の中にあれば、腐り朽ち果ててしまう。これが大きな過ちであると云うのである。またそうなったのは適当に水に漬けず、大いに過ぎたからでもある。

独立は☱の象。下の二陽が上の一陰を決し去るの象から、その決去されたものは独立したものであると転じる。

不懼は☴の象。☴は風であり、風が吹く柳でもある。どのような風も軽く受け流して、柳は恐れることはない。

遯世は☴の象。一陰が二陽の下に伏し潜む象から取る。
无悶は☱の象。本来低い位置にあるべき陰爻が二陽の上におり、これは喜びの限り、よって☱の卦名は兌であり、兌は「よろこぶ」と訓《よ》む。喜んでいるのなら、煩悶することもない。もっとも大過の時なので消極的に辞を述べたのである。

水はもと木を生じるものではあるが、木がもし沢水中に久しくあるときは朽ち腐り滅してしまうのである。これは大きな過ちであり、名付けて大過と云う。この卦に基づいて徳のある人は身近に禍乱が生じて親近の者が互いに害し合い、とても助けることができないような状態のとき、しっかりと自分の志を保って、人から非難されても泰然として恐れることもなく、世を遁れて山林に隠棲して道を楽しみ悶えることはないのである。この卦を得た場合にはどうしようもないほどの大問題を抱えていることが多いのであるが、泰然として独りその身を大切にし、恐れることも憤ることもなく構えていれば吉となり、それができないようであれば大凶となる。

天《てん》水《すい》訟《しょう》（䷅）

天与水違行訟。君子以作レ事謀レ始。

文語訳…天と水と、違ひ行くは訟なり。君子以て事を作《な》すに、始に謀る。

天は☰の象。天は気の重なったもの。☰の全て陽爻で陽の気が重なった象より取る。

水は☵の象。二陰の地の間を一陽が動くのを水に取る。また水は陥ち下るもの、☵は二陰の間に一陽が落ち込んだ象。

天與水違行は☰☵の象。天は上にあって高く運行し、水は下にあって下に下にと流れて行く。天と水とその志すところ行くところがまるで違っている。また違は☵、行は☰の象。

訟は☰☵の象。訟とは親しまない意、また争論訴訟の意である。天の運行は高く上にあって下に行くことはなく、水は下にあって、下に下にと流れて、その行くところは全然違う。その志が違い行くところが違えば、必ず争いが起きる。それで訟と名付けたのである。

作は☰の象。至剛至健にして努めて止まないところから。

事は☵の象。二陰の身体中に一陽の心を蔵する象がある。心があって、言を発し、事をなす。故に☵には言、事の意がある。

謀は☵の象。☵は心であり、物事を謀るのは心である。

始は☰の象。万物は☰の気を受けて生じるので☰は一切の始めである。

陽である天気が上に昇り、陰である水気が下に下って相反し、二つのものの行くところがまるで違っている象である。人であるならば一方は剛強な性質（天）を持ち、あと一方が険阻な性質（水）を持っているため互いに譲らず争いが生じている象である。よって訟と名付けられている。訟とは争うことであり、訴えることである。有徳の人はこの象を見て、人と人の志が違い、行うところが違うときには、必ず争いが起こることを知り、何事をなすにあたっても、始めにおいて深く物事を考えて争いのないようにするのである。この卦を得た人は、争いの起こる前に、あるいは起きてしまったならば発した由縁を糺《ただ》し、適当な処置をして吉。反すれば凶。

地《ち》水《すい》師《し》（䷆）

地中有㆑水師。君子以容㆑民畜㆑衆。

文語訳…地中、水有るは師なり。君子以て民を容《い》れ、衆を畜《やしな》ふ。

地は☷の象。☷の三爻とも陰爻で六断している象を、地の断々として、山が峙ち、川が流れ、高低がある象に取る。また天を純気とするならば、地は純形なので☷に取る。

水は☵の象。二陰の土手の間を一陽の水が流れる象より取る。

地中有水は䷆の象。外卦☷（地）の中に内卦☵（水）の有る象より取る。

師は䷆の象。師は衆多で、数が多いこと。およそ水が地中で出会うときには、群がり、集まり衆多なるところから取る。また易の見方は一様ではなく、☷の多くの人が、☵の険事に従う（☷）象より、師を師団、つまり軍団とも見て、戦争も意味する。

容は☷の象。☷は地であり、万物の帰蔵するところであり、容れる意が生ずる。

民は☵の象。流水は多くの水滴の集まったもの。民も多くの人の集まったもの。ちなみに☷にも多く意があり、☷を民と見ることもできる。

蓄は☷の象。畜は養う意。大地は万物を養うものであるからその意を取る。

衆は☵の象。流水は多くの水滴を集まったもの、そこから衆の意。ちなみに☷にも多くの意があり、衆の意がある。

地の中に水がある象である。地を掘り下げていけば何処にも水がある。地のなかには水が多く集まっているのである。師とは衆であり、もろもろと訓じ、多数の人あるいは軍隊の意味である。徳の備わった人はこの卦の地のなかに水がたくさん集まっている事に則って、大地のような寛大な度量を以て多くの人々を抱擁し、多くの人々を養い育てるのである。これは単に衣食住が困らないようにして肉体を養ってやるばかりではなく、人の生きるべき道を教えて精神を養うことも含まれるのである。こうすることによって徳のある人は人心を自ずから掌握し、天下に命令を下すほどになるのである。この卦を得た人はよく包容し養うようにすれば吉。反すれば凶。

雷水解《らいすいかい》（䷧）

雷雨作解。君子以赦㆑過宥㆑罪。

文語訳…雷雨作《おこ》るは解なり。君子以て過を赦《ゆる》し、罪を宥《なだ》む。

雷は☳の象。一陽、二陰に圧せられて、激発する象より取る。

水は☵の象。一陽が二陰の大地の間を動いている象から取る。また水の性は陥いるものであり、一陽が二陰の間に陥っている象から取る。

作は☳の象。作は起るの意。一陽が二陰の下にあって発出する象より取る。

解は䷧の象。解は緩むの意。雷雨が発起して、積鬱した気が忽然として緩み伸びる象から取る。

赦は䷧の象。緩み伸びるところから赦すに転じる。

過は☳の象。過は誤りの意。一陽が二陰の穴に陥こんで苦しむ象から取る。

宥は䷧の象。宥は「ゆるす」「ゆるめる」「ききとどける」などと訓《よ》む。緩み開放される象から取る。

罪は☵の象。一陽が二陰の間に陥った象より陥険の意があり、それより、刑具とか、刑の意がある。また☵は律の意もある。律とは均しく公布するものであり、水も至公至平、均しく存するものなので、律とされる。両義を合わせて罪とする。

雷雨が生じて積鬱の気が忽然として緩み消えてゆくのが解の象である。上に雷が轟きわたり、下には雨が降って地を潤して、天地の陰陽がよく調和して、冬の陰鬱の気のため、かがまって伸び悩んでいた草木一切がこれから盛んに生長していくのである。徳のある人はこの天地が万物を生成化育する卦に則って人々に慈愛を施し、人々の過失（誤って行ったもの）を許し、罪（わざと行ったもの）もなるべく軽く寛大に措置するのである。この卦を得た場合は、進んで人の過失や罪を赦し、寛大でなければならない。このようにして、大きな問題に邂逅することなく、また現在、自分が何らかの難問に出会っている場合においてはその難を解消し、吉となる。反すれば凶。

風水渙《ふうすいかん》（䷺）

風行㆓水上㆒渙。先王以享㆓于帝㆒立㆑廟

文語訳…風、水上を行くは渙なり。先王以て帝を享《きやう》し、廟を立つ。

風は☴の象。二陽の下に一陰が入り込む象を風が隙間に入り込む象に取る。

水は☵の象。二陰の地の間を一陽の水が流れている象に取る。

行は☴の象。一陰は退き、二陽は進む。行ったり戻ったりは風の象。

風行水上は䷺の象。外卦☴（風）は内卦☵（水）の上にあって行く。

渙は䷺の象。渙とは勢いよく飛び散る意で、ここでは水が風によって吹き散らされる意。風が水面に吹けば起きる現象なので、この卦を渙と云う。

先王とは古代の帝王。

享は☴の象。享は進め献ずる意。☴は草木の繁殖であり、草木が伸びて形をなすところから、調う意があり、それより転じる。また一陰を足として、お膳の象があり、膳には供え物の意があるので。

帝は☵の象。☵は陽の尊いものが二陰に囲まれているところから。

立は☴の象。調う意より転じる。また一陰の土台の上に建物の建っている象がある。

廟は☵の象。一陽の大切なものを二陰で保持している象より取る。

風が水の上を吹き回ってそのために下にある水が散り乱れている象である。渙は散乱する、散乱させると云うことである。国に当てはめていえば、国内がばらばらに乱れて統一していないと云うことである。古の帝王はこの象を見て、これに則って、天下の騒乱を救うために至誠至純の真心を以て捧げ物をして（巽）、天神を祭り、御霊屋（坎）を建てて先祖を祀るのである。これが政治の根本であった。これにより人々は神を尊し、祖先を敬することの大切さを知って、自ずから秩序が回復したのである。この卦を得た場合には、いかなる難事困難を恐れることなく離散させようと、まず強く思い努力すること。できれば吉運を招き、反すれば凶運を招く。

坎《かん》為《い》水《すい》（䷜）

水洊至習坎。君子以常㆓徳行㆒。習㆓教事㆒。

文語訳…水、洊《しきり》に至るは習坎なり。君子以て徳行を常にし、教事を習《かさ》ぬ。

水は☵の象。二陰の大地の中を一陽の水が流れている象から取る。

洊至は䷜の象。洊は頻《しき》りの意であり、☵が繰り返され、次から次へと水が至る象から取る。

習坎は䷜の象。習とは、幾度も繰り返すこと、☵が繰り返されている象から取る。習坎は単に坎とも云い、小成卦☵も、その二つ組み合わさった大成卦䷜も坎と呼ぶ。

常は䷜の象。☵が重なって水が常にあるかのような象より取る。

徳行は☵の象。徳は得であり、二陰の中に一陽を得た象から取る。

習は䷜の象。習とはならうであり、それは幾度も繰り返すこと。☵の水が何度も繰り返し流れてきている象より取る。

教事は☵の象。教事とは人として身に付けているべき教養のこと。曲がったものを直すにはその両端に重いものを置いて伸ばして平直にする。☵は一陽に二陰の重物を付けた象があり、そこから矯正とか、法律とか、教えなどの意がある。

水がしきりに来る象で、習坎と呼ばれる。習とは重ねる意味で、練習も習慣も幾たびも繰り返すことを云うのである。水があとからあとからと間断なく引き続いて流れて止まないこの象を見て、徳のある人物は常に道に則った行為を繰り返して、怠ることなく己を修め、丁寧反復して人々に道を説いて止まないのである。つまり自らの徳を養って怠ることなく、一度二度道を説いてそれで足れりとせず、何べんも繰返して教えを垂れるのである。この卦を得た時には、澱《よど》みなく流れる水に習い、習熟するまで厭うことなく、諭《さと》して倦《う》むことなく、またよくよく考えて行動すれば吉となる。それに反して、十分な準備のない軽はずみな行動は凶となる。

火水未済《かすいびせい》（䷿）

火在二水上一未済。君子以慎弁レ物居レ方。

文語訳…火、水上に在るは未済なり。君子以て慎みて、物を弁《わきま》へ、方に居く。

火は☲の象。中央の陰爻を火とし、外の二陽を空中として、火が燃え上がる象を観る。

水は☵の象。一陽の水が流れて、二陰の土を欠いて行く象より取る。

火在水上は䷿の象。外卦☲（火）が内卦☵（水）の上に在るので。

未済は䷿の象。未済とは事が成らないこと、事が成就しないことである。水が火の上にあれば、上にある水は下の火によって温められて、食べ物を煮るなどして、その料理を完成させる。しかし、今、火は上にあって、上へ上へと昇り、水は下にあって下に下にと下って、相交わることなく、その用をなさない。よって未済と名付けるのである。

慎は☲の象。火は小さなものであっても大事を引き起こすことがある。それで、戒めるとか、慎むの意を生ずる。

弁は☲の象。弁は弁別の意。黒い瞳が中央の陰爻で、外の二陽は目の白いところと見て、☲には目の意味があり、そこから見るとか、弁えるの意が生ずる。

物は☵の象。二陰の器中に一陽のものを入れている象より取る。

居は☵の象。二陰の家の中に人が居る象より取る。

方は☲の象。方は方角である。東西南北の方角であり、☵は四つの断片になっており、それで方の意を取る。

火の気がいたずらに上へ上へと昇り、水の気が下へ下へと下ろうとし、火は水を熱して物を煮ることもできない象である。つまり火は火としての働きをなすことができず、水も水としての働きをなし遂げることができない。即ち物事が完成しないのである。未済とは事がまだ成らないことである。この水火がその居るべきところに居らず十分に活用されていないこの卦を見て、徳のある人は慎重に万物の性能、各々の特徴を弁別して、あるべき位置にそれらを配置するのである。この卦を得た時には、よく身を慎んで、物事を明確に判断し、それぞれを左にあるべきものは左に、右にあるべきものは右にすれば吉となり、さもなければ凶となる。

山《さん》水《すい》蒙《もう》（䷃）

山下出レ泉蒙。君子以果レ行育レ徳。

文語訳…山下、泉を出すは蒙なり。君子以て行を果《はた》し、徳を育《やしな》ふ。

山は☶の象。二陰の土の上に一陽の高いものがある象より取る。

泉は☵の象。泉とは、水源の意であり、これは高山峻岳より発する。☵は二陰の土の間を一陽の水が流れている象があり、水とし、水より泉に転じる。

山下出泉は☶☵の象。外卦☶（山）の下から内卦☵（泉）が出ているから。

蒙は☶☵の象。蒙は、蒙昧の蒙で暗いと云う意。山より泉が出る象があり、泉が山から出るに当たって、その源脈の始めは一つの小さな流である。しかし、その流は合流したり、分かれたりするものは数多く、その起こるところと、その至るところは、予《あらかじ》め弁《わきま》え知ることは難しい。これによって蒙と名付けるのである。また☶を山とし、☵を雲とし霧として、☶の山より雲霧を生じて、峰をも谷をも多い隠して幽暗な象があるので、蒙とするのである。

果は☶の象。二陰を樹木と見て、その上に一陽の実がなっていると見て、果（木の実）と見る。もともと果たすと云う語は木の実と関係がある。木は春陽発生の気を得て、芽を生じ、葉を出し、次第に花が開いて、秋に至って実が熟して、果（木の実）が生り終わる。これは、草木がその功業を成就し、行いを果たしたのである。故に結果と云う語がある。

行は☵の象。☵の水の流れ行く姿から行いとする。

育は☶の象。育は養う意。☶は一陽が一番高いところまで進んで止まっている象。それより、止める、留めるの義があり、養うに転じる。

徳は☵の象。二陰の体の中にある一陽の尊いものを徳と見る。


山が雲（水の集合）に囲まれて隠れて見えない象である。また水は険阻であり、山は止まるであって、険難にして越えがたい所に出会って進めず止まっている象でもある。あるいは山下出泉と云って、山の下から始めて湧き出して流れる泉の象でもある。ちょろちょろと湧きだした水がいつか大きな流れとなるように、この卦は必ず大いに伸びて大いに明らかになるべき徳を備えている。だがいまだ蒙昧で、昧《くら》くして明らかでないのである。有徳の人は、この卦を見て、小さな流れが停滞することなく、よく流通して大海に至るように、自分の行いをなし遂げ、自分の徳を養うのである。この卦を得た時は、障害を突き破り、流れて止まない水と、泰然として揺るぎのない山にならって、自分の蒙昧を賢明に変えるようにして吉。反すれば凶である。

沢水困《たくすいこん》（䷮）

沢无レ水困。君子以致レ命遂レ志。

文語訳…沢、水无《な》きは困なり。君子以て命を致し、志を遂ぐ。

沢は☱の象。一番上の陰爻を沢の面と見、中央の一陽を水と見、一番下にある陽爻を底とみて沢とする。

水は☵の象。二陰の土の間を一陽の水が流れていると見る。

沢无水は䷮の象。外卦☱（沢）の下に内卦☵（水）があるので、沢の水が下に漏れ出て、沢に水がないと見る。

困は䷮の象。困とは困窮する意。沢に水がなく、干からびているのである。例えれば武将が孤城を守るが、堀は浅く、食料も乏しく、軍器も少なく、援軍も頼めない状態である。これが困窮艱苦の極みでまさに困である。

致は☱の象。二陽が一陰を決し去る象があり、決するの意があり、それより転じる。

命は☵の象。☵は一陽が二陰の中に陥った象。陥るとは自分の命を投げ出すこととなる。また二陰の肉体の中にある一陽の尊いものを命と見る。また☱は兌で悦ぶことであり、命は人の一番悦ぶものであることから☱を命とみてもよい。

遂は☱の象。☱は決し去る意、致す意があり、それより転じる。

志は☵の象。二陰の身体の中にある一陽を心とみて、心より志とする。
また致命遂志と云うのは、困窮の極に至ってなすべき最後の手段でもあるから、困より類推して出てきたとも考えることができる。

沢の水がみな下に漏れて、沢は涸れて水は全くなくなっている象である。即ち沢辺の草木はみな枯死して困窮していると云うのがこの困の卦である。困とは木が□の中にある形である。この木は囲いに抑えられて成長することができないのである。行き詰まって苦しみ悩んでいるのである。有徳の人はこの卦を見て、困難に出会ったときには、生命を投げ出して、自らの志を完遂すると云う。この卦を得た場合には、死ぬ覚悟でひたすら努力することだ。それが出来れば、必ずや困難辛苦を克服して、自分の志すところのことを成就して吉運に向こうことができる。なんとかなるだろうなどと云う甘い考えでいると大変なことになるので要注意。

天火同人《てんかどうじん》(䷌)

天與火同人。君子以類㆑族弁㆑物。

文語訳…天と火とは同人なり。君子以て族を類し、物を弁ず。

天は☰の象。純な気が充満しているのが天。☰は全て純陽の爻からなっているので天とみる。

火は☲の象。☲の卦名は離であり、離は麗《り》であり、麗には「つく」とか「のぼる」と云う訓みがあり、また麗は美しいことでもある。火は燃え上がるものであり、なにかに麗いて存在し、また美しいので☲を火と見る。また外の二陽が炎でよく物を照らし、中の一陰は火心のほの暗い所でもある。あるいは中央の陰爻を火とし、外の陰爻を空中として、火が空中に燃え上がる象より取る。

同人は䷌の象。同人とは人と同じくすると云う意。☰は天であり、☲は火であり、天も昇るもの、火も昇るものであり、その性質は相同じである。故に同人と名付けたのである。

類は☰の象。類とは類集であり、同じ種類の物を集めることである。☰はすべて陽爻よりなっており、まさに類集の意がある。

族は☰の象。族は同種類の仲間であり、☰はすべて陽爻からなっており、族の意を持っている。

弁は☲の象。弁は弁別の意。☲は中央の陰爻を黒瞳とし、外の陽爻を白目と見て、目の意がある。それより見るとか、弁別の意を生ずる。

物は☰の象。万のものは☰を元として始まるとされており、そこより物の意を取る。

上に天があり、下に火がある象。火の性質は燃えて上のほうに、即ち天のほうに向かって昇るのである。つまり下にある火は上にある天と志を同じくするのである。これから同人と名付けられた。同人とは人と同じくする事であり、人と共同一致することである。徳のある人はこの卦に則り、同類のものを一緒に集め、またいろいろな事物の性質傾向などの異同を弁え分かつのである。この卦を得た場合には、天の日と地にある火は同じではないが、性質を同じくするように、人々道を異にするといっても、その異なっている中に、あることについて同じ志を持っているものはいるから、柔順中正な心持ちでそうした人と親しめば吉、反すれば凶である。

地《ち》火《か》明《めい》夷《い》（䷣）

明入㆓地中㆒明夷。君子以莅㆑衆。用㆑晦而明。

文語訳…明、地中に入るは明夷なり。君子以て衆に莅《のぞ》むに、晦《くらき》を用ひて明かなり。

明は☲の象。☲は外の二陽は明るく、外を照らし、内の一陰はほの暗くて、火の象がある。火はあたりを明るくするところから明の意を生ずる。また明は字からも分かるように、日、月でもある。日、月は天にあって地を明るくするものである。

地は☷の象。☷は六断されて、高低あり、山峙ち、谷深く、川流れる象があるところから地と見る。

明入地中は䷣の象。外卦☷（地）の中に内卦の☲（明）が入り込んだ象から。

明夷は䷣の象。夷は傷つけられ、損なわれることである。つまり明夷とは明が損なわれることである。䷣は太陽が地の下に入っており、夜になって世の中が暗くなったのである。よって明夷と名付けたのである。

莅は☲の象。莅は臨む意である。☲は火であり、照らす、見るの意があり、それより、転じる。

衆は☷の象。六断して、数多い象があり、それより、衆多の意を生ずる。

用は☲の象。☲は離であり、麗であり、麗《つ》くとか、飾るの意がある。そこより転じる。

晦は☷の象。晦は暗さであり、明察の逆の意。暗さの象徴である陰爻ばかりからできているので、☷を晦とする。
明は☲の象。☲は火であり、周囲を明るくするところより。また天にあって地上を明るく照らす火とみるときは太陽ともなる。

日月が地中に入り、明が損なわれ暗くなった象である。この卦は下には明らかな徳を持った諸侯臣民がいるけれど、上は暗愚な君主であって、下にいるものは大きな艱難辛苦を被っている状態を表している。と同時に、徳のある人が人々に対する場合の心構えを示唆してもいる。古人は、水至って清ければ魚住まず、愚かでもなく、聾でもない者は一家の主人とはなることができないと述べているが、まさにその明を以て察に過ぎると、人々は恐れて心が休まらず、却って人を教化し導くことはできないものである。明察でないことにより、却って明の状態ともなるのである。この卦を得た場合には明察厳正、細かいところまでほじくりだして、やかましく云ったりするようではいけない。明を隠して吉。反すれば凶。

雷火豊《らいかほう》（䷶）雷電皆至豊。君子以折レ獄致レ刑

文語訳…雷電、皆至るは豊なり。君子以て獄を折《さだ》め、刑を致す。

雷は☳の象。雷はかみなりで威厳の義。一陽が二陰に圧せられて、反抗して、激しく奮い起こる象より取る。

電は☲の象。電は稲妻で明かにする義。火の性は炎上する。☲は一陰が二陽の空中に昇る象があるので火とする。火は明るくて周囲を照らす。それより電に転じる。

皆は☲の象。☲は火であり、太陽であり、一切を照らすところから取る。

至は☳の象。☳は震であり、進であり、一陽、二陰に圧せられて激発し、動き進むところから取る。

豊は☳☲の象。豊は大の意。雷電がみな至り、相合うときは、その勢いは盛んで大きいところから名付ける。また明かにして動くと云う象がある。明かでなければ、よく知り抜くと云うこともなく、動かないときには何事もなしえない。明かにしてよく動くときには、事みな盛んに、大きくなる。故に豊なのである。

折は☲の象。折は「さだめる」と訓《よ》み、事理分明の義であって、照らす意のある☲の象である。

獄は☳の象。獄は訴えであり、訴訟のこと。☳は雷鳴であり、二陰に圧せられ不満を爆発させて訴える

のである。

致は☳の象。一陽が上に進み昇ろうと事を致す象があるので、致すとする。

刑は☲の象。刑とは法によって犯罪者に科するしおき。そのもっとも重いものは死刑で、☲は離であり、切断であり、手足を切り、あるいは、首を切ることもある。また☲は四方が塞がり、中央があいており、獄舎の象も見える。


雷電が同時に至り、天地の怒気が盛んで、非常の出来事が多い象である。豊は豊穰の意味ではなく、事件などの多い意味である。徳のある人はこの卦を見て、天下に様々の事件が頻発するときに当たっては、火の明に則って各種の訴訟の事情を明らかに詳《つまび》らかに知り、その是非曲直を判決し、そして罪があると決まったならば、その軽重大小に従い、その罪に適する刑を雷の威に則って執行するのである。この卦を得た場合には、電光雷声の至らないところはないように、明と威とを並行せしめること。必ずしも相手の罪の如何を定め、それを償わせるにまではしなくとも、十分な威厳を以て相手に対し、よく明察することが大切。それができれば吉となり、できぬようならば凶。

風《ふう》火《か》家《か》人《じん》（䷤）

風自㆑火出家人。君子以言有㆑物。而行有㆑恒。

文語訳…風、火より出《い》づるは家人なり。君子以て言ふこと物《まこと》有りて、行《おこな》ふこと恒《つね》有り。

風は☴の象。風は陰気にして天を行くものである。二陽の天の下を一陰の風が行く象より風とする。

風自火出は☴☲の象。☲（火）は内卦で内にあり、☴（風）は外卦で、外に出ているところよりそのように見る。またこれに火から風を生ずるの象を見、内から外に発するの義と見ることもできる。

家人は☴☲の象。家人とは一家の人の意。一家の人々全てを指して家人と云う。☴は初爻が陰爻なので、☰が☷の一陰を初めて得た子として長女、また☲は二爻が陰爻なので二番目に得た子として中女とされる。長女である☴は上にあって高い地位におり、中女の☲は下にあって低い地位にいる。家庭の平和は女性が争うことによって乱れることが多いが、上にあるべき長女は上にあり、下にあるべき中女は下にあって、よく和合して家内がよく治まっているのである。それをみて家人と名付けたのである。ちなみに家人は同人などと同じく人を取って家とみてもよく、家のありようとみてもよい。

言は☴の象。☴は風であり、口から息（風）が発せられれば、声となり、言となる。

物は☲の象。物はこの場合、実であり、誠の意味である。☲の中虚なところを誠とみる。

行は☴の象。☴は風であり、風が万物を動かす象より取る。

恒は☲の象。火はどの火も同じく空中に燃え上がるところから、同じの意を生じ、同じから恒の意を生じる。

風が外より吹き起こり、火が内より燃え上がり、火と風が互いに相助け相益すると云う象である。それは人間生活でいえば、一家内の人々が互いに力を合わせて家を盛んにすることに当たる。よって家人と名付けられている。また一家がよく治まると云うのは、一家の主人である人の云うことに偽りがなく、その行うことが常に一定して変わらない、つまり正しい道に叶っているときなのである。この卦を得た場合には言語に実を尽くし、行動に一貫性を持たせ、虚偽をなさないようにすることが大切である。自分の言葉と行為を謹んで、正しい道に叶うようにすれば、一家が治まり、会社も治まり、国も治まり、一切が治まって、必ず吉運が招来される。反すれば凶となる。

水火既済《すいかきせい》（䷾）

水在㆓火上㆒既済。君子以思㆑患而予防㆑之。

文語訳…水、火上に在るは既済なり。君子以て患を思ひて、予《あらかじ》め之を防ぐ。

水は☵の象。二陰の土の間を一陽の水が流れる象から水とする。

火は☲の象。二陽の空中に一陰の火が麗《っ》く象から火とする。

水在火上は䷾の象。外卦☵（水）が内卦☲（火）の上に在るので。

既済は䷾の象。既済とは物事が既に成ることであり、完成することである。水（☵）が火（☲）の上にあるときは、水は熱くなり、それによって飲食物は煮られて、うまい具合に料理される。火は火としての、水は水としての任務を完成するのである。よって既済と名付ける。

思は☵の象。坎の二陰の身体の中に一陽があるのを心とみて、心より思うに転じる。

患は☵の象。患は患害であり、災いである。☵は一陽が二陰の間に陥った象があるので、それを災いと見る。

予防は☲の象。☲は火であり、火は小さなものであっても大火となって大事となるので、前もってそうならならないように防ぐことから、予防の意。

之は☵の象。この場合、之は患を指している。坎は患である。

水が火の上にあり、水が火に温められて熱くなる象である。火と水がうまく働いて飲食物が煮られ、具合よく料理ができあがる。このようにして、火は火としての水は水としての任務を完了するのである。陰陽が調和し、水火が調和して一切の事が成就したと云う卦である。既にできあがったものは壊れやすく、既に治まったものは乱れやすい。それで道を知った人はこの卦を見て先の禍患を見通して、前もってこれを防ぐ手だてを打つのである。この卦を得た場合には、一見安定したように見えてもよくよく状況情勢を判断すれば、必ず先になって大きな禍患となるようなことを見通せるものであるから、それを的確に処置して吉。反すれば凶である。

離為火《りいか》（䷝）

明兩作離。大人以継レ明。照二于四方一。

文語訳…明、両《ふた》つながら、作《おこ》るは離なり。大人以て明を継ぎ、四方を照す。

明は☲の象。☲の外の二爻は陽爻で明るく、中央は陰爻で薄暗い。また二陽爻の中空に一陰の火が燃えて上がる象がある。これから☲を火とみる。明は火が明るく照らすことからその意を生ずる。

明兩作は䷝の象。内卦☲（明）のあとに再び外卦も☲（明）が生じているところから。

離は䷝の名。離は麗《り》であり、麗は付く意があり、美しい意もある。小成卦☲が離と名付けられているが、☲が二つ重なった大成卦䷝も離と名付けられている。

継は䷝の象。☲の次にまた☲のあるところから、継続の意を生ずる。

明は☲の象。☲は火であり、太陽であり、明るく照らすところから。

照は☲の象。☲は火であり、まわりを照らすところから。

四方は☲の象。陽爻と陰爻でその象が四方をなし、また離の太陽が四方を照らすところから。

この卦は上も下も離（火）であり、明の次に明が起こっている象である。明らかなるものを継ぐのに明かなるものを以てするのである。日は昨日が終われば今日に続き、今日が暮れれば明日に昇り、日々途切

れることなく継続して、所として照らさないところはない。これに則り聖人は先代の明らかな徳を継ぐに当たって、また明らかな徳を以てし、代々明らかな徳を継いで、天下四方を照らし、天下を治めるのである。この卦を得たときは、四方を照らし明るくするような力がたとえ自分にない場合でも、日月の輝きのようにその徳を周りに及ぼそうと努力し、また何に付くか、誰に付くかと云うこともしっかり見定めること。実行すれば吉。しなければ凶となる。

山《さん》火《か》賁《ひ》（䷕）

山下有レ火賁。君子以明二庶政一。无二敢折一レ獄。

文語訳…山下、火有るは賁なり。君子以て庶政を明かにし、敢へて獄を折《さだ》むること无《な》し。

山は☶の象。二陰爻の大地の上に、一陽の高いものがある象を山とみる。

火は☲の象。上と下の陽爻を空中と見、そこに陰爻が麗《つ》いている象を火が空中に燃え上がっている象に取る。

山下有火は䷕の象。外卦☶（山）の下に内卦☲（火）が有るところから。

賁は䷕の象。賁は飾ることであり、美しく飾ることである。草木の生い茂った山の下のほうに太陽（☲）があり、これが上の山を照らして、山の草木が美しい色彩を生ずる。よって賁と名付けたのである。

明は☲の象。☲は火であり、あたりを明るくするところから。

庶政は☶の象。庶政とは比較的小さな諸々の政事である。☶は土の上に、陽の堅いものが存する象があり、それを小石と見る。その小石から多いと云う意がある。また☶は止めると云うところから、手の意があり、執るなどの意もある。両義を合わせて庶政とする。

无敢は☶の象。☶は止めるの意があり、それより禁止とか、無しの意が生じた。

折は☲の象。折は定める意。☲は火であり、明かにすることであるから、それより定むの意を生ずる。

獄は☶の象。獄とは獄舎であり、また訴えの意である。☶は人が止まるところで、家であり、また人が守っているところから獄舎とする。

山の下に太陽があって、山の草木が下から照らされて美しい色彩になっている。それが賁である。しかし、山は美しい彩りになっていても、その光は山に遮られているので遠くには及ばない。物事は文飾の道によって成就し、伸び広がり栄えるものである。だが、内に誠実なる真心がないならば、それは一時的なもの、限られたものとなる。実質がなくてはそれは虚飾で意味はない。とはいえ心のなかに質実な真心を持っていても、それを表す言動が粗野であると、人の心を感動させて、自分の意思を通ずることは難しい。飾りを加えてうまく表現するとき、人に感銘を与えるのである。この卦を得たならば、「離」の明察をなし、また「艮」の静止に則って軽々しくは決定せず、飾るべきを飾れば吉となり、反すれば凶となる。

沢《たく》火《か》革《かく》（䷰）

沢中有㆑火革。君子以治㆑暦明㆑時。

文語訳…沢中、火あるは革なり。君子以て暦を治め、時を明かにす。

沢は☱の象。上の陰爻を沢の表とし、下の陽爻を底とし、中央の陽爻を満々と湛えた水とみて、沢の象を取る。

火は☲の象。外側が二陽で明るく、内が一陰で暗い象から火に取る。蝋燭の火なども外は明るく熱く、内はほの暗い。

沢中有火は䷰の象。内卦☲の火は、外卦である☱の沢の中に有る象から取る。

革は䷰の象。革は変革である。☱は沢水であり、☲は炎上する火であり、水火相剋して、一方を消滅して変化する象より取る。また☱は方位で考えると西、その西に☲の太陽が没した象であり、これは一日の終わりであり、また新たな一日が始まるとして革と名付ける。

治は☱の象。兌は悦ぶであり、これより和らげる意、治める意を取る。また二陽をもって一陰を決する象から治める意を取る。

暦は☲の象。☲は火であり、火は闇を照らして明るくするものであり、暦は季節、日月の運行を明かにするものなので。

明は☲の象。☲は火であり、周囲を照らし、周囲の存在を明かにするところから。
時は☲の象。☲は火であり、天にある火は太陽で、それによって時の経過を測るところから。

沢の中に火がある象。もし沢の水が盛んであれば火を滅ぼし、火が盛んであれば水を滅ぼす。これが革である。また沢は海であり、火は太陽であって、元日の日の出のように、太陽が出現して一切が改まり変わることを意味する。古代の帝王はこの卦を見て、それに則って日月星辰の運行を調べ、暦を制定して、春夏秋冬の四時を明らかにした。季節の移り変わりは、天地の変化の中でも最も大きな変化であり、人々の五穀百品の収穫のためにも重要であり、その変化に順応するために暦を制定したのである。この卦を得た人は、古いもの、旧習などを捨て去って、改め変えるべき時期であり、それが道を得てできれば吉。できぬようならば凶となる。

天《てん》山《ざん》遯《とん》（䷠）

天下有レ山遯。君子以遠二小人一。不レ悪而厳。

文語訳…天の下に山有るは遯なり。君子以て小人を遠ざくること、悪《にく》まずして厳にす。

天は☰の象。天は陽のなかでも最も陽の存在であり、☰が純陽であることから。

山は☶の象。山は高くして地上に止まる。艮は止であり、一陽が坤の二陰の地上に高く止まる象があるので、山とする。

遯は☰☶の象。遯は避ける、退くの意である。天は無形の気で昇り進むもの、山は有形で動かない。天の気は昇り進み去り、山は動かず止まる。これは天が逃れ去る義、つまり遯である。

遠は☰の象。☰を天なるところから遠いとし、遠ざけるとする。

小人は☶の象。☶は☷が☰の陽の一画を最後に得た象で末男の象であり、少男であり、そこより小人となる。ちなみに☳は長男、☵は中男になる。

不は☶の象。☶は一陽が一番上までいって止まった象で、止であり、そこから勿れとか、無しとか、不とかは☶の象となる。

悪は☰の象。悪は憎悪の意である。乾は至剛威厳の象であり、それを人が恐れ、憎むところから，そのように取る。

厳は☰の象。純陽であるために、威とか厳とする。

天が尊く高いために、天の下にある山は卑しく下に避けて退き、相い去ること遼遠であると云う象である。また山は高く高く聳《そび》えているが、天は知らぬ顔をして遙かに遠く無限にかけ離れている象である。徳のある人はこれを見て愚かな人をみずから厭うことはないが、威厳を以て愚かな人々に接するのである。誠と敬いの気持ちを以て独り慎み、厳粛として止むことがなければ、つまらない人々は自然と遠ざかるようになり、一切はうまくいくようになるのである。この卦を得た人は天のように高く限りないほどの威厳を備えて人々に接するようにし、自然と自分のまわりから愚行を演じる人々が去っていくようにしなければならない。そのようにすれば吉、さもなければ凶となる。

地山謙《ちさんけん》（䷎）

文語訳…地中、山有るは謙なり。君子以て多きを裒《へら》し、寡《すくな》きを益し、物を称《はか》りて、施しを平かにす。

地中有㆑山謙。君子以裒㆑多益㆑寡。称㆑物平㆑施。

地は☷の象。六つに分断している象を、高低ある峙《そばだ》った山とか水流れる渓谷とみなして地とする。

山は☶の象。二陰の土の上に、どっしりとした一陽があるのを山の象とする。

地中有山は☷☶の象。外卦☷（地）の中に☶（山）の有るところから。

謙は☷☶の象。謙とは遜《へりくだ》ることである。本来、高い山が低い地よりも下に下っている。尊いものが、卑しいものの下に遜る。これを以て謙と名付けたのである。

裒は☷の象。裒は減らすことである。陰には不足の意があり、☷は全てが陰爻なので、また中央が空虚になっているところから、不足、虚などの意があり、それより減らすの意を生ずる。

多は☶の象。一陽の一番上まで上って止まっている象があり、止めるとか、得るとの意がある。ものは少しずつでも溜めていけば多くなるので、多の意味を生ず。

益は☶の象。益とは増やしたり、増し足す意。☶には多の意があり、それより転じる。

寡は☷の象。☷には不足の意があるので、それより転じる。

称は☶の象。称は計り考えること。☶は止める意があり、心に止めて計り考えるところから。

物は☷の象。☷は地であり、物を生じたり、発育させるところから。坤為地の象伝に「至れる哉、坤元、万物とりて生ず」とある。

平は☷の象。☷は地であり、地は平らかなところから。

施は☶の象。☶には益する意があるので、それより転じる。

高く大きな山が低い地の下にある象である。この山はあってもないかのように、その高さを誇らないのである。よって謙と名付けられる。謙とはへりくだると云う意味である。自分に才能があっても、偉大な功績をあげてもそれを誇らないのである。上辺で謙遜するのではなく心底まだまだ十分でないと思うのである。徳のある人は、高いものが低くなっているこの卦を見て、多くして余りあるものを減らして、足らないものに増し与え、それぞれの状態を考えて、施し与えることを平均するようにするのである。この卦を得た場合には、へりくだって自らを低くし他を高くし、自らを少なくし他を多くすれば吉となる。反すれば凶運を招く。

雷山小過《らいざんしょうか》（䷽）

山上有レ雷小過。君子以行過二乎恭一。喪過二乎哀一。用過二乎倹一。

文語訳…山上、雷有るは小過なり。君子以て行は恭に過ぎ、喪は哀に過ぎ、用は倹に過ぐ。

山は☶の象。二陰の土の上に一陽の高いものがある象より☶を山とする。

雷は☳の象。二陰に圧迫されて、一陽が激発激動する象があり、それより雷とする。

山上有雷は䷽の象。外卦☳（雷）は内卦☶（山）の上に有る。

小過は䷽の象。小過は少し過ぎるの意。☶は山であり、☳は雷である。山は止まって動かず、雷は動いて止まない。一は止まり、一は動き去る。もし、両者互いに動いて行き違えば、その過ぎること大。今は、一は動き去るが、一は止まる。故に小過と云うのである。

過は䷽の象。小過の少し過ぎるから取る。また☳の進む象より取る。

行は☳の象。行は行いのこと。☳の一陽、激発激動する象より取る。

恭は☶の象。恭はつつしむ、あるいはうやうやしいこと。☶は山であり、山は動かない。よって、止まる、内に止め蓄えるの意があり、それより慎む、恭謙などの意が生ずる。

喪は☶の象。喪は喪礼の意。☶には慎むの意があり、喪にあたって慎むべきは当然なので、☶を喪とする。

哀は☳の象。哀は哀悼の意。人の死を悲しみ悼《いた》むことで、大なる場合は声を上げて泣くのである。一陽の激発するさまを声を張り上げるとみて、哀を☳の象とする。

用は☳の象。用はもちいる、はたらきの意。ここでは物用、日用の経済のこと。☳の激発激動から、働き、つまり用の意を取る。

倹は☶の象。倹は倹約のこと。☶は艮で、艮には固く止める意がある。内に止めて無駄遣いしないことが倹約である。

山の上に雷が鳴り渡っている象である。大きな山の上に小さな雷があるのは、小さいものが大きなものの上にあるのであって、小さいものが少し越えていると云うことで小過と云う。徳のある人はこの卦に則って、行いはむしろ少し恭しくし過ぎるくらいにし、喪礼に当たっては少し悲しみに過ぎるようにし、物やお金などは少し節約し過ぎるくらいにするのである。しかし余り行き過ぎると恭敬は卑屈になり、へつらいになり、悲哀の念は身体を損ない、倹約は吝嗇となる。少し過ぎると云うことが肝心なのである。この卦を得た場合には、過ぎるべきことを少し過ぎるようにすると云うことが幸運を招く。それもせず、また大いに過ぎれば凶。

風《ふう》山《さん》漸《ぜん》（䷴）

山上有㆑木漸。君子以居㆓賢徳㆒。善㆑俗。

文語訳…山上、木有るは漸なり。君子以て賢徳に居り、俗を善くす。

山は☶の象。二陰を土とし、その上にどっしりと構えた一陽を山としたもの。

木は☴の象。一陰を根と見、二陽を幹枝と見て、一陰の根は下に下り、二陽の幹枝は上に上るところから。

山上有木は䷴の象。内卦☶（山）の上に☴（木）が有るところから。

漸は䷴の象。山の上に木があるときは、漸次に成長するものである。よって漸と名付けたのである。ちなみに山の上に木があるとは、樹木がその所を得たと云うことであるが、これはまた才能ある賢者がその所を得たと云うことの比喩でもある。

居は☶の象。☶は一陽が一番上まで進んで止まっている象がある。居るとはそこに止まること。

賢徳は☶の象。賢徳とは賢明な徳である。☶は止まる象がある。人において止まるべき時に止まると云うのは賢徳と云うべきであるから。

善は☴の象。一陰が二陽の下に入り込んだ象を風と見る。風がどんな隙間からも入って行くように、君子の賢徳が人々の心の中に入り込んで善く導くのである。

俗は☴の象。俗とは風俗である。☴は風であり、そこより転じる。

山の上に木が生えている象である。山の上に生えている木の伸びていくさまは目に見えるほど早くはないが、年々歳々漸次次第に成長して遂には雲をも突くような大木ともなるのである。この卦は漸次に確実に進むべき道を教えているのである。有徳の人はこの卦を見て、賢良な道徳を自分の居り場所として落ちついて安住していて、次第次第にいつのまにかまわりの人々を善良な風俗に化していくのである。この卦を得た場合には決してあせってはならない。大器晩成と云う言葉があるが、ゆっくりと確実に進んでいくことをまずもって考えるべきなのである。才能にしろ、事業にしろ、恋愛にしろ、即座に成就しようとすれば凶。じっくりといけば吉となる。

水《すい》山《ざん》蹇《けん》（䷦）

山上有レ水蹇。君子以反レ身脩レ徳。

文語訳…山上、水有るは蹇なり。君子以て身に反《かへ》り、徳を脩《おさ》む。

山は☶の象。二陰の地の上にどっしりした一陽があるのを山と見る。

水は☵の象。上と下の二陰の土の間を一陽が動く姿を水と見る。

山上有水は䷦の象。内卦☶（山）の上に外卦☵（水）が有るところから。

蹇は䷦の象。蹇は足なえ、歩行が困難なことである。それから転じて、行く先に険阻困難が幾重にも待ち受けて、進むことが出来がたいことを意味する。険阻で険しい山（☶）を越えても、またその先に深く広い川（☵）があって渡ることが難しい。よって蹇と名付けたのである。

反は☵の象。反は反省する意。☵は二陰の肉体の中にある一陽の精神的なものを見て、心の象がある。その心より、思うとか反省の意に転じる。

身は☶の象。一陽を頭とし、二陰を身体として、☶は人の象がある。人より転じて身とする。

修は☵の象。☵は水、水は至公（この上もなく公平なこと）の則を取るものであり、人が至公の則を取るようになるには、学習を必要とする。よって☵を習うとか修めるとする。

徳は☶の象。徳とは道を悟った立派な行為。☶は止まるであり、人が止まるべきときに止まれることは道を悟った立派な行いであるから。

この卦は山の先に水のある象である。山は険しく登り進むことが難しいのである。水は広く深くして渡り越えることが大変なのである。険阻な山をやっと登り越えたとしても次に深く広い大川があって渡り越えることが困難なのである。よって蹇と名付けられた。蹇とは足なえ、足が不自由と云う意味で歩行することが困難なことであり､進むことのできがたい意味がある。この卦は険難にして渡り難い川があるので、そこに止まっていると云う象である。むやみに険難を侵して進んではならないことも教えているのだ。この卦を得たならば、自分に行き届かないところがあるのではないかと深く反省し、徳を修めるように努力すれば吉となり。反すれば凶。

火山旅《かざんりょ》（䷷）

山上有㆑火旅。君子以明慎用㆑刑。而不㆑留㆑獄。

文語訳…山上、火有るは旅なり。君子以て明かに慎んで、刑を用ひて、獄を留めず。

山は☶の象。陰爻二つの上に、一陽爻があるこの卦の形が山の象をしているので。また二陰爻の土の上に一陽のどっしりしたものがある象を山と見る。

火は☲の象。一陰爻が、二陽爻の空中に燃え上がっている象を火と見る。

山上有火は䷷の象。内卦☶（山）の上に外卦☲（火）が有るので。

旅は䷷の象。火（☲）はこれよりそれへと移って止まらないものであり、山（☶）はそこに止まって動かないものである。これを旅人の次から次へと宿るところを転じる象と見て、旅と名付けたのである。

明は☲の象。☲は火であり、周囲を照らし明かにするところから。

慎は☶の象。☶には一陽の一番上まで上って止まっている象が見える。よって止まるの意あり。止まるべきときに止まるとは慎むことである。

用は☶の象。物を止めるのは手であり、☶には手の意があり、手はなにかを取るものであり、道具を用いるものである。よって用を☶の象とする。

刑は☲の象。刑とは、首かせを加え、首切り、殺すことである。☲は火であり、火の燃える勢いが強く焼き尽くさずにおかないその勢いを取って、矛とか、刀とか、斧とするので、それより首を切る刑とする。不留は☲☶の象。旅人が一カ所に止まらないところから、留めずとする。獄は☶の象。獄は牢獄であり、また訴えである。☶には止まって動かないところから、建物、また防ぐとか、手とか、撃つとか、懲らすとかの意のあるところから獄吏の意があり、合わせて獄とする。

山の上に火が燃えている象である。この火は山火事と見ることができ、山火事はだんだん燃えて他のところに移っていくのである。この時、動かない山を旅館に例え、移る火を旅人に例えて、この卦を旅と云う。昔の旅は困難が多く好まれるものではないのだが、自分の住地におれず、やむを得ずして他国に出るのである。有徳の人はこの卦を見て、罪の有無・軽重を明らかに見定め、慎重に刑を用い、そして裁判すべきものがあれば、一か所に止まることのない旅にならい長くそれを止めておくことなく、敏速に処理するのである。この卦を得た場合には、戦いの旅にある気持ちとなり、苦心焦慮し、なるべく敏速に事を処理して吉。反すれば凶となる。

艮為山《ごんいさん》（䷳）

兼山艮。君子以思不レ出二其位一。

文語訳…兼ぬる山は艮なり。君子以て思ふこと、其の位を出でず。

山は☶の象。二陰の大地の上に一陽のどっしりしたものがある象を山と見る。

兼山は䷳の象。兼山は二つながらの山、相並んだ二つの山で、☶が二つあるところから。

艮は䷳の名。小成卦☶も艮と名付けられており、艮には止まるとか、固く止めるといった意味がある。

それが二つ重なった大成卦䷳も艮と名付けられており、☶の意味を強調した卦とされている。

思は☶の象。心を一つに止めるところから。

不出は☶の象。出でずとはそこに止まることであるから。

位は☶の象。☶の止まる意から、居るとか、処の意もあり、それを合わせて。

山が相並んで止まって動かない象である。艮には止まる意味がある。山はこちらの山が向こうに行くこともなく、向こうの山がこちらに来ることもなく、おのおの泰然自若としてその位置に止まっている。徳の備わった人はこれを見て、物事を考えるのに、自分の位置境遇以上のことを望み考えないのである。つまり、人は親子、夫婦、上下などおのおのその地位があり、富貴、貧賤、幸、不幸の境遇が存する。即今

の位置境遇においてまさに思うべきを思い、なすべきをなすのである。この卦を得た場合には、自分の位置境遇に相応しくないことは思わず、親ならば親らしく、子供ならば子供らしく、社長ならば社長らしく、部下ならば部下らしく、受験生ならば受験生らしく、その本分を守ること。できれば吉。反すれば凶。

沢山咸《たくざんかん》（䷞）

山上有ㇾ沢咸。君子以虚ㇾ己受ㇾ人。

文語訳…山上、沢有るは咸なり。君子以て己を虚しくして、人を受く。

山は☶の象。二陰の土の上にどっしりとした陽爻がある象を山と見る。

沢は☱の象。上の陰爻を水面と見、中央の陽爻を満々と湛《たた》えた水と見、下の陽爻を底と見て、☱を沢とする。

山上有沢は☱☶の象。内卦☶（山）の上に、外卦☱（沢）が有るところから。

咸は☱☶の象。咸と云うのは、感ずることである。物と物と相対して、その心が合一して動くのである。およそ天地の間において相感じないものはない。その中でも男女の仲ほど感じることの著しいものはなく、その男女の中においても少男、少女ほど感じることの甚だしいものはない。☱は☰が☷より一陰を最後に得たものなので、少女、☶は☷が☰より一陽を最後に得たものなので、少男とする。ちなみに一陽を最初に得た☳は長男、一陰を最初に得た☴は長女である。いま☶の少男は☱の少女の下に下って相交わる。よってこれを咸と名付けたのである。また☱を悦ぶとし、☶を止まるとする。およそ人の心が悦んで止まると云うのは咸なのである。

虚は☱の象。☱は陰が陽によって滅せられる象。これより無とか、虚ともなる。

己は☶の象。一陽を首とし、二陰を身として人の意。またこれより推して、身体とか我、己ともなる。

受は☱の象。☱は沢であり、水を受け入れているところから。

人は☶の象。陽は丸いものであり、上の一陽を頭と見、下の二陰を身体と見て、人とする。


山の上に沢があり、沢の水気が上に昇って山の上まで水気が行き渡り、山はしっかりとその水気を受け止めている象、山と沢の気が互いに感通している象である。咸とは感である。あるものを見、またある人を見て感動することである。上の沢は若い女であり、下の山は若い男である。若い男女はもっとも感じやすいのである。出会うとたちまち恋愛をし結ばれるのである。この卦は相感ずるの道を説くのである。さて山が水気を受けるに当たって土と土との間に空虚なところがなければ、水の潤沢を受けることができない。この卦を得た場合には、虚心坦懐に私意を交えず人の言葉や行いを受け入れることが大切だ。できれば吉。反すれば凶となる。

天沢履《てんたくり》（䷉）

上天下沢履。君子以弁㆓上下㆒。定㆓民志㆒。

文語訳…上、天にして、下、沢なるは履なり。君子以て上下を弁《わきま》へ、民の志を定む。

天は☰の象。天は気の重なったもの。☰は気を意味する陽爻が重なっている。

沢は☱の象。上の一陰を面、中間の陽爻を水、下の陽爻を底とみて、沢とする。またその全体の形が沢のように見えるところから。

上天下澤は䷉の象。外卦☰（天）は上に、内卦☱（沢）は下に有るところから。

履は䷉の象。履とは踏み行くことである。また人の踏み行うべきこと、礼をも意味する。この卦は☰の至剛なものが前に進み行き、その後を☱の至弱なものが踏み行く象がある。よって履と名付けた。また凡《およ》そ宇宙の間において、天よりも高いものはなく、沢よりも低いものはない。今、この卦は☰を上にし、☱を下とする。上下の分別明かに正しい。上下の尊卑、その位に当たり、その正しきを得ると云うのが礼であり、礼とは人の踏み行うべき道なので、この卦を履と名付けたのである。

弁上下は䷉の象。高い天（☰）を上にし、低い沢（☱）を下にして、弁別しているからである。

定民志は䷉の象。䷉は履であり、人の踏み行うべき礼であり、人それぞれが礼あることによって、人々の心と云うものも自然と安定するのである。

最も高いもの、天が上にあり、最も低いもの、沢が下にある。上にあるべきものが上にあり、下にあるべきものが下にある。上下貴賤おのおのその正しい位置にある象である。上下を定めるものは礼儀であり、履には礼儀の意味がある。礼儀に基づき、上にあるものは上としての道を行い、下にあるものは下としての道を履み行うと云うのがこの卦だ。よってこの卦を得た場合には、その行うところに礼儀がなければならない。みんな同じ人間だ。いっさい平等であるなどとうそぶくことなく、長幼上下の区別をはっきりとしなければならない。それが実行できれば吉運を招来するが、できないようであれば凶運が襲来することを覚悟しなければならない。

地《ち》沢《たく》臨《りん》（䷒）

沢上有㆑地臨。君子以教㆓思民㆒无㆑窮容㆓保民㆒无㆑疆。

文語訳…沢上、地有るは臨なり。君子以て民を教思すること窮《きわ》まり无《な》く、民を容保すること疆《かぎ》り无《な》し。

沢は☱の象。上の一陰を水面とし、中間の一陽を水とし、下の一陽を底と見て、沢とする。

地は☷の象。六断して、高い山、低い山、水の流れる渓谷の象があり、また形あるものの象徴である陰爻が重なっているところから、地とする。

沢上有地は䷒の象。内卦☱（沢）の上に☷（地）が有るところから。

臨は䷒の象。臨とは臨み見る意である。沢の上に地があり、高い地から低い沢を見下ろしているのである。よって臨とする。また地上の水は流れて沢に集まり、また沢の中の水は周りを潤して、地上に助けを及ぼす。これ相臨む義あり。故に臨と名付ける。また上の四陰爻が下の二陽爻を臨み見る象があるので臨となす。

教は☱の象。☱は一陰、上に開いており、人体の上部で開くものは口、口より、話す、教えるとする。

思は☷の象。☷の静かなところ、内に蔵するところから、黙するとし、思うとする。

民は☷の象。地が諸々の物を包容するところから衆多とし、そこから民とする。

无窮は☷の象。☷の地の広大さと、それが幾久しく存するところから。

容は☷の象。地は様々なものをその中に収蔵しているところから。

保は☷の象。保は保持し保護すること。大地はそこに多くのものを保持しているので。

民は☷の象。六断して、数の多いところから。また天を帝王とすれば、それに対応する地は民となるから。

无疆は☷の象。地の限りなく広く、いく久しく存するところから。


地（島嶼）が沢（海）よりも高いところに位置して、高いところから低いところを見おろしている象である。有徳の人はこの卦に則り、人々に臨むに当たっては、人々が穴居していれば家に住むことを、縄を結んで意思を通じ合っていれば、文字を教えると云うように、沢が近辺の土地を潤すが如く人々を教え導き、地が広大にしていかなるものも載せるように寛大な度量を以て人々を容れ、安心できるようにしてやるのである。この卦を得た場合には、もし何らかの理由で相手を虐げたいとの意思があったにしろそれは捨て、哀れみを垂れ、教え諭し助け、安心して生活できるようにしてやろうと心掛けることだ。それができれば吉。反すれば凶となる。

雷沢帰妹《らいたくきまい》（䷵）

沢上有レ雷帰妹。君子以永レ終知レ敝。

文語訳…沢上、雷有るは帰妹なり。君子以て終を永くし、敝《やぶるる》を知る。

沢は☱の象。☵は流れる水、その底を塞いで水をもれなくした象があるので沢とする。

雷は☳の象。一陽が二陰に圧せられて、激発激動する象を雷とする。

沢上有雷は䷵の象。内卦☱（沢）の上に外卦☳（雷）の有るところから。

帰妹は䷵の象。帰妹は嫁ぐ少女と云う意。帰は「とつぐ」と訓《よ》み、女が嫁ぐことである。女性は若いときは両親の家にいるのだが、成長するとしかるべき家に嫁いで、それが自分の死ぬまでの家となる。その家が本当に自分が住居すべき家なので、嫁に行くことは本当の自分の家に帰る様なものなので、嫁に行くことを帰と云うのである。またこの卦は☳は動く、☱は悦ぶで、長男（☳）、少女（☱）、配偶者となり、ともに悦んで動く象があるので帰妹と名付けたのである。

永終は䷵の象。永終は永く久しく続くことを云う。帰妹つまり女は嫁げば、そこで永く久しく生活することになるので。また☳をどこまでも進むところから、永とし、☳は☰が☷より陰爻を最後に得た卦なので終とする。

知は☳の象。内にある一陽が発する象を激発とし、決断とするところから知るとする。

敝は☱の象。敝は「やぶれる」「そこなう」「くずれる」と訓み、弊害、失敗のことである。☱は☰の一部が欠けた象があるので、毀折、失敗などの意がある。

雷が沢の上にある象である。沢の上で盛んに雷が轟くときには、沢の水は振るい動くのである。震の卦の長男が盛んに活動するとき、兌の卦の少女は、それを喜び心を動かすのである。それは女が悦び男が動く男女の交合をも暗示し、よって帰妹と名付けられたのである。妹とは年若い女のことであり、帰とは嫁ぐと云うことである。有徳の人はこの卦を見て、遠くその終わりを慮《おもんぱか》って、必ず破れの生じることを予測するのである。この卦を得た場合には、永い間にはいろいろな失敗や弊害が生じることを考慮予測し、前もってそれに対する準備を怠りなくすること。それができれば吉祥を招来するが、悦び浮かれていると凶運を招く。

風《ふう》沢《たく》中《ちゅう》孚《ふ》（䷼）

沢上有㆑風中孚。君子以議㆑獄緩㆑死。

文語訳…沢上、風有るは中孚なり。君子以て獄を議し、死を緩《ゆる》くす。

沢は☱の象。下の一陽を底とし、中間の一陽を湛えた水とし、上の一陰を水面とし、☱を沢と見る。

風は☴の象。風はどんな隙間にも入り込むもの、☴の一陰が二陽の下に入り込んだ象を風と見る。

沢上有風は䷼の象。内卦☱（沢）の上に外卦☴（風）が有るので。

中孚は䷼の象。中孚とは、中に真実なる誠の心があることである。☴の風、☱の沢の上を吹くときは、沢の水、風に連れて共に動く。これは動かすのに心はなく、また動くにも心はない。これが自然の信であり、故に中孚と名付ける。また二陰、中にあり、四陽、外にあって中虚の形象が有る。中虚と云うのは信の本となるものなので、中孚と云う。

議は☴の象。議は諮《はか》り議するの意。☴は風であり、風が吹けば草木はそれにを応じて頭を垂れる。それより諮り議するの意がある。

獄は☱の象。獄は牢であり、また訴え。☱は上方に穴があいており、人間においては口、口から話すとか、訴えの意を生ずる。また☰の一部が損なわれた象から毀折の意があり、そこより獄に転ず。

緩は☴の象。二陽が進み、一陰は退く、一方向に締めつけないのである。よって緩むとする。

死は☱の象。☱は☰の一部の破損したもの。よって傷つける意があり、それより転じる。

沢の上に風が吹いている象である。沢の水は風に応じて自然に動揺して波立つのである。大きな風が吹けば大きく、小さい風が吹けば小さくさざ波が生じるのである。風は沢の水を動かそうと云う意思は持っていないが、自然に沢の水は動かされるのである。同じように心の中に真心をもっていれば、人を感動させようと云う意思がなくとも、人はそれに感じ感動し心服するのである。有徳の人はこの卦を見て、人に対する処置を真心をもって謀り考え、その罪を緩やかにしてやるのである。この卦を得た場合には、私心を排除して誠心誠意まことの心を持つようにして万事に対処していけば吉運となり、それに反すれば凶運を招来することとなる。

水沢節《すいたくせつ》（䷻）

沢上有レ水節。君子以制二数度一。議二徳行一。

文語訳…沢上、水有るは節なり。君子以て数度を制し、徳行を議す。

沢は☱の象。上部に凹みがあり、沢の形になっているので。

水は☵の象。陰爻二つの土手の間を一陽の水が流れている象より取る。

沢上水有は䷻の象。☵は外卦で、内卦の☱の上に有るところから。

節は䷻の象。節とは、止めるの意。沢の上に水があれば、水が多い。水の多い所以《ゆえん》は、止まって流れないからである。

制は䷻の象。水が沢に止まり、あるいは止められている象より取る。

数度は☵の象。数度は員数度量で、ある一定の数を意味する員数とか、長さや容積の基準である尺・枡と云う度数を意味する。☵は水であり、水はその器によって方円なし、また至って、公平であるところから、律法の義がある。律法はおきて、きまりであり、それより数度となす。

議は☱の象。二陽の上に一陰爻があり、上部で穴の空いている象。人体の上部の穴は口。よって☱には口の意あり。口から話すとか議論の意を生ずる。

徳行は☵の象。徳とは得であり、二陰が一陽を得た象から取る。また二陰の肉体の中に、人を動かす一陽の純粋なものがあり、それは信であり、また徳である。

沢の上に水が満々と充ちている象である。その様に水が多いのは水が止まって流れないからで、節とは止の意義を持っている。また沢はいかに大きな沢であっても大きさに限りがあり、その限度を越えるときは水は溢れるのである。つまりは節度制限があるのである。この節度は天地の間にも行われており、天地は久しく間断なく運行しているが、その運行には一定した節度規律があって乱れることがないので、春夏秋冬の四時が生じ万物が生成化育されるのである。この卦を得た場合にはその止まるべきところに止まることが肝心である。例えば自分の身分地位にふさわしい装いをし、行動をとれば吉となり、節制止まることを忘れて振る舞えば凶となる。

火《か》沢《たく》睽《けい》（䷥）

上火下沢睽。君子以同而異。

文語訳…上に火あり、下に沢あるは睽なり。君子以て同じくして、異にす。

火は☲の象。中央の陰爻を火とし、外の二陽の空中に燃え上がるとみて、☲を火とする。また外の二陽を炎として周りをよく照らし、中の一陰は火心でほの暗いところと見る。

沢は☱の象。上の一陰を水面とし、中の一陽を満々と湛えた水と見、下の一陽を底と見て、沢とする。

上火下沢は䷥の象。外卦☲（火）は上に、内卦☱（沢）は下にあるので。

睽は䷥の象。睽とは背き異なること。上のものと、下のものの志すところが相違していることである。上の火は炎上し、上に上にと上り、下の沢の水は低いところに溜まっており、なおも低いところに向かって下ろうとする。上と下との向かうところが違うのである。よって睽と名付けたのである。

同は䷥の象。☲は中女、☱は少女で本を同じくする姉妹であることから。ちなみに☰が☷の一画を初めて得たものが☴で長女、二番目に得たものが☲で中女、三番目に得たものが☱で少女とする。

異は䷥の象。睽で説明したように、上と下との向かうところが異なるところから。

火は動いて上に昇り、沢の水は静かに下に降って互いに背くと云う象である。天が人々に賦与するとこ

ろの一霊はみな同じで、人はみな人としての道を尽くすのであるが、それぞれの性格、境遇、時代などが異なっているので、その行うところにおいて皆異なるのである。学問をする人、農作物を作る人、工芸物を制作する人など、仕事がみな異なっている。だがそれで世の中がうまく進捗するのである。たとえ道義を守ると云うことにおいては同じであってもその時その所においてなすところは違うし、違わなければならない。この卦を得たならば、小事においては異なっても、大切な事においては一致して、人の道に適うように行動すれば吉、反すれば凶運となる。

山沢損《さんたくそん》（䷨）

山下有レ沢損。君子以懲レ忿窒レ欲。

文語訳…山下、沢あるは損なり。君子以て忿《いかり》を懲《こ》らし、欲を窒《ふさ》ぐ。

山は☶の象。二陰の地の上に、一陽のどっしりしたものがあるのを山と見る。

沢は☱の象。上方に穴の開いた象を水のたまった沢と見る。

山下有沢は䷨の象。外卦☶（山）の下に、内卦☱（沢）が有るところから。

損は䷨の象。損とはものが減って少なくなることである。またものを減らして少なくすることである。山崩れて、沢を埋めれば、山、沢ともに少なくなる。よって損と名付けるのである。また䷊から、下の一陽を減らして、上を増やしているのが䷨であり、よって損とされる。上を増やしているのであるから、益としても、よさそうなものであるが、下の国民の辛労して得たものを、上の為政者が搾取して、それで贅沢するにおいては、その国はついには損じ破れる。よって損とするのである。

懲は☶の象。懲は「こらす」「とめる」「いましめる」などと訓む。☶は一陽が進んで上で止まった象。よって、止めるとか、防ぐの意があり、それより戒めるなどの意もあるので。

忿は☱の象。忿は忿怒でいかりのことである。☱沢は海や大海と違って水を入れる量が少ないところから、狭量の意があり、また☰が欠けたところから、毀折の意があるので、それらを合わせて怒りとする。

窒は☶の象。窒は「ふさぐ」「ふさぎとめる」と訓む。☶には止めるとか、戒めるの意があるので。欲は☱の象。一陰が上部で開いている。人体の上にある穴は口、☱には口の象がある。口は食べ物を入れるところで、人は食べ物で悦ぶので、悦ぶ意がある。人は悦ぶものを欲し、また食欲は人の大きな欲の一つなので、☱を欲とする。

山下の沢が、雨水のために流れ下る山の土砂のために次第に埋もれ無くなっていくと云う象である。また沢の卦が意味するところの忿怒の心や欲望を、山の卦が意味するが如く、抑え制御すると云う象でもある。この卦を見て徳のある人は自分の修養において先ず大切なのは、忿怒の心と欲望の心を損し減らすべきことを悟ったのである。自分自身を損するものは忿と欲の二つであり、「忿心一度起これば耳目是非を誤り、欲情一度萌せば精神魔境に陥る」と云う古言があるが、よくよく慎まなければいけないのである。この卦を得た場合には、自分の忿怒の心と欲望の心に発する悪いところを反省し、それを滅除するようにして吉となる。さもなければ凶。

兌為沢《だいたく》（䷹）

麗沢兌。君子以朋友講習。

文語訳：麗《つ》ける沢あるは兌なり。君子以て朋友講習す。

沢は☱の象。上の陰爻を水面とし、中間の陽爻を満々と湛えた水とし、下の陽爻を底として、☱を沢と見る。

麗沢は䷹の象。麗は付くと云う意。☱（沢）と☱（沢）とが相付いているので、麗ける沢とした。

兌は䷹の名。小成卦☱の名は兌であり、小成卦を二つ重ねた大成卦䷹も兌の卦といい、また兌為沢の卦とも言う。沢はそこに水が蓄えられており、その付近にある草木は、沢の水に潤されて、よく繁茂し、成長して、みな栄えて悦んでいるのである。そこで、☱の卦には悦ぶの意がある。また一陰の卑賤微弱なものが、二陽の尊貴剛健なるものの上に上げられているので、悦ぶとするのである。これを人に例えれば、☱の卦は少女であるが、一つの陰爻が上に上り、則ち年若い女が陽爻の男の上にあって、かしずかれて、悦んでいるのである。この兌為沢の卦は、☱が二つ重なっているので、内も外も悦んでいるのであり、自分も、他人も悦び、上も下も悦んでいるのである。

朋友は䷹の象。朋友とは、道を同じくし、心を一つにする人、簡単にいってしまえば、友達、友人である。外卦も、内卦も同じ☱であるから、それより朋友とする。また☱は一陰を首とし、二陽を身体として、人とも見る。人が相会しているので、朋友とする。
講習は䷹の象。講習は学問を研究し、互いに教えたり、教えられたりすること。☱は上に開いているので、口の象があり、口より講ずる意に転じ、☱が繰り返されているので、お互いに教え、また繰り返して学び身につける習熟の意にも取る。

沢が二つ並んだ象である。沢は周囲が高くなっており、その中に水が蓄えられて、その付近の草木は沢の水に潤されてよく成長し、よく繁茂し、それらの草木は栄えて悦んでいるのである。それで兌為沢の卦には悦ぶ意味がある。この卦では沢が二つ並んでおり、互いに相手を潤しあっているのである。これに則り有徳の人は朋友とともに学問し、互いに講義したり講義されたりするのである。人にはそれぞれ長所があり、一緒に学問すれば、互いに益するところがあると云うわけなのだ。この卦を得た場合には、友人と互いに教えたり教えられたりしてその知識を幅広いものとし、その徳を涵養し、その友情を深め相喜ぶようであれば吉運となり、反して凶。

第三章　易象祕蘊

「易象祕蘊」を繙くにあたって

第二章の大象伝の解においては、主として、「地天泰」とか、「水火既済」などの大成卦を構成する乾、坤、坎、離などの小成卦の持つ象意とその位置によって、その卦に包含するところの神意を探ったが、易の象はより様々な角度から見て宇宙一切の神秘、あるいは日常的な卑近なことをも知ることができる仕組みになっている。

つまり、易の卦象を見て、人生における、過去、現在、未来の様々なことや、具体的な行動の指針、あるいは吉凶などを判断できるようになる。そしてそれはあえて『易経』の文字を暗記せずとも、易の象をじっとみることで窺い知ることができるのである。その一端を易の大家である新井白蛾ならびにその流れを汲む者が開示しているので、それを分かりやすく書き改めて、第三章「易象祕蘊」とした。よって必要であれば、得卦の象を見て、情勢、運気、相手の性格、社会や経済の動向などを占ってみるとよい。易はこうでなければならないと、易の持つその広範な力を限る必要はないからだ。

だが、それをするには大象伝を解する場合におけるよりも、より多くの易の要素やまた易独特の用語などを知る必要がある。よって、これまで易にあまり触れたことのない人のために、少し第一部の説明と重なる部分もあるとは思うが、その要素や用語について簡略に示しておく。

○象…象と云うのは「象《かたど》る」と云うことで、易と云うものは、天地の理法に象って作られている。「卦は象なり」と古人がいう由縁で、即ち、乾、兌、離、震、巽、坎、艮、坤の八卦は、それぞれ、天、沢、火、雷、風、水、山、地に象られている。これを「正象」といい、さらにその八卦の有する象や意を他の事物の上に象り敷衍《ふえん》したものを指して、広い意味での「卦象」と呼んでいる。

○五象…「像象」、「卦象」、「爻象」、「義象」、「意象」を云う。古易においては、易の卦はこの五象をみて判断を下すことが多い。「像象」とは、「火風鼎」の卦の形が鼎の象をなし、「雷山小過」の卦の形が飛鳥の象をなしている類を云う。「卦象」とは、乾を天とし、父とし、金とし、西北とし、また坤を地とし、母とし、土とし、西南とする類を云う。これは狭義の「卦象」で、「義象」とか「意象」などによって敷衍する以前の八卦の根本的な象を云う。「爻象」とは、初爻を足首とし、二爻を足とし、三爻を股とし、四爻を腹とし、五爻を胸とし、上爻を首とする類を云う。「義象」とは、乾の君主の義を推して、威厳とか、恐懼としたり、震の雷の義を推して、猛威とか、癇癪としたりする類である。「意象」とは、意を以て象をとるもので、震の「奮い動く」から、「進む」とか「騒がしい」としたり、艮の「止める」から、「防ぐ」とか「固める」としたりする類である。

○陰陽…易においては陰陽が根本玄理をなし、陰は常に⚋の記号、陽は⚊の記号で表される。これはまさに伊弉冊神《いざなみのかみ》の「成り成りて、成りあわぬところ」であり、伊弉諾神《いざなぎのかみ》の「成り成りて、成り余れるところ」を象ったものである。

○卦、爻…卦は䷾のように合計六つの陰と陽で表され、その一番下を初爻、二爻……一番上を上爻と云う。その爻が陽の場合には、陽を奇数の九で表し、一番下を初九、二番目を九二、三番目を九三、四番目を九四、五番目を九五、一番上を上九と呼ぶ。またその爻が陰の場合には、陰を偶数の六で表し、下から、初六、六二、六三、六四、六五、上六と呼ぶ。このように六つの陰陽からなる卦を「大成卦」(単に「成卦」と云うこともあり、また八卦を重ねたものとして「重卦」と云うこともある）といい、☰、☱、☲のように三つの陰陽からなる卦を「小成卦」と云う。「大成卦」は八つの小成卦が組み合わさって生じたもので、8×8で合計六十四卦ある。

○八卦…宇宙に存在するあらゆるものは八卦に分類されるが、ここでは、よく使われる、自然現象である八象、家族、方位、四季、時刻、数、五行について、表にして示しておく。

卦	卦名	八象	家族	方位	四季	時刻	数	五行
☰	乾	天	父	西北	晩秋～初冬	午後七時～十一時	四 九	金
☷	坤	地	母	西南	晩夏～初秋	午後一時～五時	五 十	土
☳	震	雷	長男	東	春	午前五時～七時	三 八	木
☴	巽	風	長女	東南	晩春～初夏	午前七時～十一時	三 八	木
☵	坎	水	中男	北	冬	午後十一時～午前一時	一 六	水
☲	離	火	中女	南	夏	午前十一時～午後一時	二 七	火
☶	艮	山	少男	東北	晩冬～初春	午前一時～五時	五 十	土
☱	兌	沢	少女	西	秋	午後五時～七時	四 九	金

○上卦（外卦）、下卦（内卦）…一卦を上の三爻と下の三爻の二つに分けて、上のほうを上卦、下のほうを下卦と呼ぶ。また上卦を外卦、下卦を内卦とも呼ぶ。

上卦	下卦
☴	☱
巽上	兌下

○三才…宇宙を構成する、天、地、人の三つで、易の卦では、一卦を三分して、上の二爻を天とし、中の二爻を人とし、下の二爻を地と称する。

天	人	地
⚋⚋	⚊⚋	⚋⚋

○爻位…一卦の六爻は初爻が陽、二爻が陰、三爻が陽、四爻が陰、五爻が陽、上爻が陰であることをもって「正」とし、そうでない場合は、その位にあらずとして、「不正」と云う。

⚋ 陰
⚊ 陽
⚋ 陰
⚊ 陽
⚋ 陰
⚊ 陽

○応爻…一卦の六爻において、初爻と四爻、二爻と五爻、三爻と上爻とが相応ずるとし、それが一陰一陽の時には「正応」とし、そうでない場合は「不応」とする。易は陰陽相応を重んじるからである。また正応の場合には互いに助け合うと考え、特に二爻と五爻の応を重視する。

○比…隣り合わせの爻が陰陽である場合には、それを「比」といい、陽と陽あるいは陰と陰の場合には、「不比」と云う。同性は磁石と同じように反発するとみるからである。応よりも比が近いだけに、陽爻（男）の応（女）がある場合に、その陽爻に比（女）があると、応爻が本意を達することができないなどと見る。

○承、乗…陽爻が上にあって、陰爻が下にある場合にこれを「承」といい、陰爻が上にあって、陽爻が下にある場合にこれを「乗」と云う。

○卦主…卦の中心となる卦をいい、主卦の主と、成卦の主とがある。主卦の主とは、必ず、徳が善であり、時と所を得たもので、多くは五爻がこれにあたる。成卦の主とは、卦がその爻を主体として、その意味を持つところの爻で、位の上下、徳の善悪などは関係ない。例えば天風姤䷫の卦の初爻、山地剥䷖の上爻などがそうである。

○君臣…一卦の六爻をそれぞれ、初爻を万民、二爻を臣、三爻を諸侯、四爻を近臣、五爻を君主、上爻を位外と見ることがある。

◯位階…一卦の六爻をそれぞれ、初爻を庶人、二爻を士、三爻を大夫、四爻を公卿、五爻を天子、上爻を無位と見ることがある。

◯国郊…一卦の六爻をそれぞれ、初爻を外郊、二爻を国内、三爻を国内、四爻を国内、五爻を国内、上爻を外郊と見ることがある。

◯都邑…一卦の六爻をそれぞれ、初爻を僻村、二爻を町、三爻を市、四爻を大都会、五爻を首都、上爻を郊外と見ることがある。

◯人身…一卦の六爻をそれぞれ、初爻を趾《あしゆび》、二爻を腓《こむら》、三爻を股、腰、四爻を腹、五爻を胸背部、上爻を首、頭と見ることがある。

◯獣身…一卦の六爻をそれぞれ、初爻を尾、二爻を後足、三爻を身、四爻を身、五爻を前足、上爻を首と見ることがある。

◯綜卦…これは「反卦」とも呼ばれ、ある卦を転倒したものを云う。例えば需䷄の綜卦は訟䷅であり、咸䷞の綜卦は恒䷟である。本卦を自分とし、綜卦を相手として判断することなどがある。

◯全卦…「詮卦」、「大卦」とも云い、六爻の卦全体で八卦の象を備えたもので、臨䷒（大震☳）、遯䷠（大巽☴）、小過䷽（大坎☵）、中孚䷼（大離☲）、観䷓（大艮☶）、大壮䷡（大兌☱）の六つがある。小成卦よりもその八卦の意がより強く出る。

◯似卦…「似体」とも云い、六爻の卦の象が八卦の象に似ているのだが、全卦のようにその象が完全には備わっていないものを云う。大過䷛（大坎☵）、咸䷞（大坎☵）、頤䷚（大離☲）、損䷨（大離☲）、益䷩（大離☲）の六つがある。全卦ほどではないが、その似ている八卦の意が強く出る。
○包卦…六爻の大成卦の中に他の卦を含んでいる場合に「包卦」と云う。咸䷞と恒䷟は坤☷を以て乾☰を包んでおり、損䷨と益䷩は乾☰を以て坤☷を包み、家人䷤と睽䷥は乾☰を以て坎☵を包み、解䷧と蹇䷦は坤☷を以て離☲を包んでいる。妊娠しているときに出ると、その男女の別を判断するのに用いられたりする。
○互卦…六爻の大成卦の初爻と上爻を除いて、残りの四つの爻を以て、二、三、四爻（「互体」と云う）を下卦とし、三、四、五爻（「約象」と云う）を上卦とみるもので、「中卦」とも云う。上卦と下卦が互いに組織に参与して卦を作るので「互卦」と云う。屯䷂であれば、互卦は剥䷖となる。もっとも時には、初爻から五爻までの五画、二爻から上爻までの五画、また、初爻から四爻までの四画、三爻から上爻までの四画でも「互卦」を見ることがあり、水雷屯䷂であれば、それぞれ、山雷頤䷚、水地比䷇、地雷復䷗、水山蹇䷦である。。

艮（約象）
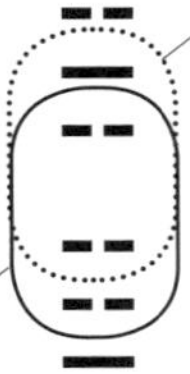
坤（互体）

○伏卦…本卦の裏面の卦を云う。例えば、師䷆であれば、同人䷌であり、既済䷾であれば、未済䷿

☵である。ある事柄の裏面をみる場合などに用いる。

○生卦…生卦にはいくつもある。顚倒生卦といって、例えば屯䷂を顚倒すれば蒙䷃となり、相手側から見る状況が分かる。また内顚生卦といって内卦のみ顚倒するもの、例えば艮為山䷳の内卦のみ顚倒すれば頤䷚となり、これはこちらがその態度を変えたときどうなるかが分かる。また外顚生卦といって外卦のみ顚倒するもの、例えば、随䷐の外卦のみ顚倒すれば益䷩となり、これは相手側が変わったときの状況が分かる。他にも交代生卦といって、内卦と外卦の一陽と一陰が入れ代わるもの、例えば、否䷋の三爻と上爻が陰陽交代すると咸䷞になるといったものがある。これは例えば病気の時に否を得たならば、否はもと咸から来て、咸は感で感染であり、この病気は感染病から来ているなどと判断する。

○彼我内外卦…内卦を以て自分とし、外卦を以て相手とし、口を開けているほうが働きかけている、あるいは応じているとする見方がある。例えば山沢損䷨であれば、こちらが兌口☱を向けて働きかければ、艮☶を逆さまにした震（倒震と呼ぶ）とみて、相手もこちらに向かって進み、意気統合するとみる。

　他に例をあげれば、風山漸䷴などは、相手は巽☴を逆さまにした兌（倒兌と呼ぶ）で口説いてくるが、こちらに働きかけても、こちらは艮☶で相手に口を向けずそっぽを向いて相手に応じず、雷山小過䷽などは、相手は震☳を逆さまにした艮（倒艮と呼ぶ）でそっぽを向き、我も同じく応じない象である。

　兌☱、巽☴、震☳、艮☶などのように口が開いている場合には右のように判断し、口の開いてない卦の場合には、坎☵であれば険にして応じず、離☲であれば、明察にして受け入れない、乾☰であれば固く自説を守る。坤☷であれば要領をえないとみる。

○本卦、之卦…なにかを占うために筮して最初に得た卦を本卦、それから変じたものを変卦とか之卦と云う。之とは、これから「ゆき」、「おもむく」ところの卦の意である。通常はこの二卦を比較対照して判断の材料とする。

十分とはいえないが、右の用語を知っていれば、本章を繙くのにあまり苦労はしないと思う。もし、使われている用語で分からないことがあれば、ここに戻って調べて欲しい。

蛇足ながら述べておく。運命とは必ずしも確定的なものではなく、その人の心がけ次第で転換できるものであり、そこにこそ第二部の大象伝を活用する意味があり、また霊符とか神法道術が存在する意義もあるのである。だが易と云うものは、そこに一切の真理が秘められているとされていることからも分かるように、一切を包含するものであり、常人が知りたがる未来のことなどについても示している。

ただそうした枝葉末節なことに最終的にはこだわってはならない。神易の玄義からすれば、その象からどう行動すべきかを知るべきであって、他のことは余分である。どう生きればよりよい人生を送ることができるかを指し示すことこそが神易の本分である。

どんな状況になりやすいかと云うことを知るのも大切であるが、どのように対処するかと云うことがより以上に大切なのである。自分が災厄や困難に出会うであろうことを易で知り得ても、それを避けられないものとして見るのでは意味はない。それよりもどのように行動したらそれを避けうるかを知ることこそが大切なのである。今、どのように行動すればそれが最善であるかを啓示するものこそが、神易なのである。よってあくまで本章は象をみる参考として頂きたい。

乾　乾
天　天

☰
☰

乾為天

龍示変化之象（龍、変化を示すの象《かたち》）
万物資始之意（万物、資《と》って始まるの意《こころ》）

○龍示変化…乾は進退時に応じて変化するの卦である。その象は龍の変化する様子を彷彿とさせる。故に龍の変化を示すの象と云う。思うに龍は乾の象にして陽物。乾の六爻皆陽にして、初九潜龍より上九亢龍に至る迄、六龍各々変化がある。彖伝に曰く「時に六龍に乗じて以て天を御す。天道変化するなり」と。

○万物資始…万物は皆天の気を受けて始めて形を成す。故に天は万物の父であり、地は万物の母である。彖伝に曰く「大なるかな乾元万物資て始り、乃ち天を統《す》ぶ、雲行き雨施し品物形を流《し》く」と。

○この卦は、公家、大名以上には吉であるが、平人には凶である。平人中でも学者あるいは出家には吉事と見ることもある。

解に曰く、この卦は純陽にして天に象どり、易においては至尊の卦である。故に高位貴人あるいは有徳の君子でなければ応じ難い。常人には位負けするの意があって凶である。また学者、出家などにおいては、学に志し、高尚な道徳の教を職とし、俗世間と離れた人々と見なすことも可なので、吉と見ることもある。凡《すべ》て天道のように正大であれば吉であるが、常人にはそれは難しいので凶であるし、また不正利欲に渉《わた》ることは凶となる。

○万事進む事は凶、退くことに良い。

解に曰く、すべて陽にして妄《みだ》りに進み過ぐる嫌いがあり、物窮まれば変じ、盛極まれば衰える原則があり、故に退くことに良いとするのである。

○物事が難義な傾向である。また旅行などする事は凶。

解に曰く、陽は生々の徳にして物を生じて止まないところから、骨の折れる意を持ち、また難義なる意がある。陽は動き進んで止まる所がないので、旅行などには凶とする。

○住所の辛苦がある。あるいは住所を離れる事がある。

解に曰く、陽は動いて止まらず変化するので、落ち付きがたいところから、住所の辛苦があるとする。また天は刻々変化して動くところから、この卦を得ると住居を離れることがあるのである。

○損失がある。また盗難に注意。

解に曰く、陽は生々の徳であり、他に施すのみで自分に得る所はない。また純陽は目に見えないので空無の象でもある。よって損失とも盗難とも取る。

○病難がある。病人を占えば凶である。

解に曰く、乾は健やかなので壮健とすべきであるが、強きの極は却って弱くなる義、満ちて欠けるの理がある。初九が変ずれば天風姤䷫となり、これは不意に陰に遇《あ》うと云うことで、即ち病難の象である。また病人を占って凶とするのは、陽は進み上るので、重くなるとするからである。

○し損ないがあって悔むことがある。

解に曰く、陽剛猛進しやすいので、終《つい》になにかをし損なって亢龍の悔を生ずる。

○物を段々と賦《くば》る意があるので、人も色々世話苦労が多い。

解に曰く、天が万物に多くのものを賦与することから、人もこれに準じて世話苦労が多いとする。

○婚礼は半吉とする。大抵は平《たい》らかとするが、仲人などについて妨げのある事がある。

解に曰く、乾は健であり亨通する意があり、且つ純粋の卦であるから大抵平らかとするが、一たび変動すれば姤䷫となり遯䷠となり否䷋となる恐れがあるので、半吉とする。仲人などに付いて妨げがあるとは、その裏に坤為地䷁があり、これは陰にして、暗く、天地の間に雲を生じるようなもので、妨げとなりやすいことから云う。

○出産は問題が起きそうな兆し。

解に曰く、乾は健やかなので、健やかに生まれるとすべきであるが、満ちて欠ける理があり、十分な注意が必要。

○物の始めと終わりとを兼ね備えた風情がある。また物の首《かしら》となる意がある。

解に曰く、「繋辞上伝」に「乾は大始を知《つかさど》る」とある如く、乾は一切のものの始であり、更には成物を作《な》すところの坤を裏に伏す。成は終わりなので、始終を兼ね備えているとする。また乾は至尊にして上に位するので首の象を取る。

○人に高振り、憎まれることがある。

解に曰く、高貴に過ぎて下と隔たって親しまず、自然に亢《たか》ぶる傾向があるからである。

占例

○真勢中州が泉州貝塚に遊歴の時、ある医師の息子が宿に来て身上の吉凶を問う。これを筮して乾の卦を得て占って曰く、「汝は人と不和なる意があり、親に従わざる意があり、驕《おご》る意があり、亢《たか》ぶる意があり、遠行の意があり（皆、乾の象）、且つ前年瘡毒を病んだことがあろう」と告げると、医師の息子は「その通りだ」と答えた。また示して曰く「今より後、再び病む意がある。その病は頭へ上り、腐爛して命にも係ることがあろう。慎むべし」と云う、後、果たして瘡毒が頭に発して死んだ。

○客があり、「今、途中でやっかいごとがあったが如何」と問う。筮して乾為天䷀の天風姤䷫を得、平沢随貞先生断じて曰く「乾は円《まろ》し、また旋《めぐ》るとす、車の縁がある。初爻は潜龍の象、未だ地下に伏して進むことができない意がある。往く処があってなかなか行けず、掟にかかる意がある。車止《くるまどめ》であろう」と、客拍手して感じたと云う。

坤　坤
地　地

坤為地

含弘有斐之象（含弘《がんこう》、斐《ひ》有るの象《かたち》）
品物資生之意（品物《ひんぶつ》、資《と》って生ずるの意《こころ》）

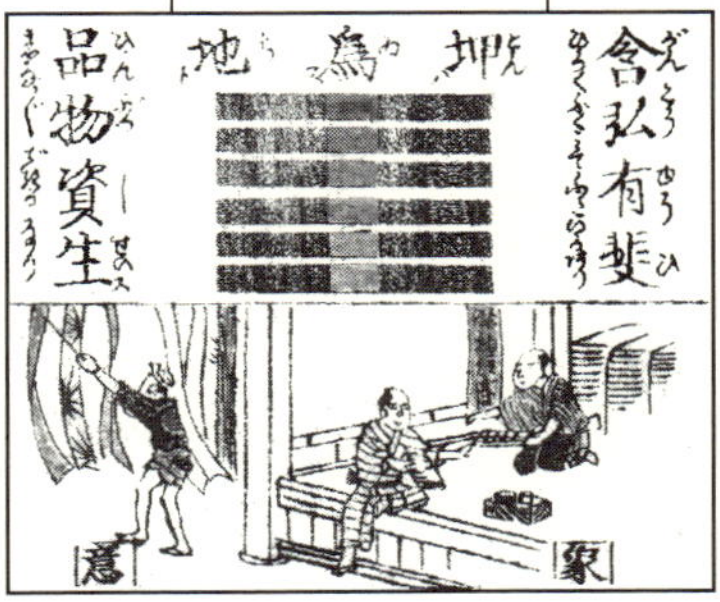

○含弘有斐…彖伝に「含弘光大にして品物咸《ことごと》く亨《とお》る」とある。「含」は包含の義であって容《い》れない所がなく、「弘」は寛容の義であり有らざる所がないことを云う。「斐」は模様や飾りが美しい様である。坤は地であり、地の徳は広厚であり、物を含蓄し、山川草木等を載せて飽きないところを嘆じて「含弘」と云うのである。また高いところに登り、低地の草木耕稼《こうか》を見ると斐文の象がある。故に斐ありと云うのである。

○品物資生…彖伝に「至れる哉坤元、万物資《と》て生ず」とある。天は気を施し、地は形を生ずる。乾に資て始まると云うのは気の始め、坤に資て生ずると云うのは形の始めである。乾より気を受けても、坤によらなければ形をなすことはできない。乾坤徳を合わせ、男女相偶して後、形を成すのである。坤が気を他に施して物を生ずることはない。故に坤より他に行く時は百事に阻滞《そたい》がある。他より来る時は速やかに通ずるのである。品物とは、人が人と交って人を生じ、獣が獣と交って獣を生じ、鳥が鳥と交って鳥を生じ、虫が虫と交って虫を生ずる等を云うのである。このような品物は、皆、天地の気を受けなければ、形を生ずることができない。故に天地は万物の父母であると云う。草木禾稼《かか》（穀物）は、天地の気を受けなければ生ずることができないことを知ってはいるが、人物、禽獣等が天地の気に深い関わりがあることを知るものは少ない。

○この卦は地の徳であり、万物を生養するの理がある。故に人の事に世話苦労がある。

解に曰く、坤は純陰にして柔順の徳を持ち、陰は陽に従うの義がある。陰の形を成すものは地より大なるものはなく、故に坤と名付けて地に象どる。万物の気は皆、天より始まり、万物の形は皆、地より生ずる。坤地は順にして、乾天の施を受けて、万物を生養するのである。故に万物の母とも云う。一切の物を生じ育てるので、世話苦労があるとする。譬《たと》えば慈母が子を撫育《ぶいく》するようなものである。

○願望は調うだろう。しかしながら遅い。また人より妨げられることがあるだろう。

解に曰く、地は物を生じ、成就せしめるので調うとする。また遅いとするのは地より生ずる物はじっくりと長じ、急に役立たないので遅いとする。人より妨げられるとは、純陰は昏にして暗く、乾の陽明を覆うためである。丁度天に雲の生ずるようなものである。

○人に迷わされないように気をつけるように。また先に立つときは迷う。

解に曰く、純陰なので自立独行しようとしても主がいないようなものなので、迷うとする。また陰は陽に順《したが》う理があるので、先に立つ時は迷うと云うのである。これより転じて人に迷わされるとも見る。

また陰を昧（くらいこと、おろかなこと）とすれば迷うとも云う。
○婚礼、養子、その外、相談ごとは次第次第に調うだろう。急にすれば障《さわ》りが多い。
解に曰く、坤は乾を相手に持ってその用を成すものであるから、他より嫁を迎え、あるいは家を嗣《つ》ぐべき養子を取り、また相手を待って事を調えるなど、すべての相談事に吉とするのである。次第次第にと云うのは、地より生ずる物は段々に生長するからである。この義から、急にすれば障り多しとするのである。
○出産は問題がなさそう。
解に曰く、坤地の徳は万物を生み出すにある。かつ坤を腹とし平順とする。故に出産は問題がないと云うのである。但し至陰虚体なので、産後の悩みを用心すべき卦である。
○待人は来ない。
解に曰く、陰は静かにして動かないものなので、来ないとする。遅いとも見る。一説に、坤を身とし、乾を心とす。坤は外陰にして内陽、陰は静にして陽は動くものなので、心には来たい意があるけれども、いろいろとあって身を動かすことができない。それで、こちらより連絡をすれば来ることがあり、近い場合は初爻が変ずれば早速来ることもある。
○病は重い。治っても時間がかかる。
解に曰く、坤地の厚いことから取って積むとし、積み重ねれば重いとする。かつ虚体なので虚弱の意がある。即ち元気が虚損しているとする。よって病は重いと取る。また純陰の地には遅い象があるので、治っても時間がかかるとする。
○衆の義があって力となる人を得るとする。
解に曰く、偶爻の積み重なっているのを衆多の象とする。そして一変すれば必らず陽を得、陽は陰を統帥する者なので人を得ると云う。

占例

○ある商人が東都に来て、商業を営もうとして、その損益を筮せしめ、坤為地䷁を得た。占に曰く、「象辞に、西南に朋を得、東北に朋を喪うとあり、故に東国は利《よろ》しからず、行くこと勿れ」と云う。一書生これを聞いて曰く、「西南に朋を得るとは同類の商人が多いことに当たる。従って汝の商品は売りがたいだろう。東北に朋を喪うとは同類の商人が少ないことに当たる。故に汝の商品は売れやすいだろう。速やかに東都に行くのがよい」と。その商人、これを快として東都に行くと、果してその占に違わず、同じ商いのものが少なく、営業繁昌し巨利を得たと云う。
○宝暦三年正月十七日、大阪泉町、順庵の家にて、尾関玄龍が一筆書いて封したものを出し「天象である。当ててみよ」と云う。順庵が筮して、坤為地䷁の山地剥䷖を得た。順庵曰く「降ってくるものであろう」と。白蛾先生傍《かたわ》らに坐して曰く「これは降ってくるものではない。天にあるものだ。一日もこの物がなければ迷惑するだろう」と云い、笑って開き見れば、日輪と書いてあった。この判断、坤為地は純陰で夜である。変卦の上に一陽が出るのは東方から日が出る象である。

○一男子の身上を筮して、同じく坤䷁の剥䷖に之《ゆ》くを得て、白蛾先生、これを断じて曰く、「そなたの屋敷奥に築堤があるだろう。そしてそれのために段々不運になった意がある。よってその築堤を取り除けば、またよくなるだろう」と。

古人ニ歎
風情アリ
高橋白鳳
䷁坤之䷆師

断云坤《コン》ハ文華《ブンクワ》トシ文彩《ブンサイ》トシ順《ジユン》トシ陰《イン》トス此古人《コジン》ハ美《ビ》貌文《ハウブン》彩《サイ》アル女《ヂヨ》ナルベシ又変卦《ヘンクワ》ノ師《シ》ニ色情《シキジヤウ》ノ難《ナヤミ》アリトスレバ此《コノ》女色慾《シキヨク》引《ヒカ》ルヽナルベシ古《コ》易断《エキダン》ニ地勢《チセイ》臨《ノゾム》淵《フチ》之《ノ》象《シヤウ》トアレハ上《カミ》ヨリ下《シモ》ヲミヲロス風情《フゼイ》ナラシ又坎《カン》ニ隠《カク》ルヽ意《コヽロ》アリ坤《コン》ニ顕《アラハ》ルヽ意《コヽロ》アレバミヘツカクレツスルナラシ獣《ケモノ》ハ順《ジユン》ニメ馴《ナレ》ヤスク師《シ》ニテミレハ腹《ハラ》アシクイブリナル心アルモノナルベシ又坤《コン》ハ糸《イト》ナリ坎《カン》ハ結《ムスブ》ナリ此獣《コノケモノ》糸類《イトルイ》ヲ以《モツ》テツナギタルカ中卦《チウクワ》ヲ以テ考合《カンガヘアワ》スレバ往《ユキ》ツ戻《モドリ》ツスル風情《フゼイ》アリ坤《コン》ハ物《モノ》ニヨリソウ意《コヽロ》アレバ此古人《コノコジン》必《カナラ》ズ色情《シキジヤウ》ニノゾミヨルベキ人《ヒト》ノ侍《ハベ》ルナラン如此《カクノゴトク》ナレバ必《カナラ》ズ是《コレ》源氏《ゲンジ》六十帖《ロクジウデウ》ノ中《ウチ》女三《ニヨサン》ノ宮《ミヤ》ニ猫《ネコ》ナルベシト云　然《シカリ》ツリく

坎　水
震　雷

水雷屯

龍動水中之象（龍、水中に動く象《かたち》）
草昧不寧之意（草昧《そうまい》、寧《やす》からざるの意《こころ》）

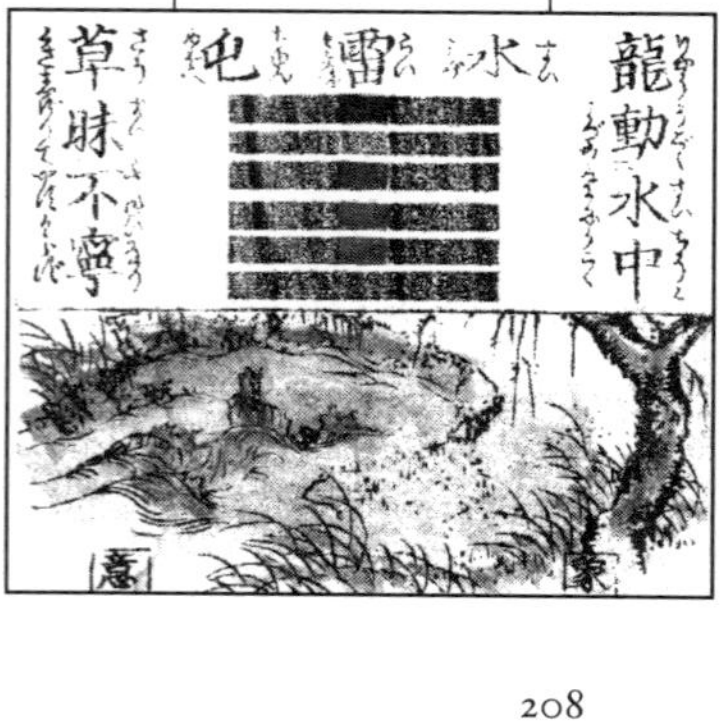

○龍動水中…震を龍とし坎を水とする。下卦を内とし、上卦を外とする。よって龍、水中に動くの象である。考えるに、龍は飛んで上天するを以て本とする。ところが今は水中に居て、時が未だ至らず、その住処に非《あら》ざれば難《なや》み動くのである。故に屯は難なりと云う。天地が交わって、その後、万物が始めて生じ、急には通じ動くことができない。その象は龍が水中に動くようなものである。象伝に「剛柔始めて交って、而して難み生じ、険中に動くなり」とある。剛は陽であり、柔は陰であり、険中は坎に取るのである。

○草昧不寧…象伝に「天造草昧にして侯《きみ》を建るに利《よろ》し。而して寧《やす》からず」とある。草は震の象、味は坎の不明の意、草昧は洪荒《こうこう》の世を云うのである。昧は冥《くら》きとか微明《びめい》とかと註する字である。故に物が始めて地中より萠《きざ》し出て、人が始めて胎中より出て、胎卵の生が包を破り殻を脱ぐ。未明で寧《やす》らかではない状態である。坎は憂を加えるとする。よって寧らかではないとする。

○この卦は草の始めて生じて、未だ伸びない意で、万事に付きその兆はあるが、相談事の類は取り締まりがない意がある。

解に曰く、震陽☳が、坎陰☵に閉じられて内に屈まっている意がある。また震の草が始めて生じ、芽を出そうとして、約象の艮☶の一陽に妨げられて未だ伸びることのできない象とする。故に万事においてその兆はあるが、未だ確かと見定めた事はなく、相談事も取り締まりがないとする。一説に、天地があって、次に屯を以てするのは、乾天の一気が既に下って、坤中に交わり、以て震の卦を生ずる。これは地中に発生の気を含んでいる。また一気が坤中に包まれて未だ分かれてないのを坎の象とする。丁度、父の精気を母胎が孕んで未だ分かれないのと同様である。象伝に「剛柔始めて交って、而して難み生ず」と云うのは即ちこれである。

○雷の水中に住む象がある卦なので、その住処に悩みがある時とする。故に人も住居についての難みがあると知らなければならない。

解に曰く、震雷が坎水の中に陥り、動き出ようとするが、坎険の難みが前にあるので住居に関しての悩みがあることを知るべきである。

○大河に臨んで渡ろうとする意であって、危く安心できない時節なので、難みがあると知らなければならない。

解に曰く、前に坎の大河がある。それなのに震が動き進もうとすれば坎険があり、艮☶（約象）の阻むものがあって危く安心できない。よって難みがあるとする。

○水難とする。故に旅行の遠行は注意しなければならない。
解に曰く、震が進もうとすれば、前に坎水があり、それに陥るので水難とする。前に進み行く程、大河の坎険に近いので、遠行は慎まなければならないと云うのである。

○金銀等について難みがある。
解に曰く、初より五に至る大離☲を貨貝《かばい》（古代の金）とし宝とする。前に坎の難があるので金銀についての難みがあると云う。

○天運は未だ盛んでなく、物事の急速に進むのは利《よろ》しくない。
解に曰く、屯は天地の開け始めた意である。草ならば始めて芽を出した時で、人の運気も兎角行き難み勝ちなので、天運は未だ盛んでないとする。また漸々として発達する兆なので、急速に進むのは利しくないと云うのである。

○漸々に物の集まる義がある。末には吉を得るだろうとも見る。
解に曰く、生は質の集まることであり、死は形の散ずることである。今、屯は生の始めである。故に漸々に物の集まる義がある。従って末には吉を得るだろうとも見れるのである。

○婚姻は吉兆とすることもあるが、変によって一概に吉と定め難い。大抵は遅滞するだろう。
解に曰く、万物が始めて生ずるの意があるので、これを吉兆と見ることもあるが、震の動き進もうとするのを、坎険が前で阻むの象があるので、大抵は遅滞するだろうと断ずる。

○出産は問題がありそう。

解に曰く、震の胎子が坤腹の中に動いて、まさに生まれ出ようとすれば、前に坎険の難があるので、問題がありそうとする。

○病は危く、二の爻、三の爻が変じる時は凶である。

解に曰く、震を生機とし、坎を危険とする。危険に命がさらされそうになっている。しかも二の爻が変ずれば水沢節☵☱となり、節は限止閉塞の義がある。三の爻が変ずると水火既済☵☲となり、既済は物の尽き終わる義がある。何れも命が終わる兆なので凶とする。

○待人は遅い。

解に曰く、外卦の主爻が坎の険中に陥り、更に互艮☶に阻止せられて、容易に来難い義があるので、待人は遅いとする。

○遺失物はあるが、尋ね難い。置き場所の違いがあるだろう。

解に曰く、中卦艮☶を門とし、坎に閉じる象があるので、門を出てないとする。そして、坎を隠伏とするので、急に尋ね難いとする。震を動くとし、坎を暗しとし、艮を止むとすれば、物の暗中に移動して止まる象があるので、置き場所の違いとする。

占例

○ある人、家を出て居所が不明である。これを筮して屯☵☳の既済☵☲となる卦を得た。谷川順がこれを占って曰く「屯は震の長男が北へ向って行く象。それが、今、変じて離☲となったので、それから転じて離の南に行き、南から書状が来て居所が分かるだろう」と。果たして的中したと云う。

食物ニ草　白嶺門　舟橋重矩

䷂屯之䷇比

断云此食《シヨク》物《モツ》水《スイ》中《チウ》ニ動《ドウ》アリ交《マジハ》リテ隔《ヘダテ》アル氣《キ》味《ミ》アリ糸《イト》ナニテクルヽ巻《マ》ク意《コヽロ》又推《ヲシ》付《ツケ》ル心アリ草《クサ》ハ葉《ハ》尖《トカリ》テ節《フシ》アリ又芽《メ》ヲ用《モチユ》ル意《コヽロ》アレハ是《コレ》筋《スジ》ニ蓼《タデ》ナラント云ヿ果《ハタ》メ中《チウ》ス

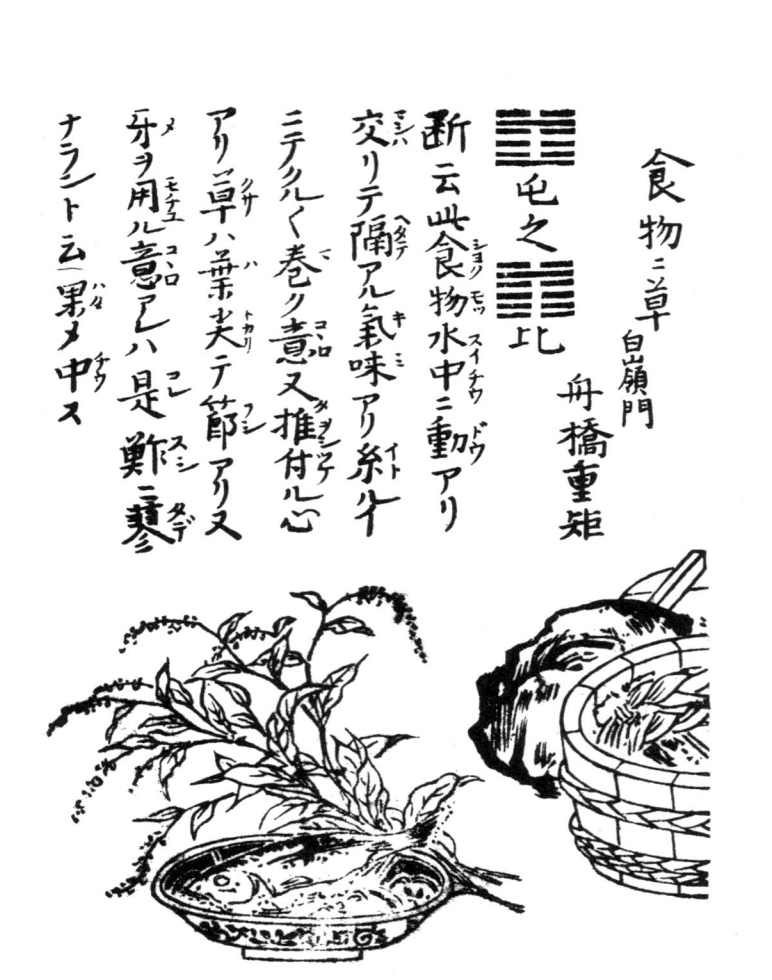

艮　坎

山　水

山水蒙

巌険雲烟之象（巌険《がんけん》、雲烟《うんえん》の象《かたち》）

生花未開之意（花生じ、未《いま》だ開かざるの意《こころ》）

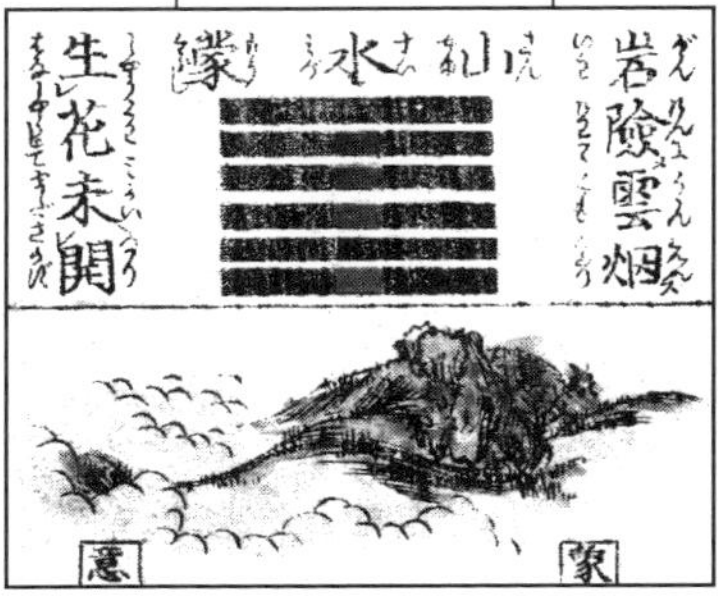

○巌険雲烟…巌は石山である。『左伝』に「高き貌《かたち》」と云う。険は険難である。『字海』に「高峻なり」と云う。昔は巌険通用し、これを艮に取った。雲烟《うんえん》は坎の象。雲が山を覆い、分明でない象とする。ちなみに蒙は童蒙の義である。童蒙の智が発達せず、物が分明でないのはこのようなことを云う。また巌は高山である。これを艮に取る。険は川である。これを坎に取る。また雲は艮の象。烟《かすみ》は坎の象。まさしく山川が遠く、雲の如く、烟の如く分明でないのを云う。蘇軾《そしょく》の元祐三年（１０８８）の有名な古詩に「空に浮く積翠、雲烟の如し、山か雲か遠く知るなし」とあるのと同様である。祐公曰く「仰いで山を望めば、則ち万仞峻蔚《ばんじんしゅんうつ》として攀《よ》づべからず、俯して下を臨めば、則ち深漲《しんちょう》測られず。済《わた》るべからず」と。これまさにその地景は冥蒙の象である。

○生花未開…花が蕾《つぼみ》の時は、内に美があっても赤白を量《はか》りがたい。しかし、後に時が至って開く時はその美を現す。これは、人は生まれて、幼い時は内に智があっても表にでない。だが日々に智を開き、かつ師を求め、人に教訓せられて後、その智はますます顕れることを喩《たと》えたのである。

○この卦は童蒙の義であり、物事が明白に決断され調う事は成りがたい卦である。しかし、段々と童子（子供）に智恵がつく意であり、次第次第に良いほうに向かうと知らなければならない。

解に曰く、艮を童として坎を暗昧とする。即ち童蒙である。童蒙が幼稚で未だ智慧を発しないのである。蒙昧なので物の条理を明白に決断することは難しく、諸事、急には調い難いとする。しかし、子供が漸々に発達するように、物事が次第次第に宜しいほうに向かうとする。坎の一陽を霊智の体とし、衆陰がなおこれを蔽《おお》っても、互震☳に伸び育つ義があるので、始めは童子の智が未だ開かなくても、年を追い、月を追って遂に開明に向かうとするのである。

○急にする事は皆、宜しくない。

解に曰く、童子の成長するようなものなので、すべて急にする事は無理となるので宜しくないと云う。

○物の数々入り雑《まじ》った象なので、人も世話、苦労が多くあると知らなくてはならない。しかし、一づつ物を分けるように、終わりには思う事が成就するだろう。

解に曰く、互卦に頤䷚の卦があって、内に坤☷の衆物を含んでいるので、物が数々入り雑《まじ》った義があるとする。雑卦伝に「蒙は雑って而して著《あらは》る」とあり、かつ頤䷚を養うとするので世話苦労が多いとする。また一つずつ物を分けるとは、艮を手とし、坎を撮《つま》むとし、また物の間に仕切りを立てるとする。さて頤の初九が進んで二にいって蒙を成したと見れば、その初六はあたかも函の中の物を一つ取り分けて外へ出した姿である。故に一つずつ物を分けると云う。こうして段々に取り分けて行けば、遂に艮䷳となり、晋䷢となり、観䷓となる。観は大艮☶であり艮を物の成就の卦とすれば、まさに大成の象である。よって終わりには思うことが成就するだろうと云う。かつ内坎を思う事とし、外艮を成就と取るのである。

○諸事に料簡違いがあるので、注意しなければならない。

解に曰く、智慧が蒙昧なので料簡違いがあるのは当然である。なお卦象を細視すると、坎を思うとし、互坤☷を迷うとし、互震☳を動くとし、艮を阻むとし、また径路とする。即ち思慮が動いて、邪径に迷い、事が遂に阻止せられる象であるから、慎まなければならないと云うのである。

○物事は、人に随って、念を入れてする事は宜しい。人に迷わされる事がある。注意しなければならない。

解に曰く、童蒙の義なので、よく師父の教えに従ってなすのを良いとする。また蒙昧無智の象なので、人に迷わされる事があるとする。なお互坤にも迷うの義がある。

○心中に願う事があっても、人に隠して言いがたい意がある。言い出しても急には成り難い。

解に曰く、内坎を思うとし、願うとし、外艮を覆い包むの象とするので、人に隠して言い難い意があるとする。また言い出しても急には成り難いのは、幼童の成長を待つように埒《らち》明き難いので急には成り難いとする。坎☵を舌とし、震☳を声として、艮☶を以てこれを止めているので言い難いのである。また震声を以て、坎思を打ち出しても、忽ち艮止に遇《あ》うので、願う所は急には通らないのである。

○出産は障りがない。但し、三爻が変ずると危ういとする。

解に曰く、蒙は、万物が次第に成長するの意なので、出産は障りがないとする。しかし、三爻が変ずると蠱䷑の卦となり、破壊の義となるので危ういとする。

○病は長い。治るとしても、急に効き目があると云うことはない。

解に曰く。坎を病とし、艮を止とし、身とする。病が身に止まるのは長病である。また互震☳を薬とし、生気とし、艮を阻止とするので、治るとしても急に効き目はないと云うのである。

○遺失物は尋ね難い。

解に曰く、艮を包み覆うとし、坎を隠伏とし、その卦義を蒙昧とするので、尋ね難いと断ずる。

○待人は遅い。途中にて滞《とどこお》る事がある。

解に曰く、人を待つのは幼児の成長を待つと同様で、来るのが遅いとする。また艮☶を相手からみた倒震☳を来る人とし、互坤☷を駅路とし、艮山、坎水がその前を遮るので、途中に滞りがあるとする。

占例

文化十五年の春、備前岡山の医師北岡宗庵《きたおかそうあん》が、自から終身の吉凶を筮し、山水蒙䷃の地水師䷆を得た。時に宗庵は齢三十有四、高松貝陵《たかまつばいりょう》先生がこれを占って曰く「これより四年の後、春夏の際に当たって、水難の恐れがあるべし。慎めば免れる。慎まなければ命は危からん」と。果して、文化辛巳、宗庵年三十有七、京師に上る途中で乗船するが、三月十九日播州明石沖において難船して死んだ。蒙䷃、需䷄、訟䷅、師䷆、比䷇などはその主爻を坎としており、これらは即ち水難の象である。本卦蒙より需、訟、師に至る。即ち四年である。また一爻を一年と考えれば四年目は蒙の六四で、「蒙に困《くる》しむ、吝《りん》なり」とある。また変爻より年を算すると、蒙の上九より四年にして需の九三に至る。需の九三には「泥に需《ま》つ。寇《あだ》の至ることを致す」とある。こうしたことから四年の後、慎まなければ水難があると云う。また爻象を推すに、この水難は蒙、需の際にある。蒙は春で、需は夏なので、春夏の際と云う。

○古人と器物と題するを筮し、蒙䷃の蠱䷑に之くを得て、谷水、これを断じて曰く「蒙は童である。蠱は壊《やぶ》れるである。中卦に師䷆の卦があるので、この人、軍中にて討死した少年であろう。また巽☴を竹とし、坎☵を穴とし、兌☱を吹くとし、震☳は鳴るである。これは敦盛に青葉の笛であろう」と。果して的中したと云う。

坎 ☵ 水
乾 ☰ 天

水天需

密雲不雨之象（密雲、雨ふらざるの象《かたち》）
雪中梅綻之意（雪中、梅綻《ほころ》ぶの意《こころ》）

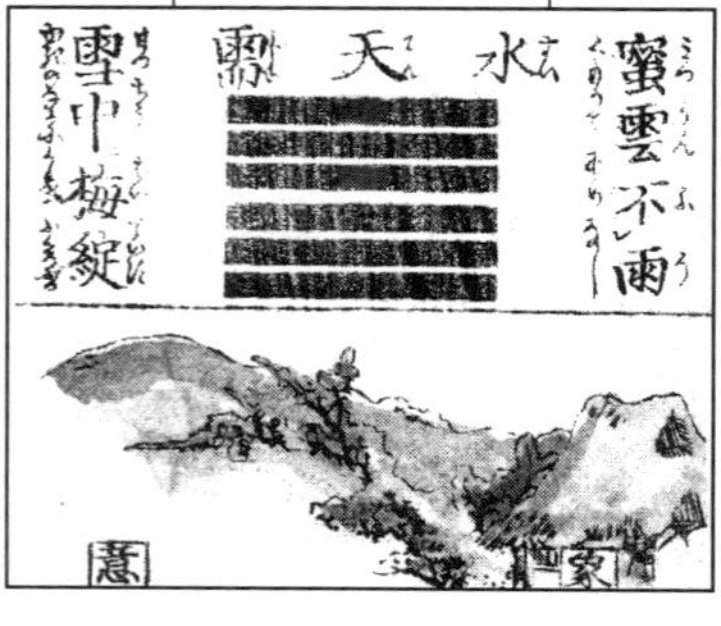

○密雲不雨…風天小畜䷈の象の辞である。密雲とは曇って雨が降ろうとする象である。それなのに今雨が降らないとするのは、坎の雨が降ろうとする時、乾陽が上り升《のぼ》って、これを保つために雨が降らないとするのである。とはいえ、需は待つであるから、終には雨が降るのである。小畜の巽は坎の半ばを欠いて、未だ坎となってないので雨が降らず、上爻に至って坎となるので既に雨が降るとする。ところが需は素《もと》より坎を備えている。それなのに、雨降らずとする。聖人が象を取ることの妙なること深く味うべきである。また卦は、健行して坎の大川に臨み、洪水の為に止められて渉《わた》ることができない象、もし剛力を恃《たの》んで、洪水の減るのを待たずに渉る時は、必ず溺れるに至るとする。

○雪中梅綻…綻は衣の縫いの解《とけ》ることである。転じて蕾《つぼみ》の開く象とする。雪中に梅花が開こうとするが、寒を厭《いと》い、にわかには開き難い。しかし、春を待つ時は、雪が解けて花が開き、鶯《うぐいす》はよくその香を愛し、人はよくこれを賞するのである。雪中に開く時は人の見ることがない。このように需は待つに利《よろ》しい意である。人事の占も急には通じ難いとしなければならない。

○この卦は、何事も急にすることは成就し難く、その上、却って難儀に逢う心がある。ゆるゆるとする時は吉である。需は待つである。物を待っている意である。

解に曰く、乾の剛健を以て進もうとすれば前に坎険の大川があり、妄《みだ》りに進めば必らず険難に陥るとする。故に急にする事は成就し難く、却って難儀に逢うと云う。また需は待つの義なので、ゆるゆると時機を待ってなすのが良いとする。

○吉事の兆しがあるが未だ実現しない。よって時が来るのを待つと云う意がある。譬《たと》えば川留めに遇《あ》っているの意に思うがよい。無理に渡ろうとすれば険難に陥る意がある。

解に曰く、水は低いところに就くことを常態とする。今、天上にあるのは常態ではない。よって時が至れば必ず自然に散じて坤☷となる。即ち地天泰䷊となろうとする。泰は交通自在の卦なので、今はただその時機の来るを待てと云うのである。吉事があると云うのは、互卦に火天大有䷍を含み、また裏面には火地晋䷢を伏するからである。

○住居に苦労があるとする。また旅行をするならば盗賊の難に注意。

解に曰く、乾の性は動いて息《や》まない。これは住居が定まらない象である。また坎を苦労の卦とする。故に住居に苦労があるとする。また乾の動いて息《や》まないのは旅行の象であって、坎を盗とするので、旅中では盗難に注意しろと云うのである。
○婚姻は成り難い。
解に曰く、こちらは剛であって、あちらは険である。両剛が相下らなければ和合の望みはない。その上に、二と五とはともに陽爻で相応しないので成り難いとする。
○出産は、今、臨産の時にこの卦を占い得たならば障りはない。
解に曰く、需は待つである。待つとは今直《す》ぐと云うことではない。ある時期まで間隔のある事である。しかし、心を安じて時の至るのを待てば、栗の実が熟して自然に地に墜ちるように、子は無事に生まれる。故に臨産の時の占いには障りはないとするのである。
○病は長い。
解に曰く、需は待つなので、治癒の期を待つ意から長いとする。
○遺失物は急には知り難い。
解に曰く、坎を隠伏とし、乾を転転不定とし、その上、中卦に睽䷥があり、需に須《ま》ち待つの義があるので急には知り難いとする。
○待人は来ない。あるいは来ても遅い。
解に曰く、外卦坎の主は険中に陥り、その上、二爻と五爻が応じず、中卦に睽を含むので来ないとする。また来るとしても、須《ま》ち待つの義なので遅いとする。

占例

平沢随貞先生、縁談を筮し、需䷄の泰䷊に之くを得た。その断に曰く「両卦共、上下の卦が相交ってはいるが、坎の坤となるのは離☲に遠いので、白眼視する人があって急には調い難いであろう。しかし、陰陽が相交るところの卦なので、是非にと交渉すれば成立するはずである」と。果して的中したと云う。

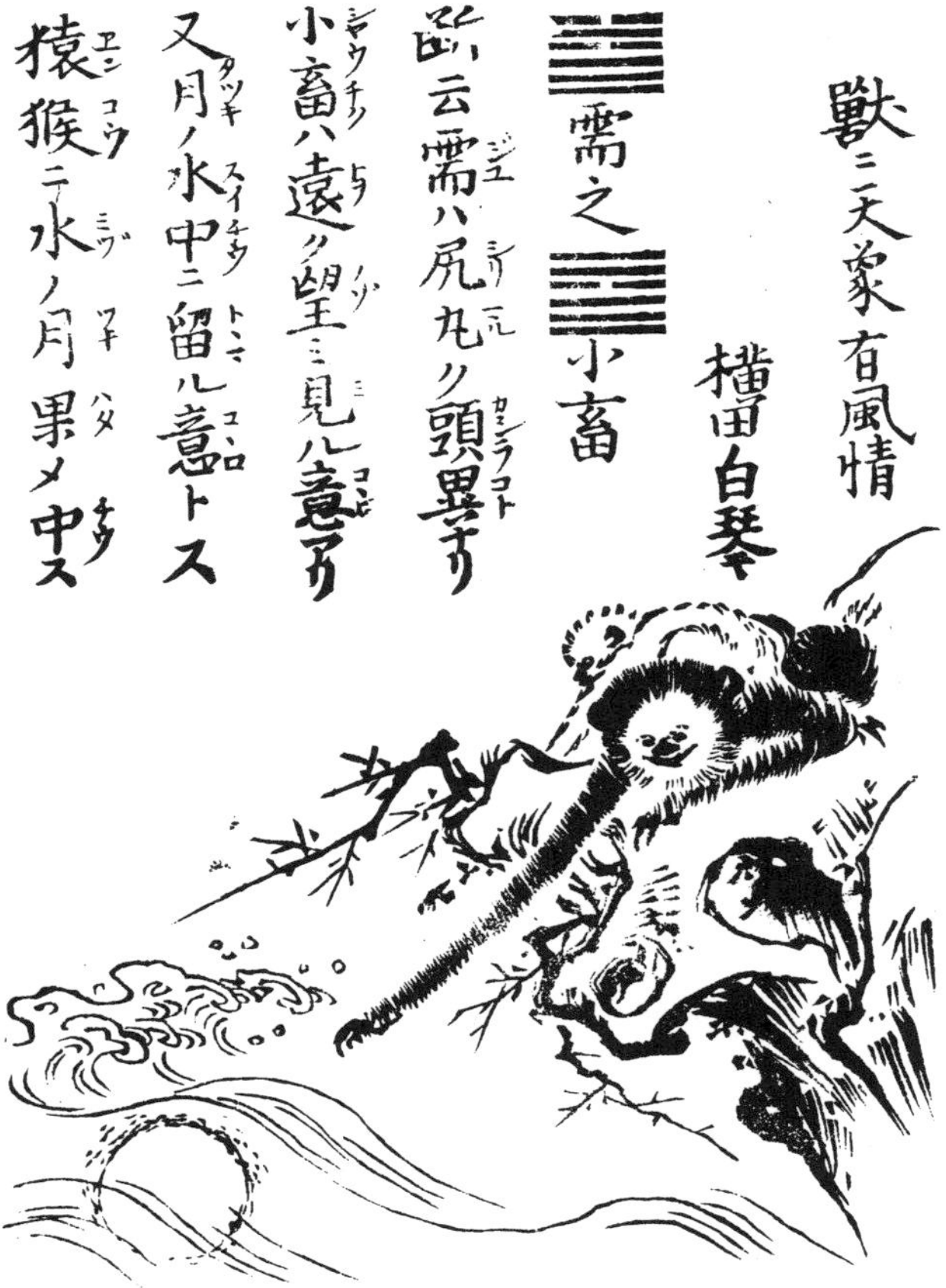

乾 天

坎 水

天水訟

天水違行之象（天水、違行の象《かたち》）

田獵無獲之意（田獵《でんろう》、獲《えもの》無きの意《こころ》）

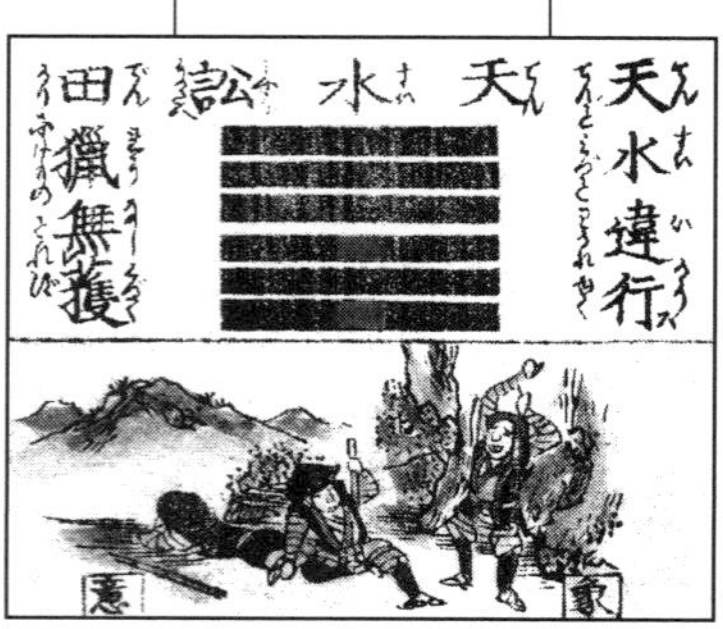

○天水違行…彖伝に「天と水と違い行くは訟なり」とある。乾は天である。坎は水である。程子曰く「天は上り、水は下る。相違ふて而して行く。二体違ひ戻るは訟の由《よし》なり」と。また天は西に行き、水は東に流れることを以て常理とする。それなのに今、天は西より出て東へ行き、水は東より西に来ると云う象であるから違行と云う。『列子』に曰く「天は西北に傾き、日月星辰、これに就く、地は盗難に満《みた》ず。故に百川の水、潦《にはたづみ》してこれに帰す」と。思うに訟は忤《さから》うである、争うである。故に人事、彼と我と志《こころ》ざし違い、忤《さから》って通じず、彼は健強であって我を侮《あなど》り、我は険窮であって彼に敵する。このように人心が相背き悖《もと》ることが、天と水が違い行く有り様と同様なのである。

○田獵無獲…乾は高く上り、坎は低く下り、相背き、その情を異にして、終に訟を起す。その是非が分明でないために、終に官に訴え、決することを待つのである。だが、自らが険難において誠があっても、他の虚言の為に終に勝つことができない。その意は譬《たと》えば、狩りをするに当たって、猟人は高く上って山に在り、禽獣は低く下って川に在り、互に相背いて得ることがないようなものである。田獵とは野に出て狩りをすることで、乾を獵人とし、坎を四足の動物とし、また飛鳥とする。

卦を転倒して乾を下に下す時は、坎（飛鳥）が高く上る象を見ることができる。

○この卦は、上下が別れ別れになって相交らない義であって、背き争う卦である。

解に曰く、乾陽は上に升り、坎水は下に降る。故に上下が別れ別れになって、相変らず互いに背き争うとする。

○諸事、調い難い。

解に曰く、陰陽が調和せず、天と水が交わらずに、相背くので、諸事、調い難いと云う。

○心身が不安で、憂いや悲しみが多い。

解に曰く、坎を危とし、乾を転転不定とする。故に心身は不安である。坎を加憂とし、互離☲の目に坎水が下るのを涙を落とす象とする。故に憂いや悲しみが多いとする。

○争論を注意しなければならない。

解に曰く、彼は乾の剛強を以て我を押し付けようとし、我は坎の心を険しくして彼を陥れようとする。また中卦（風火家人䷤）の倒体は睽䷥である。どれも争論の象である。また彼は乾であって健だが、我は坎であって苦しむ。故に誠があって窒《ふさ》がると云う象がある。慎まなければならないと云うのは即ちこれを以てである。

○貴人に対して背く心があるので、自分から目上の人に随う心を持つようにし、道理を忘れてはならない。
解に曰く、上体の乾を貴人とし、下体の坎を下賤の身分とする。ところが下として上に背き、終に坎難を受ける恐れがあるので、宜しく自分から先づ坤順に変じて、天尊地卑の分を守らなければならないと云う義である。

○盗難を防がなければならない。
解に曰く、坎を盗とし、互巽☴を入とし、乾を宝とする。今、盗みが内に入って宝が外に出るのは盗難の象である。その上、互卦の姤䷫を不意に遇うとする。故に盗難を防がなければならないと云う。

○疑いを受ける事があって、親しみを失う意がある。
解に曰く、互巽☴を上命とし、坎☵を疑うとし、互卦の姤䷫を遇うとして、上より疑いを受けるの象とする。また天と水が違い行き、上下が互いに背くので親しみを失うの義とする。

○婚姻は凶兆。
解に曰く、乾陽、坎陰が分かれ分かれになって、不和の象なので凶兆とする。

○病は長いが、治癒するだろう。
解に曰く、天と水が違い行き、乾気と坎血が相和していない。それで病は長いとする。とはいえ、坎の病には難みながらも、乾の健を失わないだけでなく、外卦の乾金より、内卦の坎水を生ずるので、終に治癒すると云う。

○出産は問題がなさそう。

解に曰く、乾を父とし、坤を母として、坎は坤母の腹中に子を孕《はら》んでいる象である。このように、象が事に応じているので、問題はないとする。また乾を包むとし健とし、なお外に別れ出て健であるとする。

○遺失物は近くを尋ね求めるとよい。

解に曰く、乾は物を覆うの象であって、坎は中に実っている象なので、他に出てないとする。故に近くを探せと云う。また天と水が違い行く象なので、左右の人によって置き所を違えられたと見るべきである。

○待人は来ない。

解に曰く、天と水が違い行く象なので来ないと云う。

占例

谷川龍山、ある邸の患者を治療した時、先に見ていた医者がその功を取られることを恨んで龍山を讒言《ざんげん》したので、主人に疑惑の心があった。この事を中州先生に語ると、先生が筮して、訟䷅の履䷉に之くを得て、占って曰く「訟は訴え争うの義なので、現在、先の医者が讒言して、主人に訴えた事に当たる。ところが訟の内卦の坎は険の主であるが、今、変じて兌となる。兌を和悦とするので、後に至って険の難みが解ける意がある。また履は礼を履《ふ》み行うと云う卦なので、汝はただ兌の和悦を以て、礼節を履み行って療術を励み、他を顧《かえり》みてはならない。そうすれば、主人は先の医者の言が事実でないことを悟り、讒者もまた自から恥じて退くだろう。その上、訟の初六に『事とする所を永ふせず。少しく言いあふても終に吉』とあるのを見比べて考えなさい」と。この占の通り果して的中したと云う。

坤 坎

地 水

地水師

地勢臨淵之象（地勢、淵に臨むの象《かたち》）

以寡伏衆之意（寡《か》以て、衆を伏すの意《こころ》）

○地勢臨淵…坤を地とし、坎を淵とする。坎水が下にあり、坤土が上にあり、土は下る勢いなので淵に臨む象とする。これを衆民、険事に従い、危きに臨むと云う。詩に「深淵に臨むが如く、薄氷を履むが如し」と云っている通りである。師は軍である。衆である。軍は危事である。衆陰が九二を囲繞《いにょう》して、隊列を乱さず出陣する象である。地勢は平地である。平地より淵に至る。これは安きより危うきに至るを云う。

○以寡伏衆…寡は一陽の九二を指す。衆は五陰である。将師の一陽を以て、士卒の五陰を伏するのである。九二の一陽は剛中の徳を以て、上命を奉じて軍中にあり、よく衆兵を帥《ひき》い、衆兵が深く感じて軍中に在って、つまづく事なく、服さない者はない。譬《たと》えて云うならば、諸葛孔明が数万の軍兵を感服させたようなものである。

○この卦は大人の徳があって、忠臣孝子なので吉である。常人には大抵は良くない。争論を注意しなければならない。
解に曰く、師は、一陽が五陰を従え指揮する軍旅の象である。坎を険難とし、坤を衆兵とし、多数の軍勢の象である。六五の君が九二の将に命じて師（軍隊）を出すとする。師は死生存亡に関わるものであり、勝ち負けは将を撰ぶにある。将がその器でなければ則ち敗れる。故に大人でなければ吉としない。常人の及ぶ所ではない。師は最も大切な事なので、貞正でなければならい。大人の徳があり、その上、忠臣孝子であれば吉だが、その他は大抵は良くないとする。兵衆の象があるので争論を慎まなければならないと云う。
○住所に関して、身心に辛苦がある。旅行などは注意しなければならない。
解に曰く、地勢が坎険に臨むところの象なので住所の難とする。内卦の坎を憂苦とし、坎水は坤地に尅されるので身心に辛苦があるとする。また旅行は坤地が坎険に臨む象なので危ういとする。また一陽が衆陰に溺れ悩むので凶とし、慎まなければならないと云う。
○人に悩まされる意がある。また人を損なう意がある。
解に曰く、一陽が衆陰の中に陥るので、悩まされるとする。その上、坎に悩むの義がある。また損なうは、師（軍隊）は人を殺すものなので損なうと云う。
○物が入り組んで、解け難い意がある。
解に曰く、坤の衆陰の中に一陽が陥り、坎の悩みから出難く、坤の衆が入り雑《まじ》っているので、入り組んで解け難いとする。
○人の頭となる理がある。事に依て考え合わさなければならない。
解に曰く、一陽が主となって、衆陰を将《ひき》いているからである。
○淫欲や盗難を注意しなければならない。
解に曰く、一陽が衆陰の中に溺れ入る象があるので淫欲があるとし、また坎を盗とし、坤の夜陰に内に陰伏しているので、盗難を慎まなければならないと云う。
○婚姻は凶兆。
解に曰く、一陽が衆陰に溺れ、その上、師に口舌争論の意があるので凶兆とする。
○出産は問題がありそう。
解に曰く、坤の腹中に坎険の難があるので問題がありそうとする。その上、坤土が水を剋している。
○病は危い。また変事があるとする。
解に曰く、平地が坎険に臨む象なので危いとする。その上、土剋水を兼ねている。また変事があるとは、師は治世の異変なので。
○待人は不慮に来るべし。
解に曰く、地勢が坎水に臨む象があり、二爻と五爻の応があるので不慮に来るとする。また坤卦の中に一陽がにわかに生じ来ているので。
○遺失物は知り難い。損壊すべし。

解に曰く、一陽が衆陰の中に交わり、坎に隠れるの象があるので、入り紛《まぎ》れて尋ね難いとする。その上、師に損傷の義があり、更に土剋水なので損壊すべしと云う。

○もし思いがけない幸福があると却って凶となる。十分に注意すべし。

解に曰く、一陽が衆陰を得たら幸福なようであるが、その為、却って身の破滅を招くに至るので、十分に注意しろと云う。

占例

ある日、杉山氏の息子が医業試験に千葉県に行こうとして、余が所に来てその成否を問う。これを筮して、地水師䷆の山水蒙䷃に之くを得た。その断に曰く「師は大人であれば吉、常人はそれに当たらない。師に勢いよく盛んに進む意はあるが、上爻が変じて蒙となるので、蒙昧であって、覚束ない意があるので、九分通りまで行って、今一段と言う所で成らない」と云ったが、その後の報告に依れば果してその通りであったとのこと。

坎 水
坤 地

水地比

衆星拱北之象（衆星、北に拱《むか》ふの象《かたち》）
和楽无隔之意（和楽、隔《へだて》无《な》きの意《こころ》）

○衆星拱北…拱《むかう》は、「順《したが》う」であり、「向かう」である。坎を北とし、一陽を北極星とする。即ち天子である。坤を順うとし、衆星とする。即ち諸侯民衆である。衆星が北極星を輔佐して廻るように、諸侯が天子を親輔《しんぽ》するを云う。故に比は「親しみ」であると云うのである。『天文志』に「三光迭《たがひ》に輝けども、極星は移らず。故に其所に居て衆星之に拱《むか》ふ」とある。孟子に曰く「君子は南面し、諸侯は北面して之に朝《ちょう》す」とある。

○和楽无隔…この卦は上下が和楽して、心に隔てる所がなく、民は君を敬い、君を民を愛して、君の恩沢が民に恵むのは、水が地上に流れて隔てがないのに等しい。坎を水とし、坤を地とする。程子曰く「物の相親比して、間《へだ》てなきは、水の地上に在《あ》るに如《し》くはなし。故に比となす也」と。君の一陽が、衆民と共に田《かり》を同じくし、未だ比《した》しまない者も比（親しみ）を求め、上下の隔てがないのである。卦は三面を囲み、一路を開いた長囲の象であり、囲外に逃れ出る禽獣を追い求めず、また囲中に入る村人を禁じて止めることもない。上六は虎口を免がれた禽獣である。上六を人とすれば、未だ比しみを得てない者である。

○この卦は親しみあって人と相和楽するところの卦である。君の一陽を臣民の五陰が尊敬し、また君一人が臣民の多くの人を憐れむ象がある。故にこの卦を占い得たら、知音《ちいん》、朋友、あるいは一家などより力を添えられる義がある。

解に曰く、この卦を親しみがあるとするのは、坤土を坎水に合わせれば、強く結びついて離れない。親しみがあるとする所以である。これを以て人に相和楽するとする。九五の一陽が尊位に居て、五陰がこれを仰ぐ象を尊敬するとする。また九五の君が五陰の臣民の多数の人を憐むとする。故にこの九五の一陽に五陰が順《したが》い懐《なつ》くの義を他に推し及ぼせば、知音、朋友、あるいは一家などから力を添えられるの義となる。

○願望は調うべし。少し遅いであろう。

解に曰く、土と水は相比和して親しむので願望は調うとする。だが、一陽が衆陰の主となるわけなので、急速には成り難い。故に少し遅いと云う。

○婚姻は成立する。だが遅いと調い難い。

解に曰く、和楽の象があるので調う。象に「後《おく》るる夫は凶」と。それは九五を指す。皆、応じ従うので後れる者は凶とする。故に遅ければ調い難いとする。

○出産は安心である。
解に曰く、水と地が親しみ、和楽の意があるので安心とする。

○病は長い。危ない。
解に曰く、水と土とが混ざって離れないので、深くして長い。また水が地下に降る象があるので危うい とする。重病なので死症とする。水が地上を流れ行き、再び帰らない義があるので。

○待つ事は便りがあるはず。
解に曰く、水が地下に降る象。外より入り来る意。また、各卦の中央にある二爻、五爻が、それぞれ陰、陽と正、つまり中正なので、約定を違えず来るので便りがあるとする。

○遺失物は尋ね難い。出ても減少している。
解に曰く、水が地上を流れて、所が定まらないので尋ね難い。また一陽が衆陰を得ても陰の力が不足とし、また互卦を剥䷖とし、地に吸い込まれれば減少するので云う。

○油断なく、早急にする事は吉。はなはだ延引すると却って調い難い。
解に曰く、比は上下隔てなく親和するので却って疑いを生じ、猶予すれば不利とする。これが「後るる夫は凶」と云う所以である。故に延引すれば調い難いとする。

占例

文化七年二月、麻布辺の一士人がやって来て吉凶を問う。筮すると水地比䷇の沢地萃䷬に之くを得た。阮耕《げんこう》断じて曰く「比は貴く、人に親しまれる。萃は賤《いや》しく賄賂に耽《ふけ》る。今、足下は人の親比を得て幸いに無事であるが、恐らくは数月の後、罪責が発覚して身を退くところの災があろう。慎むべし」と云う。士曰く「吾は固《もと》より罪を受けるような行いはない。どうして罪を得ようか」と争って止まない。阮曰く「易は吉凶を未兆に察し、動静を隔地に知る。請う、秋の期を待って当たっているかどうかを検証しよう。今、それを論ずるは無益である」と。士は怒って、座を起って去る。さてその年の秋七月に至り、果して罪を蒙《こうむ》って亡命した。

巽　乾

風　天

風天小畜

暁風残月之象（暁風、残月の象《かたち》）

相親相疎之意（相親、相疎の意《こころ》）

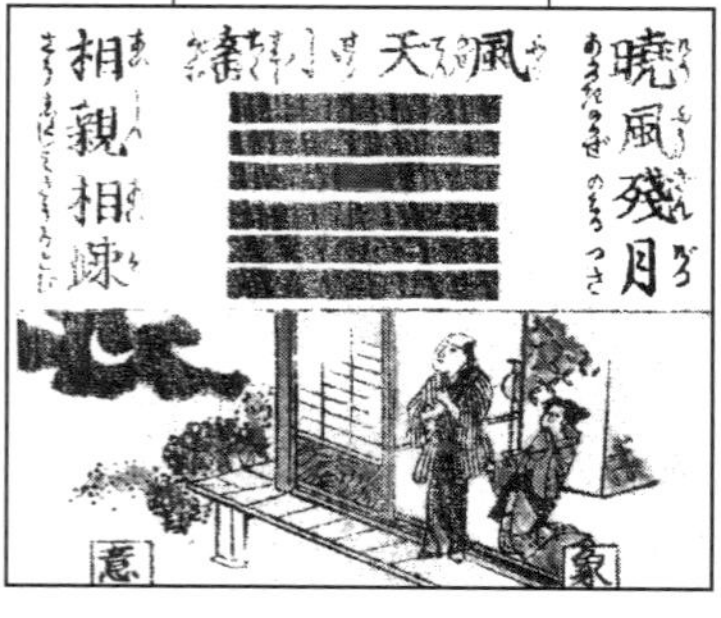

○暁風残月…乾を暁とし、巽を風とし、また残月とする。詩に「暁風残月華清に入る」とある。畜は「止める」である。乾の進むのを巽が止めようとする。巽は風である。風は気があって質がない物なので、久しくよく畜《た》めていることはできない。故に終に陰陽が和して、雨が降るのである。六四の卦主は、五陽を止めて、陽が未だ和してない。故に経に「密雲にして雨降らず」と云うのだ。だが、上の巽は坎と比べると、下半を欠いているが、上半を欠いてない。坎を雨とすると、未だ坎となってないので雨は降らない。上爻が変ずると坎となるので、上爻の辞に「已《すで》に雨降る」と云うのである。これは汪邦柱《おうほうちゅう》の所謂「半体《はんたい》」と云うものである。この卦は陰陽が和していず、仁徳が未だ天下に施されてない。よって、その象は暁風と残月のみが華清宮に入って、帝の行幸がないようなものなのである。

○相親相疎…五陽が一陰に応じる。これを相親しむと云う。一陰が五陽を畜《と》める。これを疎《うとん》ずると云う。両個の相の字、一陰が五陽を親しみ、五陽もまた一陰に親しむ。故に相の字は互の字の意に見ること。相親相疎である。一陰五陽、一陽五陰の卦、どれも一が五に応じ、五が一に応じる。これは易中の通例である。一婦五夫に随えば、五夫もまた一婦に応じるようなものである。

○この卦は物事が塞《ふさが》り止まる意がある。また目に見えて手に取れない象なので、万事、急には調い難い。
解に曰く、一陰を以て五陽を止め塞ぐとする。また目に見えて手に取れない象とするのは、風と天の二つ共、手に取ることができないものであるからだ。万事、急には調い難いとは、一陰にして五陽に抗し、あるいは巽を雲とし、天に雲の生ずるように、兎角、邪魔が多いので急には調い難いとする。「密雲にして雨降らず」との辞があるので、将来、雨が降る兆があるので、今は調わずとも後には調うとも見る。
○変卦に大畜䷙を得たら、甚だしい苦労があると知るべし。
解に曰く、巽の一陰を以て乾陽を塞ぎ止めたのに、また艮山を以て乾の進行を止めるのは、ますますその苦労を増すからである。
○住所に就いて辛苦がある。また心中に色々と思いを含んで気欝する意がある。
解に曰く、乾が進み動こうとするのを巽陰に塞ぎ止められるので住所の辛苦があるとする。また乾陽と巽風が共に動いて定まらない。故に住所の苦労がある。また心中に色々と思いを含むとは、一陰を以て五陽を止め、その上、巽を隠伏とする。即ち内に思いを含む象とする。気欝とは巽を忍び入るとする。即ち二陽の下に一陰が入って発しない義なので欝するとする。

○物を忌むの意がある。
解に曰く、一陰五陽の間に在るので忌むとする。
○夫婦が互いに安からぬ意がある。
解に曰く、一陰が五陽に囲まれて前後に進めずに自由を失う。また五陽が一陰に塞ぎ止められ、その上、互卦に睽䷥がある。故に互いに安からず。
○万事に取り締まりのない意がある。
解に曰く、風も天も共に捕捉することができないので、取り締まりのない意となす。
○出産は流産を防ぎ、医療を加えること。あるいは胎を成さない。
解に曰く、柔陰を以て剛陽を止めるので、母体が弱くて産の悩みがある。風も天も共に止まらないので流産、あるいは風も天も共に気であって形がないので、胎を成さないとする。
○病は治し難い。
解に曰く、互卦の睽䷥を違和とする。また一陰を以て五陽を止めており、陰を邪とする。病が腹中に深く入るを虚体とする。巽を肝として乾を肺とする。五臓が順位を失うので病は治し難いとする。
○婚姻は凶。
解に曰く、一陰が衆陽を止めるので妨げがある。その上、一陰が主なので不貞とし、凶とする。互卦に睽䷥があるので相背くとする。
○待人は来ない。

解に曰く、陰が陽を止め、また巽を進退果さずとするので来ないとする。

○時が未だ来ていないと心得、じっくり待てば良い結果となる。

解に曰く、巽陰が乾陽を止めて調和しない。だが、上爻の時になれば雨が降る。よって今は雨が降らないが、時が来れば雨は降るので、時の来るのを待てと云う。

占例

一日、友人の石竜子が来て曰く「今日、私が思う事がある。それは如何なるものか」と。筮すると小畜䷈の大畜䷙に之くを得た。随鳳《ずいほう》の断に曰く「小畜は忌み嫌う理があり、大畜は洗い清める意がある。五爻変は上部に属する。これは極めて剃頭するの意である。だが、足下の容貌を見ると、乱髪散然として、風邪をひいているようだ。故に心に忌み嫌うのであろう。また小畜には仏詣での理がある」と。石竜子嘆じて曰く「今朝、親しい家から訃報があって行かなければならないのだが、少し具合が悪くて、髪を洗い梳《くしけず》るのがどうも気が進まなくて悩んでいるのだ」と語ったと云う。

乾 ☰ 天
兌 ☱ 沢

天沢履

尊卑分定之象（尊卑、分定《ぶんじょう》の象《かたち》）
如履虎尾之意（虎尾、履《ふ》む如しの意《こころ》）

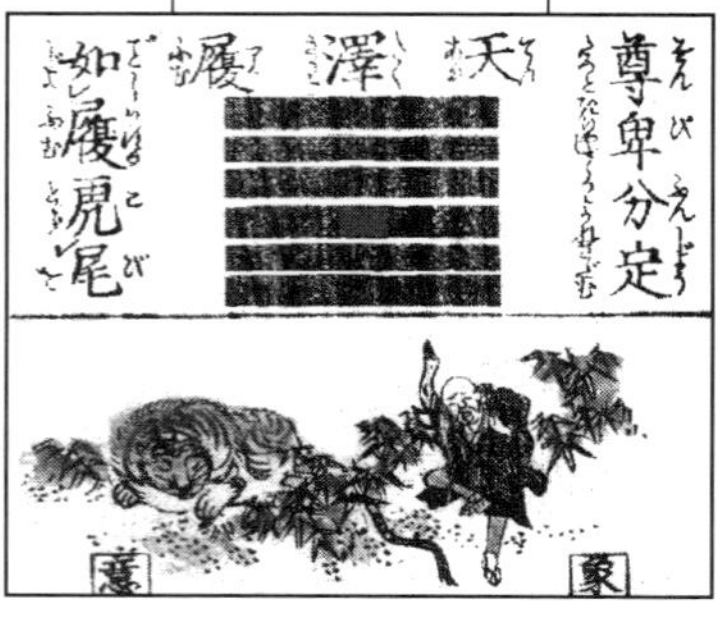

○尊卑分定…乾を尊とし上に在り、兌を卑とし下に在り、よって分限の定まる象。故に履は礼であると云う。上下が礼を正しくする象。思うに天理に従って、礼を履《ふ》み、事を諮《はか》れば通じないと云う事はない。

○如履虎尾…乾は虎の象、上は首、中は身、下は尾である。乾の虎が前に在り、兌の柔がその後を履み行くのである。一柔が衆剛の後を履み進むので、その危ういことは虎の尾を履むが如し。尾と云うのはその跡を云うのである。象を獣に取るのでしばらく尾と云うだけである。実際に尾を踏めば虎がどうして咥《くら》わないだろうか。故に経に「虎尾を履み、人を咥はず」と云っている。その意は譬《たと》えば、堯、舜などの聖人が先に在って、正政を行い給いて後、桀、紂などの王が出て、先の聖王のように正政を行うことができず。その危ういことは虎の尾を履むが如し。しかし、自から慎み守ることができず、遂に害がその身に及んだようなものである。故に書に「心の憂危、虎尾を踏み、春氷を渉《わた》るが如し」と云うように、恐れ守って事を計れば、この卦の履の礼を履み、危きを履むの意に合う。但し、道は礼よりも大なるものはない。故に礼を行う者は、五常（仁・義・礼・智・信）が自から備わる。そうであれば、虎口を免れる上計であろう。

○この卦は礼儀の心がある。また進むの義がある。始めは驚く事あって、後には喜びとなる意の卦である。解に曰く、天は至高であって上に在り、沢は至卑であって下に在り、これを上下の別があるとする。乾は貴く上に在り、兌は卑しく下に居る、これを上下の別あって礼儀が生ずるとする。故に礼儀の心があると云う。また兌柔を以て乾剛の後を履んで進むとし、また乾を虎とし、四爻を尾とすると、虎の尾を履み進むので危うくして驚きがあるとする。だが、兌柔よく剛を制し、陰が陽の上に顕れるので、後に安く喜びとする意がある。

○物を分ち定めるの意がある。
解に曰く、乾天は高く、兌沢は卑しい。また貴賤の弁別があるからである。

○身分より大なる望み事があると知るべし。
解に曰く、兌賤を以て乾貴の後を履む象があるので、身分より大なる事を望むとする。また乾陽を大とし、陰を小とする。小陰を以て大陽の後を履むからである。

○人を恋い慕う意がある。
解に曰く、兌の少女が乾陽の後を追う意があるので、恋い慕う意があるとする。

○闘争を注意しなければならない。
解に曰く、乾を剛金とし、兌もまた金とし、毀折《きせつ》とする。上下共に不和に抗ずれば闘うと云う。
○行く者は行ってそこに至り、来る者は必ず来てその事に応じる。
解に曰く、兌が乾に向かって悦び進むのでそこに至るとする。また中卦巽☴の口を向け来て応じるので約束履行の意とする。
○婚姻は調うべし。だが、和し難い。
解に曰く、兌の少女が乾の老男に従い悦ぶので調う。しかし、老少釣り合わないので和せずとする。
○病ははなはだ危うい。しかし、また安きに向かう時である。
解に曰く、虎の尾を踏むの象なので、はなはだ危ういとする。しかし、始めは驚き、後に悦ぶの意があるので安きに向かうとする。
○遺失物は出難い。
解に曰く、乾を賊とし、互巽☴を入るとし、窺い見るの象であり、兌に取り得て悦び、乾に遠く持ち去る象があるので出難いとする。
○待つ事は信《たより》がある。
解に曰く、中孚䷼の似体なので信があるとし、また互離☲を文章とし、信があるとする。
○出産は、臨産の時に筮し得たならば安しとする。前より占えば驚きがある。
解に曰く、臨産の時は兌の口を開いて乾に顕れるの義があるので安しとする。また前より占えば驚きがあるとは、行き先が危うい意である。故に前より占えば驚きがあるとする。

占例

文化十四年三月晦日、伊勢四日市万屋源七の息子で伊蔵（十五歳）と云う者が出奔した。よって昼夜を分かたず、この者を尋ねたが居所が分からない。そこで井上鶴州先生の許《もと》に来て筮を請う。先生がこれを筮して履䷉の睽䷥に之くを得た。断に曰く「履は踏むことであり、礼である。これは遠く踏み行きて礼をなすの意である。睽は乖《そむ》くである。また悦んで明に付く意がある。この卦は危うい意があって傷《やぶ》れず、驚く意があってたいしたことはない。始めは南に去って神社仏閣に詣で、それから遠く西に向って海辺の物や人の集まる地に止まるだろう。今は何処を尋ねても乖《そむ》いて分からない。近くは九日、十日の両日に浪花《なにわ》において居所を知るだろう。よって早く故郷に帰り、その旨を汝の家の主人に告げよ」と。先生また曰く「今一事、断をなさん。彼の男子、生まれつき虚弱であって常に痰飲《えんいん》の患があり、時として胸膈《きょうかく》が塞がることがある。また右眼の魚尾の辺に欠陥あるいは傷跡があるはずだ」と。二人の使者は、驚いて答えて曰く「右の魚尾に傷跡があります。実に先生の明断の通りです」と。後に果して浪花よりその居所を告げて来たと云う。

坤乾
地天

地天泰

麟角有肉之象（麟角、肉有るの象《かたち》）
雁至衡陽之意（雁《かり》、衡陽《こうよう》に至るの意《こころ》）

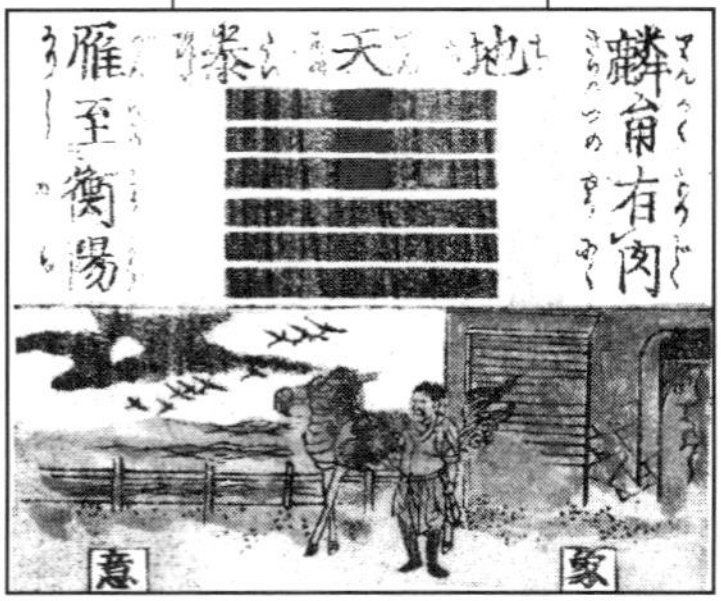

○麟角有肉…麟は乾に取り、角も乾に取り、肉は坤に取る。『爾雅』に「麟は一角」と云う。思うに麟は仁心の獣であって、生物を食べず、生草を践《ふ》まず、角の端に肉があって物を害さない。これをこの卦の、君子が内に在り、小人が野外に退いて、君子を害さず、君子も小人を殺罰せず、泰平に治まったことに例えるのである。『毛詩義疏』に「麟は麕身《きんしん》、牛尾、馬足、円蹄、角端肉あり、音は黄鐘に中り、王者至って仁なれば出づ」と記されている。君子が仁徳を天下に施し、泰平に治まる卦なので、それを麟に取るのである。

○雁至衡陽…この卦は、初めは治まるが終わりは乱れる。その意は、雁が春暖になれば、衡陽《こうよう》の回雁《かいがん》峰《みね》の北に往くが、これを初め安らかな意とし、また秋冷になれば寒さに驚いて悲しみ鳴き、終に南に帰るが、これを終わり乱れるの意とするのである。故に上九の辞に「城隍《じょうこう》に復《かえ》る。師を用いること勿れ」と云う。

○この卦は貴人には吉事とすることがあっても常人には凶である。
解に曰く、陽の貴を以て下に居り、陰の賤を以て上に位し、上下の礼を乱すので常人には凶とする。陽が伸長し、陰が消滅していくので、貴人には吉とし、常人には凶とする。
○心中に難《なや》みが多く、諸事、表面は善く見えるが終に宜しくない。
解に曰く、坤陰を以て乾陽を包んだ象があって、中に含んで外に現わさない理があるので、心中に難みが多いとする。また陰陽が和合して、天地が交通し、表面ははなはだ善い様だが、天地が位を失い、乾陽が升るに及んで、坤陰がそのために窮迫し、その居が既に傾こうとし、次に否䷋の卦を得るので、始めは吉であって終わりは利《よろ》しくないとする。
○色情の難みがある。だが、婚姻には見合わせて用いるべし。
解に曰く、陰陽交通の象があるので色情の難みがあるとする。しかし、婚姻には陰陽和合の象があるので用いるべしとする。但し、老人には吉とし、少年には凶とする。
○住居は安寧ではない。
解に曰く、地位が乾に属して円転して住《とど》まらないし、また天地、位を転倒しているので安寧ではないとする。
○どれも間違いがあって苦労がある。
解に曰く、中卦に帰妹䷵があるので間違いがあるとし、また賤者が上に居て、貴者が下に居り、また天地がその位を転倒しているので。

○親子兄弟など、総じて身代《しんだい》（暮らし向き）の事に付いて世話がある。
解に曰く、父母が和合して一家を司り治めるように、親子兄弟に関して世話や苦労が多いとする。
○願望は急には叶い難い。年を久しく過ぎて調うことがある。
解に曰く、陰陽の消長が必ずじわじわと行くので、急には叶い難いとする。陰陽が交会すると終に調うこともある。
○病人は凶。
解に曰く、病勢が増長する象がある。天地は定体であり、不易なので長く、凶とする。
○出産は安心である。
解に曰く、陰陽が交通するので障りなく安心とする。
○遺失物は出てくる。
解に曰く、坤陰が乾陽を隠す意があるので、数ある物の中に入り混じり隠れたのであろう。しかし、通じて安泰の象があるので、出てくるとする。
○待事は信《たより》が来る。
解に曰く、待つことは陰陽交通するので便りが来るとする。

占例

○遺失を筮して、地天泰䷊の地火明夷䷣を得た。その品を問えば、二寸許《ばか》りの厨子《ずし》に納めた観音の像である。貝陵先生の断に曰く「泰は天地が位を易《か》えている。西南に当たる、至ってみすぼらしく粗末な所であろう。ふと観音の文字に注意すると、家内で小さな引き出しを引き開けた音が耳に響いたので、これは恐らくは、粗末な箪笥《たんす》の引き出しの中だろう。調べてみるがよい」と。果してこの占の如しと云う。

○ある人が来て曰く「私が先程やったことがあるのですが、お分かりですか」と尋ねた。これを筮して泰䷊の需䷄を得た。随貞先生曰く「泰平の時に用を待つので、遊楽に預かる事であろう。坤土が坎水を添えて比和の親しみがある。これから考えるに、植木に水を注いだのであろう」と。その人曰く「その通りです」と。また曰く「泰の極で已《すで》に破れに近い。培養に心を用いなければ遠からず枯れてしまうだろう」と。その人喜んで曰く「一を質問して、二を得ました。周易の妙を知り、また栄枯の培養によることを知りました」とお礼を述べて去った。

乾 坤

天 地

天地否

月蔵霧裏之象（月、霧裏《むり》に蔵《かく》るの象《かたち》）

寒鶯待春之意（寒鶯《かんおう》、春を待つの意《こころ》）

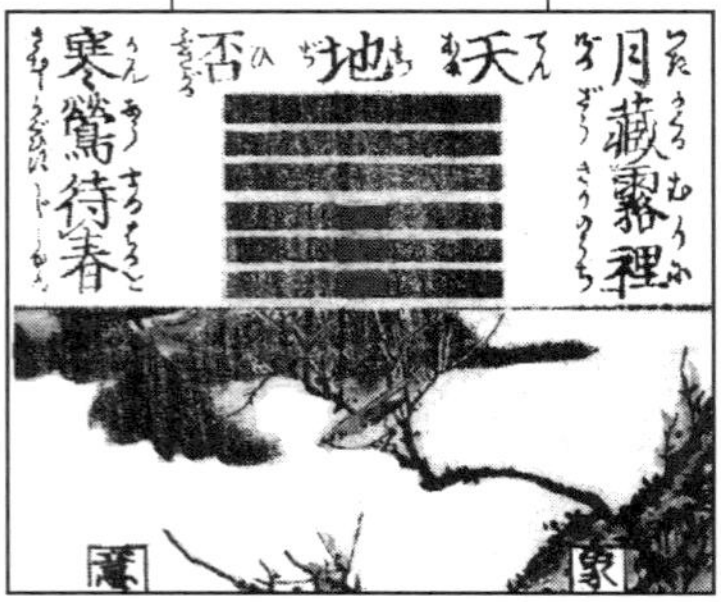

○月蔵霧裏…この卦は小人が内に入って、君子を害そうとするので、君子は外に退き去る象。よって君子の道は日々に衰え、小人の道は日々成長する。君徳が行われないのは、月が雲霧に覆われて、その光を顕さないようなものである。それで否は塞《ふさ》がって通じないと云うのである。乾を月として君子に比し、坤を霧として小人に喩《たと》えるのである。思うに、地に在るものにとっては、覆うところの乾の卦が上に在り、天に在るものにとっては覆われる物の卦である坤が下に在る。どちらにしろ覆われるの意があるのだ。

○寒鶯待春…この卦は初めは否《ふさ》がって後に通ずる意がある。それであるから、寒鶯の春を待って吟ずるように緩々《ゆるゆる》として待つ時は喜びがある。よって上九の辞に「否を傾く。先には否《ふさが》り、後には喜ぶ」と云う。

○この卦は物事が塞がって通じない義で、思う様に成り難く、自分より上の人から咎《とが》に遇《あ》う気配がある。しかし、常人には吉とする。

解に曰く、乾陽は上升し、坤陰は下降し、陰陽の二気は相交らない。よって塞がって通じないとし、通じなければ達成しない。それで思うように成らないとする。自分より上の人とは乾を上とし、乾天と坤地との間の互卦、姤䷫を遇うとし、また倒兌☴を毀折として、咎に遇う気配があるとする。否が極まればまた泰䷊となるので、常人は後に開け通じて吉とする。貴賤が位を変えず、不通の意があって凶だが、将来は吉を含むとする。

○始めは困《くる》しみ、後には栄える卦。何事も始めは人と合わずに労することがあっても、終には志を遂げる。

解に曰く、始めは否塞して苦しむが、否が極まれば泰に向かう。泰は彼と我とが交通して親和するの義である。これを以て否も終には通るの道がある。それで始めは人と合わずに労することあっても、終には志を遂げると云う。

○夫婦に口舌《くぜつ》があるはずである。

解に曰く、陰陽が交わらず、相隔てて和合しない。故に口舌の争いがあるとする。

○病難を注意しなければならない。病を占えば凶兆。

解に曰く、乾を気とし、坤を血として、気血が交わらない。故に病難を慎む必要がある。陰邪が長じて元気が衰えるので、病占には凶兆とする。

○出産は問題がありそう。

解に曰く、陰陽が交わらないので容易ではないとする。

○待人は来ない。

解に曰く、否とは否塞の義なので、待人は来ないとする。

占例

明治二十四年八月、私に縁のある高官の身上を筮して否䷋の遯䷠を得た。これを断じて曰く「否は塞がって通じなく、遯は貴人が山に遯《のが》れる象。故に遯れ去って隠遁するの義がある。身を退くことになるだろう」と。そうしたところ翌年八月に至り、果して官を辞した。

乾 離
天 火

天火同人

闇夜揚灯之象（闇夜《あんや》、灯《ともしび》を揚《あぐ》るの象《かたち》）
管鮑分金之意（管鮑《かんぽう》、金《きん》を分《わか》つの意《こころ》）

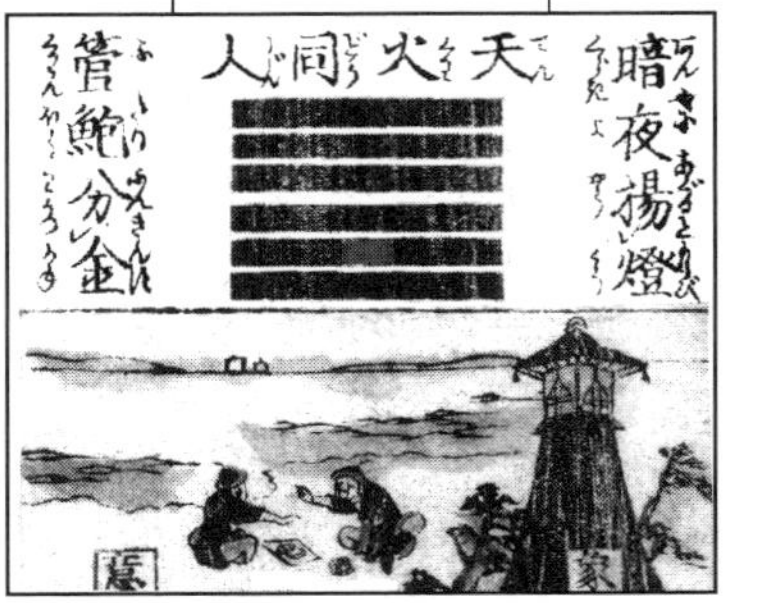

○闇夜揚灯…乾を闇夜とし、離を灯とする。これを日輪が天に在って光明遍満し、万物が明を見て進み、人も同じく見て、その業を務めることが、闇夜に灯を揚げて事物を見通して、隠れたことを顕すようなものである。乾を天とし、離を日として、日輪が天に麗《つ》く象。

○管鮑分金…管仲《かんちゅう》が貧しかった時、裕福な鮑叔《ほうしゅく》ととても親しんでいたが、市に出ると鮑叔の金を分かち使った。しかしながら、管仲の貧しいことを知る鮑叔は管仲を貪欲とは思わなかった。こうしたことに感じて、管仲は一生鮑叔を友人として大切にした。管仲と鮑叔の友情を後世の人が称えて管鮑の交わりと呼んだ。この同人の卦が示すところの、親しみの深さは以上のようなものである。『史記』に曰く「管仲曰く『吾、始め困《くる》しめる時、鮑叔と賈《こ》す。（鮑叔は）財利を分かち、多く自から与う』」と。

○この卦は、人心が同じで親しみ深い意の卦である。よって万事万端が調って立身出世するだろう。

解に曰く、乾を天とし、離を日とし、また火とする。日が天に麗く様子は、天下の人が同じく見る所なので同人とする。また天は陽の大なる物で、火もまた陽で、二陽が連なって親しむのである。二卦六爻の中にただ一陰があり、五陽がみな望んで離れることはない。これも同人の義である。そのために人の心は同じく、親しみ付くので、万事が調って出世するとみるのである。

○人より取り立てられ、幸があるはずである。

解に曰く、六二は九五の君に応じている。故に取り立てられて、幸があるとする。

○この卦は正直であって、邪《よこしま》な心のない卦なので、もし邪悪で心がねじ曲がった人が占って得たならば、大凶となるだろう。

解に曰く、乾天に離日が麗いて照臨するように、少しも利己心がなく正しければ吉である。もし利己的で心が曲がった人であると、この卦に応じていないので却って凶とする。

○病人は凶。

解に曰く、乾陽、離火共に炎上する象があるので、病人には凶であるとする。

○出産は障《さわ》りがない。

解に曰く、離火を以て乾陽に遇《あ》う。滞らない象があるので障りがない。また同人は二人の意があるので二子とも見る。また女子とも見る。

○婚姻は平《たい》らかであるが、不貞の意がある。よく吟味して後に取り結ぶのがよい。

解に曰く、二卦が同じく和する象があるので平らかではあるが、一陰が五陽に応ずる意があるので不貞とらする。それでよく吟味せよと云う。

○待人は来る。

解に曰く、乾陽、離火は炎上して止まず。並び相対する意があるので、来るとする。

○遺失物は尋ね難い。早ければ見つかる。

解に曰く、離を貨貝（金）とし、乾を空とする。また同人なので他に持っている人がいるの意を見る。離貨は内に在るので早ければ見つかると云う。

○短気な事は慎むこと。

解に曰く、離火は炎上して凄まじい勢いがあっても、また忽ち消滅して跡形もないので、短気であって、激し易いと見ているのである。

占例

泉岳寺の僧が来て「私はこれから東奥に赴《ゆ》こうとしている。吉凶を占ってくれ」と。筮して同人䷌の无妄䷘に之くを得た。宗誼《そうぎ》が断じて曰く「无妄は石中玉を包む卦なので、初めの望みは極めて難しい。思っているようには行かないだろう」僧曰く「それなら、この行は止めるほうがいいのか」。誼曰く「行ったほうがよい。同人は二人の理である。思っていた一人のほうはだめでも、必ず外の一人で調うだろう。これまた无妄には、求めずして得るの意があるからだ」と。僧は「わかった」と言って去ったが、果してこの断の如くであったと、帰山の後に物語った。

離乾
火天

火天大有

穿窓開明之象（窓を穿《うが》つ、明《めい》を開くの象《かたち》）
深谷発花之意（深谷、花を発《ひら》くの意《こころ》）

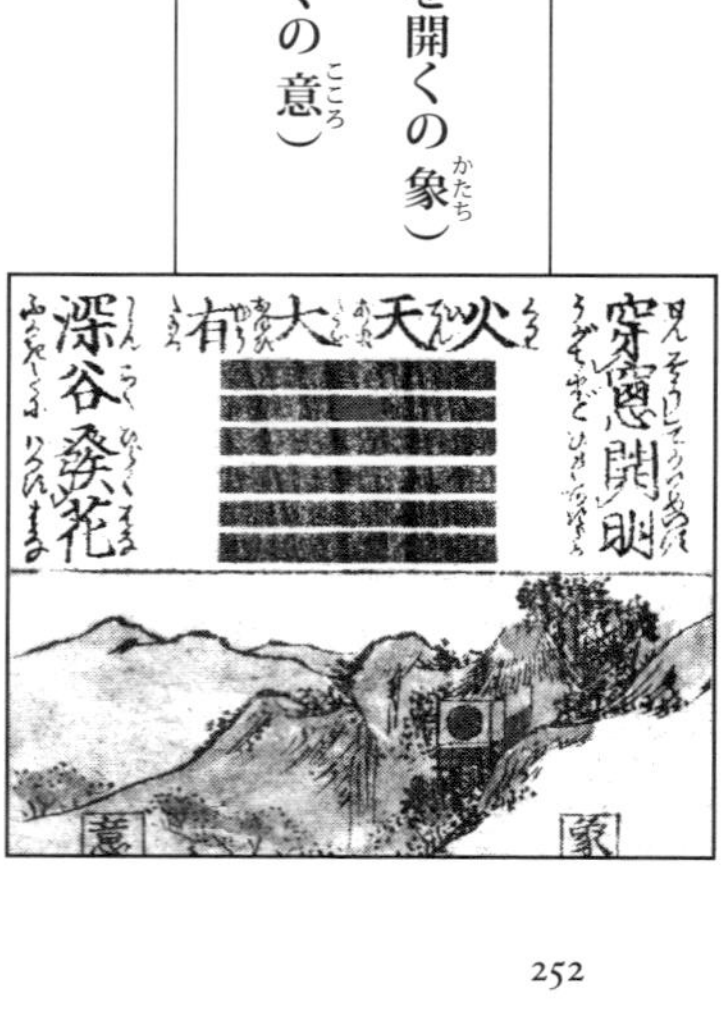

○穿窓開明…この卦は、日が天上に在って照り亘《わた》ると云う義であって、仁君が政《まつりごと》を天下に施し、大いに亨《とお》る時である。しかし、六五の君は陰爻で不正に居て、己を虚しくて賢人に下り、政を行わせる意があるので、君徳の天下に及ぶ範囲が狭く、窓から明かりの漏れるようなものである。離を窓とし、明とする。六爻を一つに見て壁《へき》の象。

○深谷発花…一陰が尊の位に居て、五陽がこれを保っている。しかし、満れば欠けるの道理で、一柔は五剛を恐れ、制し難い憂いがあって、君の恩沢が下民に施し難いことは、深谷に花が開いても、人に知られないようなものである。君を花に喩えて云うのである。詩に「年々花落て人の見るなく、空しく春泉を逐《お》ふて、御溝《おほり》より出づ」と云うようなものである。この卦は、事を計るのに威を以てしなければ、人は侮《あなど》って従わず、それで聖人はこれを戒めて「威如《いじょ》たれば吉」と云ったのである。

○この卦は日が天上に在って照り亘《わた》る意であって、人も時を得たと云う卦である。しかし、これも位負けのする意がある。満ちたら欠けると云うように、金銀など損失があるだろう。また親類、朋友あるいは婦人など、人の事で苦労することがあるはずだ。
解に曰く、乾天に離日があって照らす象なので、人にとっても勢いを得て盛んな時とする。しかし、常人には過ぎて位負けがあるとする。また日は中すれば傾くに至る。よって久しくは保ち難く、満ちたら欠けるとし、また離火を以て乾金を焼く、火剋金の理があるので金銀の損失があるとする。また一陰を以て衆陽を有《も》つので、人の事で苦労があるとする。
○願望は調い難い。
解に曰く、天上の日は目に見えるが、手に取り難いように、身分に過ぎた事を望むので調い難いと云う。
○出産は障りがある。また流産に注意。
解に曰く、主爻が位を得てないので障りがあると見る。また乾は気だけで、形を止めず、離火も消滅して跡がない。それで流産の恐れがあると見る。
○病は凶。
解に曰く、表は陽気が盛んではあるが、裏は比☷☵の卦であって、陰気が集まって虚弱とする。また日は中すれば西に傾くと云う象があるので凶とする。
○遺失物は出てくるはずである。
曰く、乾に現われる、離に明かな象があるので出ると見る。また陰を以て陽を有つの象があるので、婦人の手に入ったのであろう。しかし、離明の象なので盗んだのではない。
○婚姻は遅い。
解に曰く、陰が尊位に居て、また我は乾であり、求める意がない。彼はただ相見るだけなので遅い。
○外は美でありながら、内は醜い意である。
解に曰く、外卦離を美とし、内卦乾を貴とする。これに反して外卦離の裏を坎とし、坎を醜となし、内卦乾の裏を坤とし、坤を卑となす。故に外は美であって内は醜い意があると見る。

占例

○ある人が病笠に、大有䷍の離䷝を得て、これを断じて曰く「この病は治らない。病気に罹《かか》っている間に言い争いがあったはず。もともと、この病気は肺から発して、色赤く首に病がある。骨は痛み、食物は辛く苦い物を好むであろう」と云う。問者は「その通りです。悉く的中しました。命はどうでしょうか」と云う。曰く「結局、治癒することはない」と。

坤 艮

地 山

地山謙

登山平安之象（山に登り、平安の象《かたち》）

称物平施之意（物を称《はか》って、施《ほどこし》を平らかにするの意《こころ》）

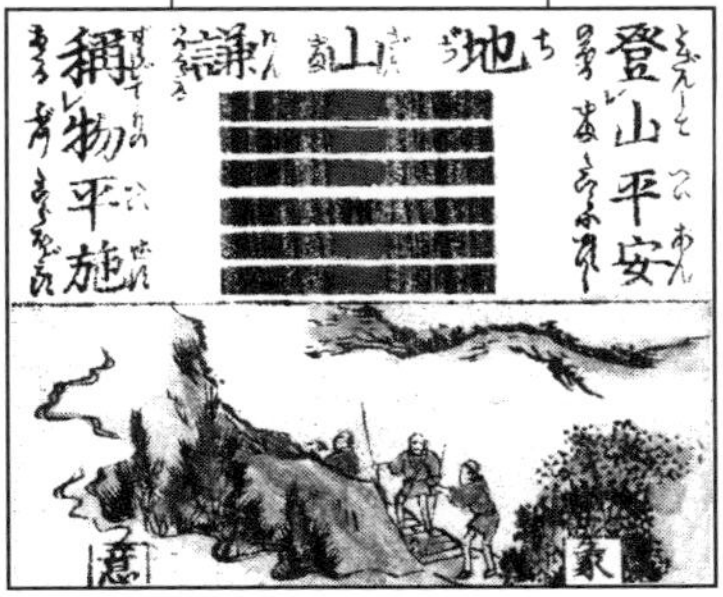

○登山平安…謙は敬うことであり、遜《へりくだ》ることである。この卦は山が地の下に遜る象である。よって謙道を守って、富んでも奢《おご》らず、自から労して天下に功を成しても、その功を矜《ほこ》らず、徳が有っても人を侮《あなど》らず、退いて人を敵としなければ、人もまた我を害せず、天はよくその徳を感じ給うのである。よってその安らかなことは平らな山に登って、世の中の煩わしい事がらを断って安らかな状態と同じである。艮を山とし、坤を平安とする。書に曰く「汝、これ矜らずんば、天下、汝とよく争うことなし」と云う。卦は内が実であって、外は順《したが》う。心に知ることが有っても、人に自慢げに云うことはない。老子曰く「知りて知らずと云うは上、知らずして知ると云うは病なり」と。これはみな謙の道である。人よくこれを知って勤め行えば、どうして危なかろうか。

○称物平施…「大象伝」に曰く「君子以て多きを裒《あつ》めて、寡《すくな》きを益す。物を称《はか》つて、施を平《たい》らかにす」と云う。これは君子が謙の象、つまり山が地下に在るのを見て、高いものを抑え低いものを挙げ、過ぎたものを損じて及ばないものに益し、大いに貧である者には大いに施し、小さく貧である者には少し施し、均等に物を全うすることを謂《い》うのである。これは、君子がその徳を天下に施すことに喩《たと》えるのである。

○この卦は先に屈んで後に伸びると云う卦である。よって何事も始めには調い難く、苦労が多く、物事が不自由なのだが、後には利《よろ》しい事が必ず来る。

解に曰く、艮山の高いものが、坤地の下に居る。譲って矜らず、保って、しかも一杯にならない。これは謙の象である。満ちたら欠け、足らないものに益すると云うのは天の道である。徳が高いのに謙遜していると、いよいよ奥ゆかしくて万人の尊敬を受けるようなものである。それで先に屈んで後に伸びると云う。始めは不自由であって窮屈だが、後には必ず吉事があると云うのは、即ちこの為である。

○何事も控え目にすれば吉。また人に随って吉。自ら剛気を出せば凶である。

解に曰く、謙遜の義なので控え目にするのがよい。また先立つことは卦意に違《たが》うので、人に従うのを吉とする。剛気を出して自ずから主となることは、最も卦義に悖《もと》るので凶とする。

○謙とは遜だって、人に亢《たか》ぶらない、礼譲を云うのである。「へりくだる」と訓ずる。諂《へつら》う事ではない。

解に曰く、この条では解釈の必要はあるまい。

○婚姻は成立するだろう。

解に曰く、高いものが、卑《ひく》いものに下る象。即ち艮男が坤女に下り、謙遜の意があるので成るとする。

但し、手間取るだろう。

○出産は障りがない。

解に曰く、坤を腹とし、艮を止めるとし、また中卦に坎☵の難がある。しかし、先に屈んで後に伸びると云う卦なので、少しく延びることはあっても障りはないとする。

○病は治し難く、治るとしても長い。

解に曰く、互坎☵の病が坤腹の中に止まるので治し難い。ただ中卦に解䷧の卦があるので、治するとも見れないこともないが、艮山が地の下に伏して居るので、病の内に根ざすことが深いので長引くとする。

○待人は大抵来ない。来ても遅い。

解に曰く、一陽が来路を閉ざしている。また坤従、艮止なので来ない。また艮坤共に静かで動かないので、来ても遅いとする。

○遺失物は尋ね難い。

解に曰く、艮陽を坤陰が覆い、また坤は積み重ねて隠れた象、艮は深く内に止まった意があるので、尋ね難いとする。

占例

ある人が一の箱を指して、問いて曰く「この中に一物がある。それはどのようなものか」と。筮すると謙䷎が変じて坤䷁となる。白圭《はくけい》が断じて曰く「精義によって考えると、謙は男子が裸体となった姿と見れるし、変卦の坤に柔らかい意があるので、箱中の物は裸人形であろう」と。蓋《ふた》を開けば果してそうであった。

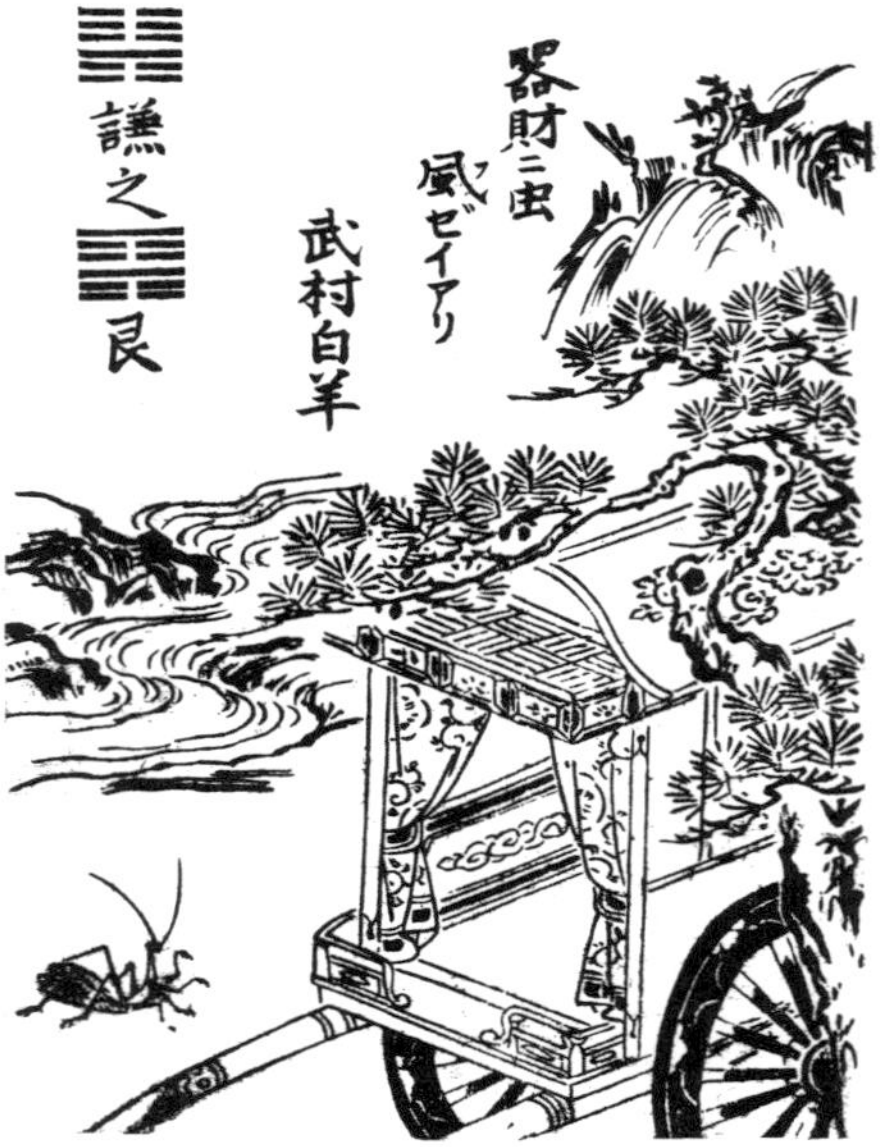

断ニ云ク坤《コン》ハ大《ダイ》ナリ美《ビ》ナリ又貴《タウトシ》トシ物《モノ》ヲ載《ノスル》トス
謙《ケン》ニコロツク意《コヽロ》有《アリ》テ中《チウ》卦《クワ》ノ震《シン》ヲ音《ヲト》トシ進《スヽム》トス
虫《ムシ》ハ小《セウ》ニシテ羽《ハネ》アリ足《アシ》長《ナガシ》トス艮《ゴン》ヲ手《テ》トシ又止《トム》ォ
ス卦《クワ》象《シヤウ》謙《ケン》ニ進《スヽム》象《シヤウ》アレドモ艮《ゴン》ノ手《テ》ニテ止《トヾ》ムル意《コヽロ》ア
リ中《チウ》卦《クワ》ニ釋《トケ》散《チル》意《コヽロ》アレバ此《コノ》虫《ムシ》ノ此《ノ》器《キ》財《ザイ》ニ觸《フル》コト
少時《シバラク》ノ風情《フゼイ》ナルベシ又重艮《ヂウゴン》ヲ二方《ニハウ》同様《ドウヤウ》ノ器《キ》財《ザイ》ト
シテミレバ謙《ケン》ノ虫《ムシ》羽《ハネ》ヲ張《ハリ》両手《リヤウテ》ヲ挙《アゲ》テ向《ムカ》フ象《シヤウ》アリ
是《コレ》車《クルマ》ニ蟷螂《カマキリ》ナラント云 果シテ然リ

震 坤

雷 地

雷地予

雷出地奮之象（雷、地を出で奮ふの象《かたち》）

行止順時之意（行止《こうし》、時に順《したが》ふの意《こころ》）

○雷出地奮…雷は地中に在る者である。ところが今、時を得て地を震い出て、その声を奮発し、悦び楽しむ象。これは春の気が満ち満ちて万物が伸び育つ時である。これを悦楽の義とする。震は雷である。坤は地である。大象伝に「雷地を出でて震ふは予。先王以て楽を作《な》し、徳を崇《たつと》ぶ」と云う。先王は、雷が地上に出て、その声を奮発する象を見て、楽を作って上帝を祭った。これは予は楽しみであると云う義を示している。

○行止順時…進むべき時は進み、止まるべき時は止まる。これを時に順《したが》うと云う。今、予の時に至って、君主は鼓を鳴らして進み、家臣は順って往《ゆ》く時である。どうして、止まらなければならないことがあろう。だが悦楽は人々が耽《ふけ》りやすく、溺れやすく、楽が極まる時は必ず悲しみとなる。それで聖人は、順を以て動く戒めをお垂れになられた。まさしく時が行けば行き、時が止まれば止まり、行ってもまた止まり、止まってもまた行くの義がある。よく考えなければならない。象伝に曰く「剛応じて志行はる。順を以て動くは予」と。また曰く「天地は順を以て動く。故に日月過《たが》はずして而して四時忒《たが》はず、聖人順を以て動けば、則ち刑罰清くして、民服す」と云う。

○この卦は悦ぶ義がある。雷の地上に出て天に登るような時である。人も立身出世の悦びがあるとする。昔、孔明が南蛮を討つにあたって、筮してこの卦を得て、勝利を得た。

解に曰く、上震は動き、下坤は順う。上下が悦び応じるとする。雷が地に出て奮うと云うことなので、人も時を得て、勢いを振《ふる》うので、立身出世があると見る。震の主将が坤の兵衆を率いて、服さない国を伐《う》つ。震陽に衆陰がみな順い服するので、兵を動かすのによいとする。孔明が勝利を得たのは、主将の徳の備わる傑《すぐ》れた人物であり、卦によく応じていたからである。

○住居の変わる事がある。また住所に関して苦労がある。

解に曰く、震雷が地上に動き出ると云う象があるので、住居が変わるとする。また雷が地上を動くので落ち着かず、互坎☵の苦労があると見る。

○新規に物に取り組む意がある。

解に曰く、雷が地下に潜んでいたのに、春陽の時になって地上に発出するのは、即ち新規に物を始めるの義である。また雷が地上に出て奮おうとするのを、物に取り組む意があると見る。

○怠け心を生ずると大いに驚く事が起こりそうである。

解に曰く、怠け心は予の楽しみから生じ、また中卦に水と山の険難があり、また震を兵とし、互艮☶を門として、門前に兵あると云う象。そして、震を驚くとするので、怠けた時は驚く事があると云う。
○婚姻は吉。但し、女の家に争いがある。
解に曰く、震陽が動けば坤陰が順う。雷が地上に出て悦ぶ義があるので、婚姻に吉とする。しかし、震躁と坎難☵の義を含むので、女の家に争いがあると云う。
○病は凶。また長い。
解に曰く、坎疾が胸間に艮止するので病は凶。雷が坤の地中に潜んでいて、時を得て発するので、病にこの卦をあてはめると長引くとする。
○出産は障りがある。
解に曰く、坤を母体とし弱いとする。また震を胎子とし驚くとするので、障りがあるとする。
○遺失物は尋ね難い。
解に曰く、震は声があって形がなく、また雷が地上に発出する象なので、外に出て尋ね難いとする。
○待人は来るが途中で障りがあるだろう。
解に曰く、震の足が地上を踏み行く象があるので待人は来るだろう。しかし、中卦に坎の艱《なや》みと艮の滞《とどこお》りがあるので、途中に障りがあるとする。
○迷う意がある。
解に曰く、震の一陽が衆陰の中間に挟まっているだけでなく、互坎に愛に溺れる意があるので、迷うとする。

占例

ある家の雑事に使われている子供が、朝出かけて、今になっても帰らないと言うのを筮して、予䷏の震䷲に之くを得て、谷川竜山がこれを占って曰く「予は楽しむである。震は賑わうである。楽しんで賑わうと云うのであるから、必ず芝居であろう。また初爻を北とし、上爻を南とするので南より帰って来るだろう。また坤を夜とするので、夜になって帰って来るだろう」と。果して的中したと云う。

兌 震
沢 雷

沢雷随

乗馬逐鹿之象（馬に乗り、鹿を逐《お》ふの象《かたち》）
我動彼説之意（我動き、彼説《よろこ》ぶの意《こころ》）

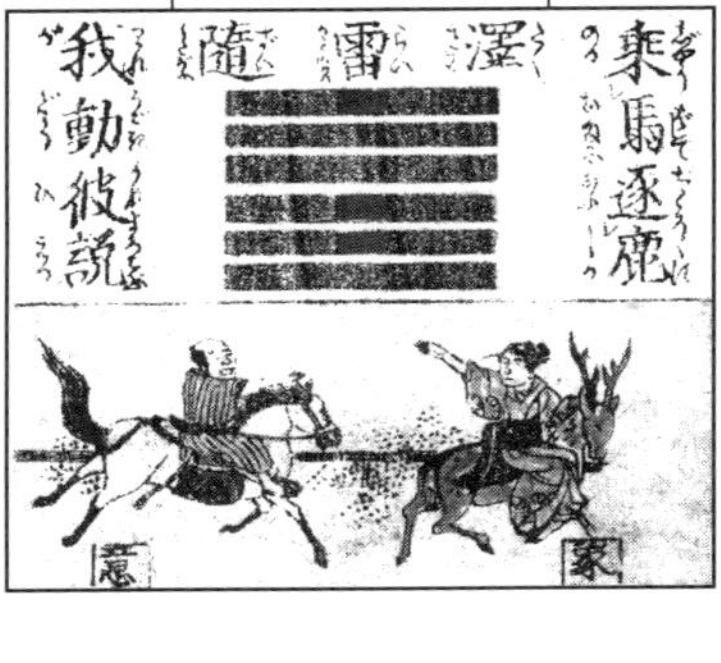

○乗馬逐鹿…随は従うことである。長男が少女に下って従い求める。その象が馬に乗って鹿を逐《お》い求めるようなものである。兌を鹿とし、震を馬に乗るとする。秦の穆公《ぼくこう》が大華山に遊んで、馬に乗って鹿を逐うことがあった。小さな物を求めるのに、大きな物を以てする。これはつまり己を虚しくして人に従うの義である。剛を以て人に随うのを随と云い、柔を以て人に随うのを係《かか》ると云う。

○我動彼説…震は内に在って我が動くのである。兌は外に在って彼が説《よろこ》ぶのである。我が動いて随えば、彼もまた説んで応ずるのである。象伝に「剛来て而して柔に下る。動いて而して説ぶは随」とある。思うに人に随うことに邪正がある。正を以て随わなければならない。邪を以て随う者は始めは利欲の為に相合っても、利が尽きれば交り親むことは疎くなる。詩に「世人交りを結ぶに黄金を須《もち》ゆ。黄金多からざれば交り深からず」と云うようなものである。それで卦辞に「貞《ただ》しきに利《よろ》し」と云うのである。但し、この卦、長男が少女を見て従い悦ぶ。その相手が正しくない。聖賢の古人はなおこの義を論じてない。祐公が始めてこの義を論じた。委《くわ》しくは『古易断』に見えている。

〇この卦は少女が長男に随う意がある。我が動き、彼が説ぶので随と云う、相互に従い通ずるの義がある。解に曰く、兌の少女が震の長男に悦び随うとする。震が動けば、兌が悦び随うので、相互に従い通ずる義がある。

〇枯木が再び茂る卦なので、物が変わって吉となる。住所が変わるか、または故郷を去るか。変じて吉。解に曰く、互卦の大過䷛に枯木と云う象がある。下卦の震を新しい蘗《きはだ》とし、互巽☴を秀茂とする。良い潮時に随って改新し、動いて説ぶと云う卦なので、物が変わって吉とする。動いて悦ぶなので、住所を変えるとし、また故郷を去るとし、変じて吉とする。

〇隠者のように引き篭《こも》っている義がある。解に曰く、否䷋の上九が内卦に来て、この卦の初九となったものと見て、隠者の如く引き篭っていると見る。

〇人を待っているならば、便りが来る。解に曰く、互巽☴と倒震☶は遠来の声とする。これを便りが来るとするのである。但し、人は来ない。

〇婚姻は成立する。解に曰く、震は動き、兌は悦び和するので成立すると見る。また震陽が物を言えば、兌陰が悦び随うの義があるので。

○出産は障りがない。
解に曰く、陽が進んで陰に交わり和すると云う象があり、震が発動して兌が口を開いて悦ぶので、障りがないと見る。
○病は凶。
解に曰く、病勢が時に随って進むので凶。
○遺失物は婦人に求めるべきである。
解に曰く、震男が兌の少女に従い、気を奪われる象なので、婦人が奪い犯したのであろう。また長男が少女に従い、犯されるので女の手引があろう。
○願望は調う。
解に曰く、我が動けば、彼が従い悦ぶと云う象があるので、調うとする。
○牛馬に物を付けて遠方へ通ずる意がある。
解に曰く、初爻から四爻までを大離☲と見て、その大離を牛とし、震を馬とし、互艮☶を乗るとし、付けるとし、互巽☴を遠くに通ずるとし、兌を悦ぶとし、相通じて人情が相悦ぶので、物を付けて遠くに通ずるとする。
○女難を注意しなければならない。
解に曰く、震男が兌の少女に付き悦ぶと云う象があるので、女難があると見る。また兌金を以て震木を毀折すると云う意があるので。

占例

ある人が、金子を借りることの吉凶を問う。真勢中州先生がこれを筮して、随䷐の不変を得た。占に曰く「これは我より震を以て進んでも、彼は兌口を外に背けて肯《うけが》わない意がある。しかし、あなたが、仕事の資金として使うことを明かにし、返金を違えないと云う証人を頼み、彼に相談したならば、彼は兌口を我に向けて、卦は益䷩となって、金を貸すことであろう。今のままでは、あなたが独り進んでいって何を言おうとも信じないと云う象なので調わない」と。そこでこの占の如く証人を入れて借金ができたと云う。

古人二人風情アリ　梅原宜芳

䷐随之䷂屯

断云一《ヒトリ》ヽハ首《カシラ》異《コト》ナリ一人《ヒトリ》ハ勢《イキヲヒ》殊《コト》ニ勝《スグレ》タリ
震《シン》ハ物《モノ》ニ乗《ノ》ルトシ又進《スヽ》ムトス坎《カン》ハヒヅハル又カラム意《コヽロ》
又陥《ヲチイル》ナリ随《ズイ》ハ従《シタガ》フナレバ敵《テキ》味《ミ》方《カタ》ト相《アヒ》手《テ》ドル事《コト》ナラズ
屯《チユン》ハ難《ナン》也《ナリ》トアレハ此《ノ》風《フ》情《ゼイ》情《セイ》力《リヨク》ヲ尽《ツク》ス事《コト》ナルベシ剥《ハク》ニ一《イチ》度《ド》
限《ギリ》ノ意《コヽロ》アレハ是《コレ》適ノ事《コト》ナルベシ変《ヘン》卦《クワ》兌ノ金《カ子》切《キ》レナレ
坎《カン》ノ糸《イト》ト成《ナ》ル五《コ》郎《ロウ》朝《アサ》比《ヒ》奈《ナ》草《クサ》摺《ズリ》引《ビキ》ナラシト云果《ハタ》メ
シカリ

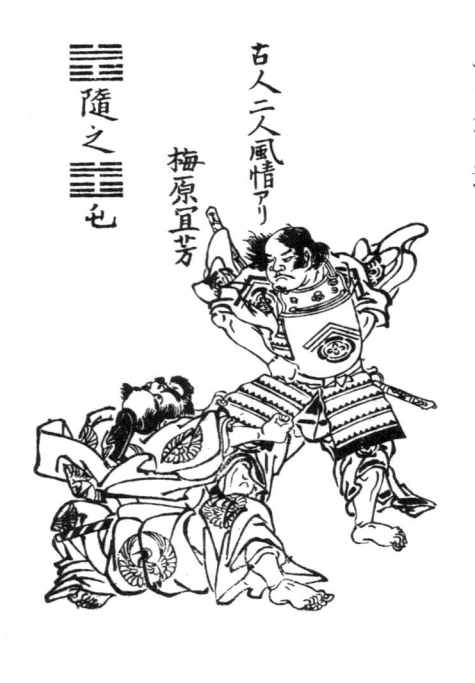

艮 巽

山 風

山風蠱

門内有賊之象（門内、賊有るの象《かたち》）

石上栽蓮之意（石上、蓮を栽《うえ》るの意《こころ》）

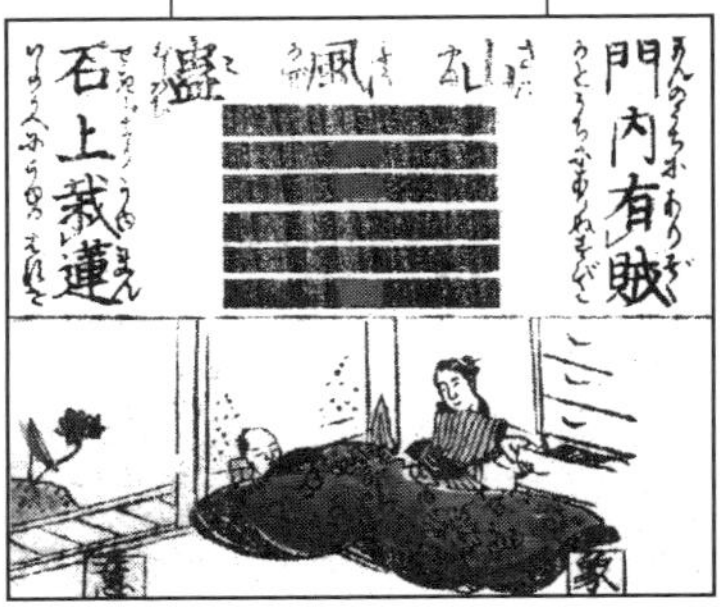

○門内有賊…艮を門とし、巽を賊とする。家内に盗賊がある時は、その家は破壊するに至る。この卦は風が山上から吹き落ちて、草木や人家を破る象で、よって蠱は壊であると云う。壊を意味して、門内に賊あるの象と云うのである。

○石上栽蓮…蓮は水中に生ずる物であって、水を離れては暫時も保《も》ち難い。ところが今、石上に植えると云う。これは最も枯れやすいことを云うのである。この卦は長女が少男に下って交りを求め、その正しさを失い、少男が長女の為に惑乱させられて、その身を脩《おさ》めることができない。遂にその家が蠱《やぶ》れることは、石上の蓮が保ち難いようなものである。

○この卦は山中に風を含み、吹き出し破ると云う意であり、諸事に付いて難義迷惑する事があるだろう。注意しなければならない。

解に曰く、艮山が上に在って止まるが、巽風が吹き出して、物を壊乱すると云う象があるので、諸事に難義迷惑する事があると見る。また山下の風は、山下しといって物を吹き破ることの烈《はげ》しい義がある。

○願望は叶い難い。その外、万事が心のままにならない。

解に曰く、蠱は内より破れることなので、願望は叶わない。それで万事が心のままにならないとする。

○親子の中に苦労があるだろう。また病難に気をつけなければならない。

解に曰く、内より破れを生ずる意があるので、親子の中に苦労があるとし、また艮の身体が巽の疾に傷《やぶ》られる象があるので、病難に注意せよと云うのである。

○争い事を注意しなければならない。

解に曰く、兌☱の口舌と震☳の激怒などの象がある。また三虫が皿中に食い合う意があるので、争いがあるとする。

○病は重い。また大凶。ただ簡単に治癒することもある。病症に依る。

解に曰く、内より破れ、年月が積ったので重いとし、また淫溺惑乱と云う象があって、その結果として病が出たので凶とする。しかし、乱が極まって治に至り、破壊が極まって、新しいものに向かうように、一時、軽症となれば、容易《たやす》く治するとも見る。

○婚姻、出産、諸事、凶。

解に曰く、艮を家とし、巽を事とし、内より妨げがあり、また巽女が艮男を惑わす象があるので、婚姻は凶とする。また出産も内より破ると云う象があるので、堕胎あるいは難産などで、その子は助かり難く、諸事も破れがあるので凶と見る。

○常日頃から親しい人と遠ざかる意がある。

解に曰く、この卦は泰䷊から来て、初爻と上爻が各々その類（陰爻、陽爻）に遠ざかるとする。

○住む所を失う程の事がある。

解に曰く、地の位置に風が動き、住み止まることができない。また巽風が艮家を吹き揺がして安穏でないので、住む所を失う程の躁《さわ》ぎがあるとする。

占例

狂歌堂はかつて西京の地に旅行の望みがあり、前もってその吉凶を問う。これを筮して蠱䷑の蒙䷃に変ずるを得た。随龍《ずいりゅう》の断に曰く「才知ある人が師徳を備えて蒙を開く。この行は必ず雅名を都下に発揚するだろう。但し、三虫が皿で食い合うと云う蠱の卦であり、血の災を暗示している。旅中は食毒に十分注意することだ」と。後に木曽路を経て、山道で宿を取った時、野雉をかなり食して何日もしないうちに腰下に毒瘡を発し、血が何合も出て癒《い》えた。これによって占考の応ずることを信じ、また以前から今までの旅中に災がなかったことに安心して、進んで西京に入ったと、帰京の後に物語ったと云う。

坤　地
兌　沢

地沢臨

黄花叢生之象（黄花、叢生《そうせい》の象《かたち》）
小女従母之意（小女、母に従ふの意《こころ》）

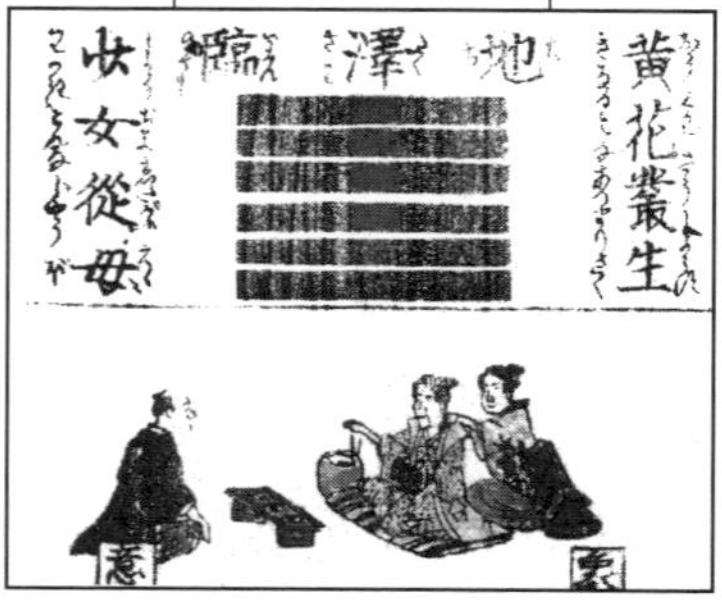

○黄花叢生…黄花は菊で、これを坤に取る。叢生《そうせい》は集まり生ずることである。これを全卦の震☳に取る。菊はよく茂り生《は》えるものである。この卦は、聚《あつ》まると、益すと、進むとを兼ねるのでこの象がある。臨は勢いが盛んであって防ぎ難い。だが、勢いを恃《たの》んで他を侵すので、程なく災いがある。それは黄花が盛んに茂ったとしても、終に霜に傷《やぶ》られ、風に枯れるようなものである。よって卦辞に「八月に至りて凶あり」と云うのである。これは聖人が戒を垂れて、必ず盛んな時において衰えることを慮《おもんぱか》ることこそ、永久の道であることを示し給うものである。

○小女従母…兌を小女とし、坤を母とする。この卦は二陽が漸々に長じ進んで、四陰を凌ぐように見えはするが、内は悦《よろこ》んで、外は順《したが》い、中に居て交りを結び、剛を恃んで往くことなく、順って進む。その意は小女の母に従うようなものなので、人事はその志を遂げ、その事が通る時なので、臨は進むと云う。

○この卦は貴賤が相交わって親しむ卦である。よって物事は柔和であって吉。剛気であるのは悪い。
解に曰く、二陽の貴を以て四陰の賤を臨む、また四陰が二陽を臨むとする。それで物事は柔和を吉とし、剛気で対するのは悪いとする。
○横合いから難渋など云いかけられ、苦労する事がある。
解に曰く、兌口より互体の卦震☳の声を発するを言いかけるとし、二陽が四陰を凌ぎ迫ろうとするを、難渋など言いかけられ苦労すると云う。また兌の初爻が変ずると坎☵となる。坎を苦労とする。
○住所で苦労がある。しかし、人から取り立てられることあって安居する事ができる。
解に曰く、臨は大卦の震☳であって、震は驚き、騒ぎ、動くなどのことがあって落ち着けないので、住所で苦労があると見る。また内は説《よろこ》び、外は順い、二五が相応じているので、人から取り立てられて安居することができると見る。
○待人は来る。
解に曰く、陰陽が内外相臨み、互に意気投合する象があるので、来るとする。
○遺失物は他に持ち去られた。
解に曰く、大震と云う象であって、震を途《みち》とし、また逃げ去ると云う象なので、他に持ち去られたと見る。
○出産は障りがない。
解に曰く、二陽が次第に成長しようとし、また坤の腹中に震の子が動き出ると云う象なので、障りがないとする。
○病人は凶。
解に曰く、下から次第に進み、上へ臨むようなので病は進んで凶とする。土を以て兌口を塞ぐ象なので死とも取る。また上から下へ、腹中に滞りと云う意なので、吐くとか下すとかするとよいとも見る。
○婚姻は吉。
解に曰く、二陽が上に臨み、四陰が下に臨む。互いに相臨むの義から吉とする。

占例

逃亡人を筮して臨を得た。貝陵の断に曰く「臨は沢地が相臨み、坤兌共に動気がない。これは近くに隠れ止まると云う象である。よって裏面である乾の方に居るはずであり､兌の逃亡人は去って行った後に、便りをよこすはずだ」と。果して十丁余り去った乾の方に居たが、七日の後に、自ら便りをよこしたと云う。

巽　坤
風　地

風地観

風揚塵埃之象（風、塵埃《じんあい》を揚《あ》ぐるの象《かたち》）
見花遇雨之意（花を見て、雨に遇《あ》ふの意《こころ》）

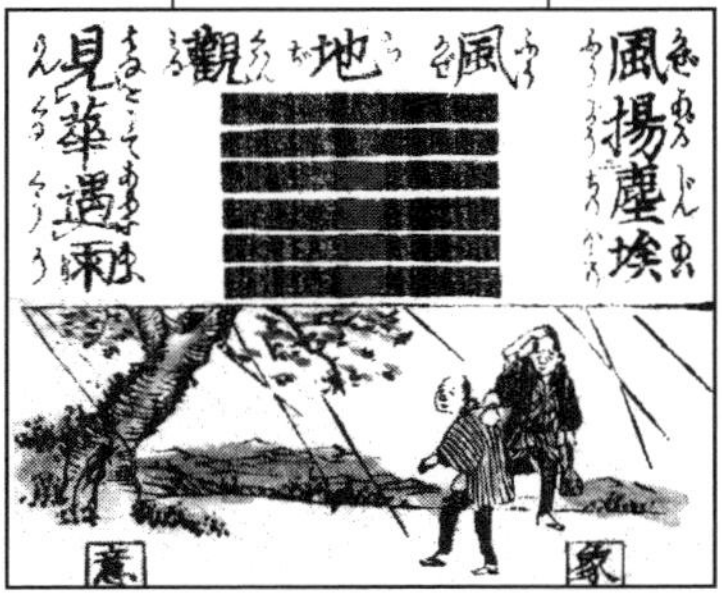

○風揚塵埃…巽を風とし、坤を塵埃《じんあい》とする。象伝に「風地上を行くは観なり」とある。坤を地とし、巽を風とする。風が地上を行く時は必ず塵埃を揚げる。観は見ることであり、また貪《むさぼ》ることである。あたかも己が欲する事に溺れ淫《ふけ》って他事を見ることは、風が塵埃を揚げて眼を眩《くら》ますために見がたいようなものである。いわゆる心ここに在らざれば、視《み》れども見えず聴けども聞えずと云うようなものである。また観は「観示」の義であって、上より下に示す象である。天子が四方を巡省し、民俗を見て、民が奢《おご》る時は倹約を教え、倹約しているならば礼を教える。その象が風の地上を行って庶物に及ぶようなものである。

○見花遇雨…始め楽しんで終わりに憂いると云う意である。始めは上から下に示し、下もまた上を尊敬し、互に楽しむが、四陰が長じ上って、二陽が終に消滅に向かうので、九五に至って大いに危ういことがある。その意は、始めは花を見て楽しんでも、終に雨に遇《あ》って憂いるようなものである。

○この卦は、大抵は吉。とはいえ、晴天に雲の起こるように、思いも寄らない事が起こり、苦労する事がある。しかし、人に仰ぎ尊ばれると云う意のある卦なので、外よりよく世話され、懇意にされる。
解に曰く、風が地上を行く時は、万物に触れ、普《あまね》く観るとする。また二陽が上に在り、下の四陰によって仰ぎ観られるとする。観の卦は大艮☶であって、艮山が高く上に立って、衆民に仰がれ目立つと云う意があるので大抵は吉とする。巽を風とし、雲とし、天上に時として雲が生じ、あるいは風が吹き起こるように、思いも寄らない事が起きて苦労あるとする。だが、人より見上げられる卦であって、四陰より二陽が見られるので、外より世話され、懇意にされると見る。
○風が地上を吹き行く象があり、万事に触れる義とするので、相談など調うとする。
解に曰く、風が地上を吹き行けば、どんな処にも行き渉《わた》らない所はないので、相談など調うとする。
○風が行けば物を動揺させるので、人も住所などについて変動する意がある。
解に曰く、風が吹き行くと、物を動揺させて落ち着き難くするので、住所の変動があるとする。
○井の中に金があると云う意であり、吉事はあっても急には叶い難い。
解に曰く、初爻から四爻までの四陰は井の画象、裏の乾を金とするが、それが表に現われるのは容易ではないので、急には叶い難いとする。
○人に眩《くら》まされる意である。人に応じて考え合わす必要がある。
解に曰く、坤を迷うとし、巽を惑うとし、観て視られ眩まされると云う象。二陽が四陰に犯されるので眩まされると見る。

○盗賊の類を考えること。
解に曰く、陰が陽を犯し、巽を忍び入るとし、坤を夜とし、窺い視ると云う意があるので、盗賊の類とする。
○女色を注意しなければならない。
解に曰く、陰が陽を犯し、暗ます（眩ます）と云う意があるので、女色を慎め、とする。
○始めは良く、後には良くない意もある。
解に曰く、下から仰ぎ観られる間は良いが、終には凌《しの》ぎ犯されて、剥䷖となる運命があるので、始めは良いが後には良くないとみる。
○婚姻は調い難い。
解に曰く、風が地上を行くので、物事が騒がしく取り締まりがない。また見て見られると互に見合いするだけで定まり難く、巽の邪魔が入って調い難いとする。
○出産は悩みが生じる。外邪を防ぐこと。
解に曰く、外陽で内陰なので虚体とし、大艮☶と云う象があるので悩みがあると見る。陰が長ずれば剥䷖となって宜しくない。陰が陽を犯し、巽が坤を犯す。風邪が内に入って苦しむと云う卦なので、外邪を防げと云う。
○遺失物は尋ね難い。
解に曰く、風が地上を行く象なので、遠くへ去って尋ね難いとする。また上の二陽を失物とし、陰が陽を犯すと云う意があるので、婦人の手にあるかもしれない。
○病は治し難い。
解に曰く、巽が坤を犯す。風邪が内に入って苦しむ。また陰が陽を消しながら上ると云う象があるので、治し難いとする。
○待人は来ようとするが来る事が難しい。
解に曰く、巽は口を我に向けて来ようとする。しかし中間に艮☶の止めるものがあり、また巽を進退果さずとするので、来ようとして来ることが難しいと見る。

占例

浪花の某《なにがし》の放蕩息子が家出をして帰らないので、筮を中州先生に請う。先生はこれを筮し、風地観の卦を得て「観は風が地上を行くと云う象であって、人に取れば、出奔の義である。観は大艮であって艮は東北に当たる。また大艮は衆の止まる所であって、都会の地であるから江戸に出奔したのであろう。風は物に触れれば必ず帰る。思うにその息子はもとから放蕩で愚かな性質なので、彼の地に容れる所はないので必ず帰って来る」と占う。果してその言の通りであった。

離　火
震　雷

火雷噬嗑

頤中有物之象（頤中《いちゅう》、物有るの象《かたち》）
夫婦怒閨之意（夫婦、閨《ねや》に怒るの意《こころ》）

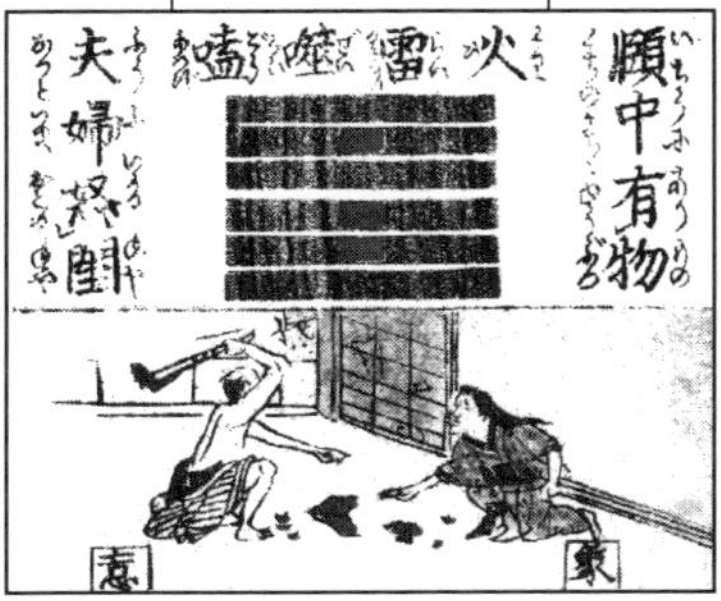

○頤中有物…物事が速やかに通じなく、噬《か》み嗑《あ》わせて後に通ずるの義なので、象伝に「頤中物あるを噬嗑と曰ふ。噬嗑て而して亨《とお》る」と記されている。思うに山雷頤は上は止まり、下は動き、均等であって中虚なのでこれは口の象である。噬嗑は九四の一陽がその中に在って、物があると云う象。口中に物があるので、上下が合わず、物を噛んで後に必ず合うので噬嗑と名付ける。口が合わない時は言語を用いることができない、言語を用いなければ意は通じず、言語を用いて後に通ずるものである。口の場合には、物の隔《へだ》てがあって合わせることができないとし、天下に在っては、邪悪なものがあって、その間を隔てて、天下の事が噛み合わないのである。よって刑法によりこれを除き去る時はみな噛み合うので、聖人は噬嗑を以て、獄を用いると云う象にしたのである。

○夫婦怒閨…離は女で、震は男である。これを夫婦とする。離は明威である。震は怒るであり、憤るである。閨は辞書に「小門なり」と記されている。門内あるいは家内で怒る意とする。卦は男女が交わるとはいえ、邪悪な一陽が中を隔てて、互いに怒ると云う意がある。この邪悪なものを除き去る時は和順する。また夫婦の怒る時は、始め大であっても後には必ず和順しやすい。程子曰く「君臣、父子、親戚、朋友の間の若き、離弐《りじ》（うたがひ）怨隙《えんげき》あるものは、蓋《けだ》し讒邪《ざんじゃ》その間を隔《へだ》つればなり。これを除き去れば則ち和合す」と。但し、この卦は夫婦がなお怒り争うと云う意がある。況んやその他の争い訟《うった》えは免《まぬが》れ難い。訟えがある時は、これを除くのには官に由《よ》らなければ治まらない。よって獄を用いて後に明白であることは、噬嗑して後に亨るようなものである。

○この卦は頤の中に物があると云う意であって、何事も人に隔られて障りがある。しかし、噬《か》み嗑《あ》わせて通ずるの義があるので、始めには調い難くても後には調う。

解に曰く、九四の一陽が口中に入る。一陽は食物とする。食物が頤口に入れば噛み合わせる。上艮☶は止まり、下震は動く、これは頤䷚と云う象である。噬嗑は口中に食物があると云う卦であって、一陽が間にあって、上下を隔てるので、諸事どれも人に隔てられて障りがあると見る。しかしながら、噛み合わせれば通ずるとする。食物を口中に入れて噛み合わせると、後には身体を養うもととなるので、始めは障りがあっても後には調うとする。

○龍が潭《ふち》に隠れると云った勢いのある卦なので、短気を慎んで温和にすること。さもないと、口論、争い事、公事、訴訟などの障りがある。注意しなければならない。

解に曰く、震を龍とし、約象の坎水☵を潭とし、龍が淵に隠れ居るの卦とする。震雷の激発の義は転じて短気、また怒るとなり、それを慎み温和にせよと云う。また震に怒り、離に隔てる意があるので、人より妨げられ、口論や争い事があるとする。またこの卦は上は離明、下は震威と云う象であって、約象を法律とし、刑獄とし、一陽の中に居るのを囚人とする。その囚人を明智と威厳とを以て、理非を分明ならしめると云う意があるので、訴訟などの障りがあるとする。

○婚姻は成立する。

解に曰く、長男と中女が相遇う象があるので成立すると見る。しかし、中間の一陽に隔てられているので、妨げがあるとする。

○出産は恙《つつが》ないが、食物によって障りがありそう。注意しなければならない。

解に曰く、頤中に一陽の隔てがあるので、少し遅滞するだろうが、震に進み発すると云う意があるので障りはなく恙ないと見る。また震の驚き、坎の難《なや》みがあるので、障りがあるとも見、頤中に物がある象なので食物によって障りがあるとする。

○遺失物は尋ね得る事ができる。

解に曰く、物の□中に在る象なので他には出ない。他の物と入り雑《まじ》った象なので、尋ね得る事ができると見る。

○病は凶に近い。

解に曰く、離火、震雷は共に上るものなので次第に凶。また離火が震木を焼いて炎上するので、凶に近いとする。

○待人は来る。
解に曰く、震を動き進むとし、離に相見ると云う象があるので、来ると見る。但し、一陽の隔てがあるので少し遅いだろう。

占例

白蛾先生がかつて美濃の岐阜に旅行した時に、一婦人が来て「私に願事があります。その吉凶を示して下さい」と云う。これを筮すると噬嗑䷔の震䷲に之くを得た。先生はこれを断じて「汝の願事は他でもない、汝は夫はあるがうまくいかないので、別にまた男子を求めるのであろう。しかし、先の男には離別の気持ちがない。却って恋々《れんれん》の情を起して大いに怒ることであろう。あるいは生命を断つなどと云って怒り罵るであろうから、慎んで今まで通りに、しばらく穏やかに従いなさい。そうすれば永く保たない縁なので、来春を過ぎれば、その男が自《おのず》から疎遠になり、求めなくても離別するだろう」と云う。婦人は大いに驚いて「その言の通りです。私は今ある家に仕え、密かに男を得て結婚を約束しましたが、面白くないことがあって離別を乞い求めたのですが、その男は大いに怒って離別を許さないのです」と答えた。この占断で永く保たないとは、この卦は声があって形のない卦なので、そのようにこれを断じたものである。

艮 離
山 火

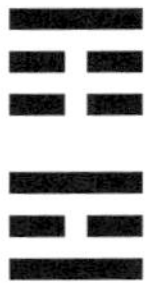

山火賁

門内競美之象（門内、美を競ふの象《かたち》）
明不及遠之意（明《めい》、遠きに及ばずの意《こころ》）

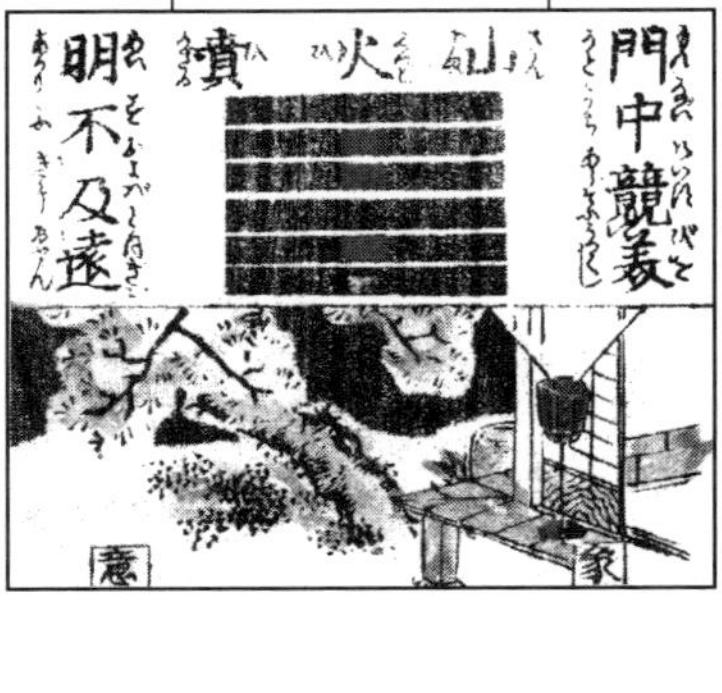

○門内競美…艮を門とし、離を美とする。賁は飾ると云う意味で、門内を美を尽し賁《かざ》り立てた象。美麗は人々が同じように好む所なので、終に争いを生ずるのである。離は升《のぼ》り、艮は抑えるので争う象とする。但し、賁と云うものは質があって後に飾るべきものなので、質は大であるが賁は小である。それでその占も、僅かに門内に美を尽くすのみであって、他にまで及ぼすような功を成すことはない。

○明不及遠…山下に火がある時は、明は遠くまで及ばない。艮を山とし、離を火とし、山下に火を揚《あげ》る象。山は多くの草木が聚《あつ》まり生ずる所、火はその下にあって多くの草木を照らすので、どれもその光彩を蒙《こうむ》る。だから賁と云うのである。とはいえ、その火は僅かにその山の草木を照らしても、遠くまで光明が及ばないので、近くに利があるだけである。もし山上に火を放ったならば明は遠くにまで及ぶであろう。まさしく文飾は質を以て本とする。質があって後に文がある。もし飾りのみを主とすれば、一時は美麗であっても後に事を失うことだろう。人徳が少ないくせに偽りで貢り、事を望む時は、家内の小事は通るが、他の大事は通達しない。それは、山下の火が遠いところを照らさないのと同様である。但し、器は飾らなければ入用に足りないし、人は学ばなければ交わるに足らない。人は徒《いたずら》らによく器を飾り、身を飾り、言を飾ることを知って、文を学んで、心を文《かざ》ることを知らない。心に文りがないので、自から言葉を邪飾するだけである。『礼記』に「玉琢《みがか》ずんば器を成さず。人学ばずんば道を知らず」と記されている。

○この卦は、虎が林を出て遊ぶと云う象があり、物が美しく、また威があると云う意がある。
解に曰く、艮を虎として、震☳を林とし、離を虎の斑《ぶち》として、虎が林を出て遊ぶと云う象。また離を美とし、震を威として、物の美があって威がある意とする。

○立身出世がある。
解に曰く、艮を家門とし、離を美飾とし、震を威勢があって盛んな状態と見て、立身出世して家門を飾るの義とした。

○住居を改めるのは吉。旅行も吉。
解に曰く、艮を家とし、離を美とし、飾るとして、住居を改めるのは吉とする。また離を一つは付き、一つは離れるとし、艮を旅舎として、往《い》って止まる所で、旅館と云う象なので、旅行に吉と云う。

○家居、衣類、器物に至る迄、見事に飾りがある意。

解に曰く、門内に美を競うと云う象があるので。

○間違いで人と不仲になることがある。

解に曰く、頤䷚中に九三の一陽があって上下を隔てるので、間違いを生じて中絶する象とする。噬嗑と同じである。

○後に良いとする。

解に曰く、六五の辞に、終に吉とある。

○短気を注意しなければならない。

解に曰く、約象の震☳を怒るとし、離火が炎上しようとして、艮が止め妨ぐのを、怒り破ろうとすると云う意があるので、短気を慎めと云う。

○求める事は叶う。但し、滞って急には調い難い意がある。

解に曰く、文明を以て止まるので求める事は叶うとする。だが、互体の坎水☵が艮止に遇って阻まれ滞るので、急に調い難いとする。

○身分より大きな事を欲すると必ず損がある。小さな事に良い。

解に曰く、山下に火を揚げる象であるが、明は遠くに及ばない。従って大事には不利とし、小を望むには良いとする。

○婚姻は成立する。但し、末を遂げ難い。

解に曰く、離は付き、艮は止まるので成るとする。だが、飾るものは質実を欠くだけでなく、二より五に至って解☳☵の卦を含むので、末を遂げ難いと見る。

○出産は障りがある。

解に曰く、頤中の震☳に驚きがあり、坎☵の難みを含むので、障りがあると見る。

○病は危うい。

解に曰く、離熱が内に止まって発散せず、内熱が盛んなので、危ういとする。

○遺失物は在る。近くを探すこと。

解に曰く、離貨が艮門の内にある。明が遠まで及ばない象なので、近くにあるとする。

○待つ事は便りがある。遠国ならば甚だ遅い。

解に曰く、離文を便りとし、倒震☶を来るとする。しかし、離文の来るのを艮を以て止めるので、遠国ならば甚だ遅滞すると見る。

占例

浪花の医師の某が、宝暦辰の秋、用事があって上京し、片岡如圭先生の高名を聞いて筮を請う。先生は辞して占筮をしなかった。しかし、ひたすら請うので已むを得ず、これを筮すると、賁☶☲の離為火☲☲を得た。先生は断じて「足下は近頃、人の目に立つ事をした。普請《ぶしん》造作をして、壁など塗った事があるはずだ」と云った。医師は「今年の春、土蔵を塗り直しました」と答えた。先生はまた「その土蔵は、美を飾り、はなはだ美事に手を尽して造ったが、近い内に火難があって、悉《ことごと》く焼けてしまうであろう」

と云った。医師の某は、大いに恐れて浪花に帰ったが、その後、三カ月余りが過ぎて、隣家より火が出て、土蔵の半ばを焼いた。ここにおいて世人は始めて先生の占術は霊妙であることを知ったと云う。

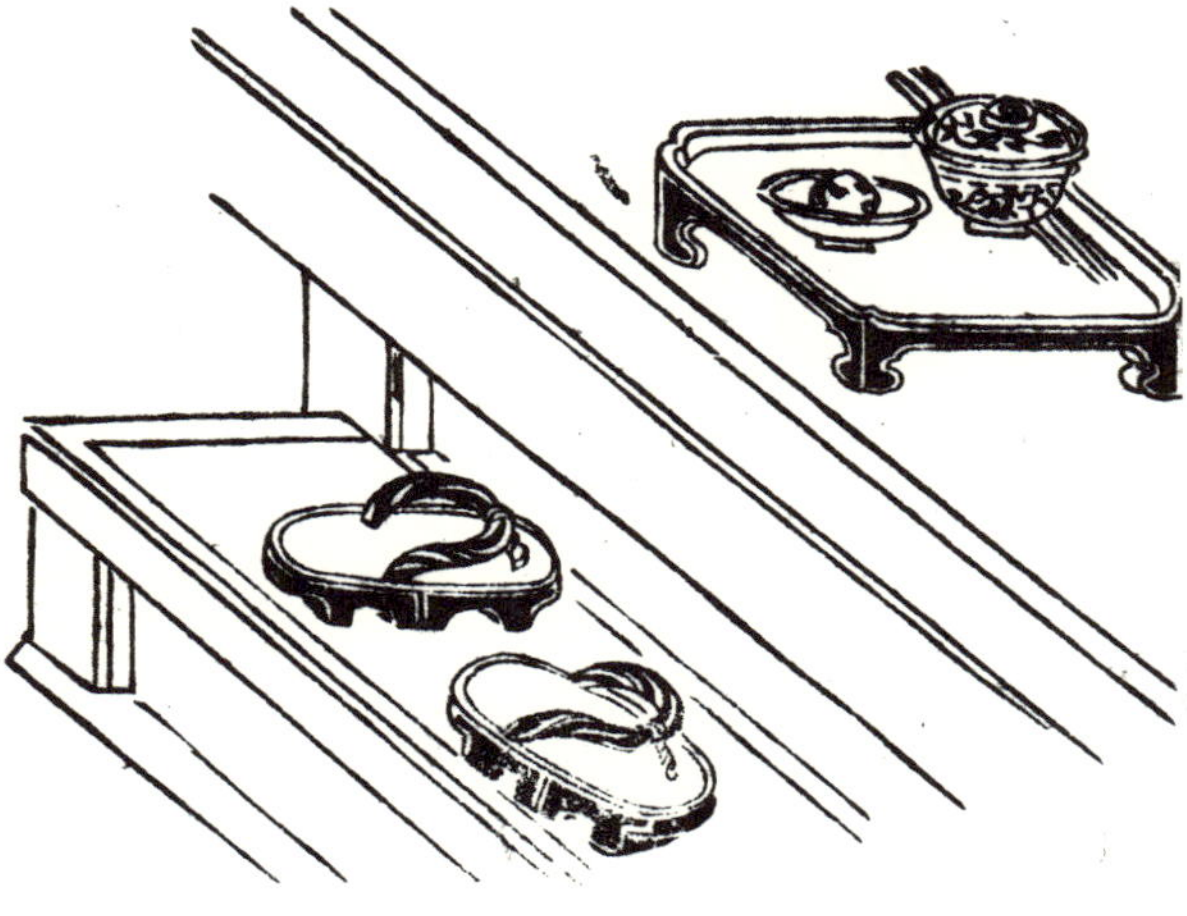

艮坤　山地

䷖

山地剥

鼠穿倉廩之象（鼠、倉廩《そうりん》を穿《うが》つの象《かたち》）
去旧生新之意（旧《ふる》きを去って、新しきを生ずるの意《こころ》）

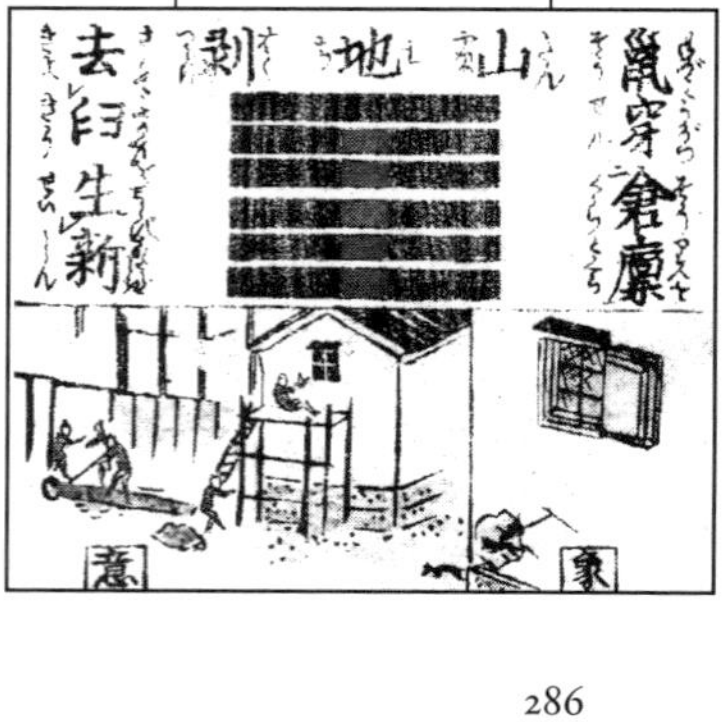

○鼠穿倉廩…剥は落ちる事である。山が崩れて地に付くと云う象である。この卦の爻の辞はすべて床（寝台）を落とすことに象どる。初爻の寝台の脚から次第に落とし上ると云う象なので、終にその家が破れるとする。剥は小人が長じて、君子を落とそうとする時、君子は順を以て止まると云う卦である。俄《にわ》かには落ちがたい事は、鼠が倉を僅かに破壊するような物なので、単に落ちるの説に馴《な》染《じ》んではならない。『礼記・月令』に「穀蔵を倉と曰ひ、米蔵を廩《りん》と曰ふ」と書かれている。艮を鼠とし、坤を倉廩《そうりん》とする。

○去旧生新…一陽が去り尽くして復《ふたた》び下に生ずるのが、その間に毛を入れるほどの隙もなく、直ちに復䷗に帰すると云う意である。木の葉が脱した跡に即時に芽を含むと云う義なので、剥の上爻変の判断に一家の伝がある。

○この卦は、枯れた木が花を満開に咲かせる卦なので、今から新規に物を取り始めるのによい。とはいえ、物が高い処から落ちる象なので、人も身の上が安心できない。例えば、浪人者などと云う意に似ている。

解に曰く、陰が下から漸々に長じて、陽を剥尽《はくじん》し去る様子が、丁度、草木が秋になり、木の葉が剥落して枯れ木となるのと同様である。ところが剥尽したら一陽がまた忽ち下に来復する。剥と復の消長は天道の常体であるから、一陽が来復して花が満開になると云う。一度窮まり尽きるがまた新たに回復するので、新規に物を取り始めるのに良いと見る。だが陽が剥落するので、高処から落ちる象があるとして、身上が安心できないとし、また庵を剥する象があるので、浪人者などに似ているとする。

○時に順《したが》って止まるの義があるので、急いでする事は全部悪い。物事は料簡違いをして事を傷《やぶ》る意があるので、よくよく注意しなければならない。

解に曰く、坤を順うとし、艮を止まるとし、時に順って止まり、急に進まないと云う義があるので、急いでするのは利《よろ》しくない。陽を剥消して行く事を、悪い事と気付かずに料簡違いをするとし、剥害するので傷ると見る。

○人に邪魔を入れられる事がある。

解に曰く、一陽が前に横たわって艮止するのは、即ち他から邪魔される象とする。

○こちらから向こうへ事を仕掛けるには凶。

解に曰く、こちらが坤を以て向こうへ仕掛ければ、艮を以て止められるので、凶と云う。

○人が他より来る意がある。来る者は行き去ると云う意がある。

解に曰く、倒震☳を他から来るとする。剥䷖と復䷗とは互いに往来するので、来ればまた行き去ると云う。

○時を失い、思慮分別が定まらない意がある。

解に曰く、陽が陰の為に退けられるのを時を失うとし、一陽が衆陰の上に止まるのを危くして安心できないとし、一陽を剥し去れば下に落ちて来てまた忽ち復となるので、これをどうすればよいかと云うのを思慮分別が定まらないとする。

○末は吉である。

解に曰く、剥が極まると、一陽が来復して、また新たに始まるので末は吉と云う。

○婚姻は凶。

解に曰く、陰女が陽男を犯すので婚姻は凶とする。

○病は凶。

解に曰く、陰が陽を剥尽して、元気が消亡するので凶とする。また一陽の命根が上に尽きようとしているのは危篤と云う象であるから。

○出産は凶。もう産むと云う時に、筮したならば、障りがないとする事もある。但し、母親は危ない。

解に曰く、艮を児とし、坤陰が艮陽を犯すのは堕胎する事が考えられるので凶とする。剥が極まって一陽が来復するので臨産には安産とすることがある。但し、剥を母体とし、復を生児とし、剥は命根が上に絶え、復の胎児は下に生まれるので、母は危ういと見る。

○遺失物は出難い。
解に曰く、衆陰が内にあり、一陽が外にある。これは物が内から外に出た象なので、出難いとする。また陰が陽を犯すと云う象があるので、女の手によって出たのであろう。
○待人は便りがある。
解に曰く、倒震がこちらに向かうのは来信と云う象。

占例

『太平記』の中の一人と題するを筮して、剥䷖の坤䷁に之くを得た。平沢随貞先生これを断じて「剥は一陽が衆陰を集める大将と云う意がある。『往く攸《ところ》あるに利《よろ》しからず』とあるので、微運であって終わりの良くない人とする。また一陽を矢とする。上爻変は頭を射ると云う象がある。よって新田義貞であろう」と。果してその通りであったと云う。

坤震

地雷

䷗

地雷復

掘地得瑤之象（地を掘って、瑤《たま》を得るの象《かたち》）
破家重修之意（家を破って、重ねて修むるの意《こころ》）

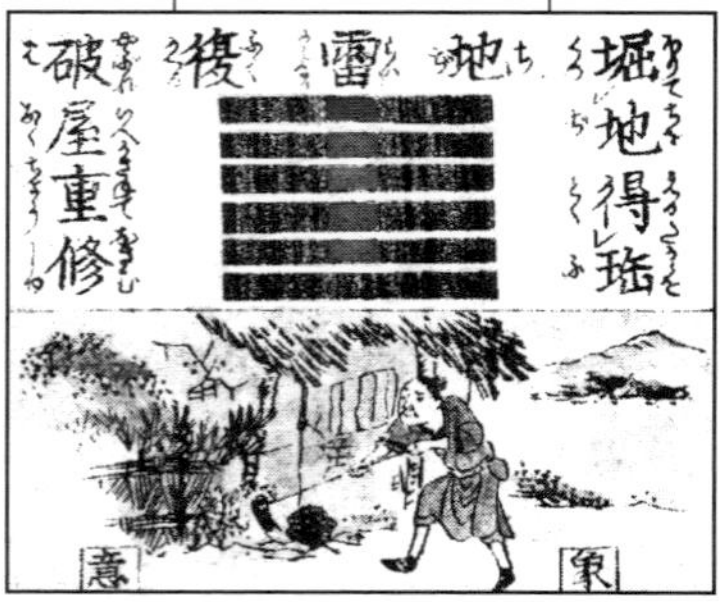

○掘地得瑤…大地を掘って玉石を帯びる。あるいは地を掘って金釜を得るなどの類である。瑤は古文の宝と云う字である。坤を地とし、震を玉とする。この卦は一陽が地中に在る象であり、地下を動かす象なので掘ると云うのである。小人が盛んな純陰の時に、一陽が地下に生じて、地上に進み出ようとする象で、これは小人が君子を得ると云う象で、譬《たと》えば、地を掘って宝を得るようなものであるから、卦辞に「復は亨《とお》る。出入疾《やまい》なし。朋《とも》来る」と記されているのである。これは君子の朋が来ると云う義である。陰爻を小人とし、陽爻を君子とするのである。

○破家重修…剥䷖を床を落とし家を破るとする。復は修復の義であって、下より組み立てると云う意がある。復は、君子が衰えて、復《ま》た今から漸く進んで盛んになると云う意。家を破って復《かさね》て修するようなものである。天地の心は見ることができないが、物を生ずることを以て、天地の心を見るとする。復の初めは天地が物を生ずる心であるから、象伝に「復はそれ天地の心を見るか」と記されているのである。物が生ずれば復である。長ずれば臨䷒である。長じ育つことが極まれば剥である。剥から復に帰する事が一年の四季でなされるのは毎年の事である。物が極まり尽き、復た生じ、日々に長ずる事は、家が破れて復た修復するようなものである。

○この卦は物が尽きてまた始まる卦なので、一度は悪くても復た吉事に向かう時節であって、諸事思う所を成就する。

解に曰く、物が尽きてまた始まるとは、前には陽が陰の為に剥尽《はくじん》され、今また初陽が始めて生じて復となるのを云う。雷は云うまでもなく地中の物ではない。後に必ず発出して天に復《かえ》ろうとする。震雷が動くに当たって坤の順を以てする。地中に草木が芽ぐみ、春陽の時を得て栄えるように、吉事に向かうので、諸事思う所を成就すると云う。

○この卦は天より宝を賜う卦なので、願望が成就する。

解に曰く、天運循環して、初陽が発生する。震を玉とし、宝を天より賜わる意とし、願望が成就すると見る。

○婚礼、養子の類は吉。但し、二度目の縁か、または二度の相談で調うだろう。

解に曰く、一陽が始めて生じ、漸々に長ずる象なので吉とする。剥と復が往来反復する意があるので、二度目の縁か、二度の相談とする。復に再びと云う意があるので。

○住所の苦労がある。しかし、永くはない。

解に曰く、震雷が地上に出ようとして動揺するので住所に苦労があるとする。しかし、地上に発出し、漸々に時を得るので、良くなるまでに永くはかからないと見る。

○病は治るだろう。

解に曰く、一陽が発生し、元気が回復するので治るとする。しかし、重復往来の義があるので、再発あるいは後戻りしないようにする事。

○出産は少し難《なや》むと云う意がある。

解に曰く、一陽が次第に成長するので障りはない。だが始めて生じて未だ微弱なので、少し難みがあるとする。

○遺失物はある。

解に曰く、剥に外に出た意があって、復にはまた旧に復する象があるので、一旦は外へ出るが、また再び内に帰復すると云う意がある。また一陽が五陰の下に在るのは、物を積み重ね、入れ雑《まじ》った象と見る。

○待人は来る。

解に曰く、剥が極まり、復に復り来ると云う象があるので、待人は来るとする。

○短気を注意しなければならない。

解に曰く、一陽が始めて生じたが、その勢いは未だ微弱である。これからまさに次第に長進しようとする。また震を激発とし鋭進とするので、短気を慎まなければならないと云う。

占例

重い病の四十歳の男子を多くの医師が見放した時に筮すると、地雷復䷗の坤為地䷁を得た。貝陵先生は「この病人は死なない。今から十一日を過ぎて、必らずすっかり治るだろう。但し、治療は解剤を用いるのがよい」と占った。果してその言の通りであった。断法は復の初九に「遠からずして復る。悔に祇《いた》ることなし」とあり、これは病が本復する兆である。復の次は无妄䷘である。无妄の九五に「无妄の疾、薬すること勿れ。喜びあり」とある。復の初九から数えて无妄の九五に至れば十一日となるので、十一日を過ぎて治ると云ったのである。

乾　震
天　雷

天雷旡妄

雷逢暑震之象（雷、暑に逢ふて震《ふる》うの象《かたち》）
石中蘊玉之意（石中、玉を蘊《かく》すの意《こころ》）

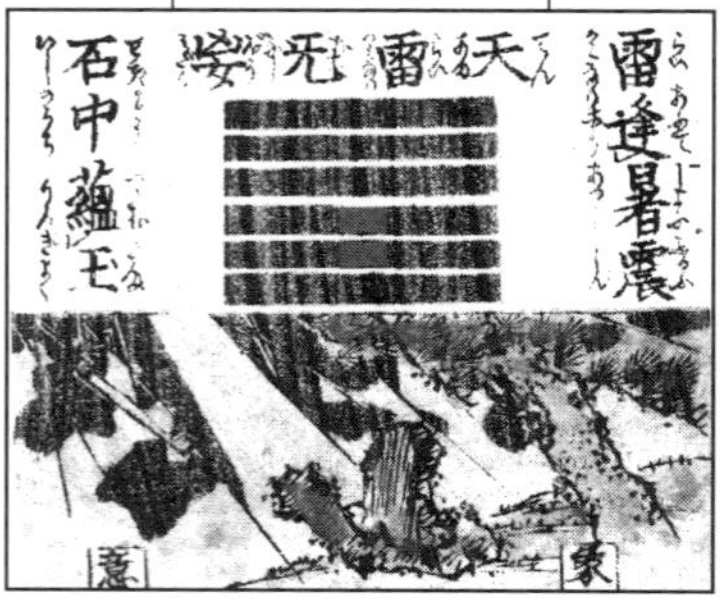

○雷逢暑震…旡妄は天に順《したが》って動くと云う卦である。雷は暑に逢って鳴るのを順とし、寒に逢って鳴るのを逆とする。乾を暑とするので、これは天理に違わず、四季が巡るのに順って動くと云う象である。大象伝に「天下に雷行くは旡妄なり。先王茂《さか》んに時に対して万物を育《やしな》ふ」とある。

○石中蘊玉…『神仙伝』に「石を発《あば》いて玉を採る」と記されている。この卦は乾の卦のように「元《おお》いに亨る。貞《ただ》しきに利《よろ》し」と云って吉卦ではあるが、旡妄は天に順って動くと云う卦なので、聖人でなければ吉ではない。小人は天に逆らうので、災いを生ずるのは、あたかも和氏《わし》が玉を得て災いに遇うようなものである。また常人が事を通達し難いことは、石中に玉があっても、すぐに取ることができないのと同じである。和氏は石中の玉を得て、急いでその玉を顕そうとするので災いに遇うのである。和氏は詐《いつわ》ってしたわけではないのに足を切られた。況んや詐りのある者においては云うまでもない。それで旡妄は災いであると云うのである。但し、和氏は時に合わないために災いに遇うが、至誠を積むので、時間が立ってその誠が顕われるのである。湯王における旱《ひで》りとか、尭における雨は、天時即ち自然に巡ってきた災いであり、无妄の災いである。

ちなみに和氏については『韓非子』に次のように記されている。

楚の人である和氏が、玉を楚山の下に得て厲《れい》王に献じた。王は玉石の専門家にこれを鑑定させたところ、ただの石だと云ったので、王は和が騙《だま》そうとしたとして怒って、その左足を切断した。武王が位に即《つ》くに及び、和はまたこれを献じた。また玉石の専門家は石であると述べた。それでその右足を切断された。文王が位に即いた時、和はその玉を抱いて、楚山の下で三日三夜慟哭し、泣き尽して終いに血涙を流した。文王はこれを聞いて、「天下に足を切断された者は多い。それなのにお前がそれほどまでに慟哭するのは何故だ」と人にその訳を尋ねさせた。和は「私は足を切断された事を悲しんでいるのではありません。宝玉であるにもかかわらず、これをただの石とし、正しい人間であるのに、それを偽りの人とするので悲しむのです。これが私の悲しむ訳です」と答えた。文王がその原石を磨かせたところ果たして名玉を得た。よって「和氏の璧《たま》」と名付けた。

○この卦は、天理に順って動くの義から无妄と名付ける。妄《みだ》れる事がない時は誠であり、誠であれば凶と云う事はない。しかし、今の世の中に誠を保ち慎む人は少ないので、この卦を得る人はおおかた凶とする。

解に曰く、雷が乾天に付き動く。つまり動くのに天を以てするので、最も正しく私がない義なので至誠とする。しかし、常人においては非常に難しいので、天雷のように驚き懼《おそ》れるような災いがあって凶とする。

○石中に玉を蘊《つつ》むの卦なので、諸願叶い難い。時が来ていないと知るべきである。

解に曰く、石中に玉を蘊むとは、震を璞玉《はくぎょく》とし、互体の艮☶を石とし、乾を包むとする。石中に包まれて現われず隠れている。従って急にその光を放つことができないので時は来てなく、諸願叶い難いとする。

○忠孝の事や神仏の事には吉とする。また他人の為であって、自分の欲でしない事にも吉。

解に曰く、すべて忠孝神仏などの事は、私欲に渉《かかわ》らない誠実の義なので吉とする。

○迷って仕損じる事が多くある。

解に曰く、約象の巽☴を迷うとし、常人は天の時に順《したが》わず、自分から欲して動くものなので、仕損じると見る。

○思う事は一切通じ難い。強いてすると却って災いを受ける。

解に曰く、石中に玉を蘊むと云う象なので一切通じ難いとする。強いて急進すると天雷の災を受けるとする。

○病人は始めは危く、後には平癒の意がある。

解に曰く、始めは天雷の驚きがあって危ういけれども、後には薬を飲むことなくして喜びがあるので、始めは危く、後には平癒すると云う。

○婚姻は成立する。但し、物事は遅滞する。
解に曰く、天に順って動くので正婚は成立する。約象が艮☶なので遅滞すると云う。
○出産はもしかして驚きがあるが、あっても結局障りはない。
解に曰く、天に順って動くので障りはない。だが平生の行状が正しくないと驚くことがあるが、よく慎む時は障りはないとする。
○待つ事は便りがある。
解に曰く、乾☰を文書とし、約象の巽☴を遠方とし、互体の倒震☶を来るとするので、便りがあるとする。

占例

ある人が封をした文書を出して「古易の占術を示して下さい」と請う。封の上を見ると地理に獣と題書してある。白純は「易は戯《ざ》れ事《ごと》ではないので、筮するわけにはいかない」と固辞したが、その人は強いて懇願して止まない。そこで止むを得ず筮すると、无妄䷘の随䷐を得た。白純は「この獣はとても勇猛で進むのが最も疾《はや》い。牙歯が鋭く、諸獣に勝れ、時として天地の気を動かす程の勢があるはずである。地理は水辺である」と。封を開けば水に虎と書いてあった。

艮　乾
山　天

山天大畜

金在巌中之象（金、巌中に在るの象《かたち》）
浅水行舟之意（浅水、舟を行《や》るの意《こころ》）

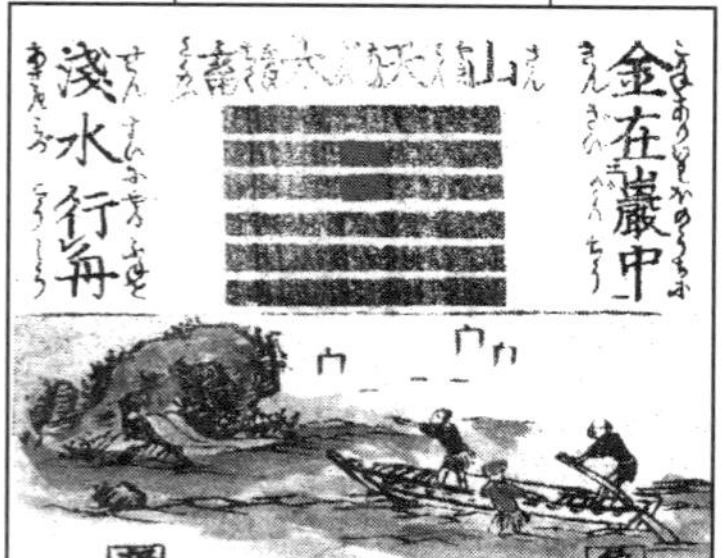

○金在巌中…艮は巌《いわお》である。乾は金である。山中に金があると云う象。畜は蘊畜《うんちく》の義である。君子は徳を畜え、時の至るのを待って、妄《みだ》りに動かない。それは金が巌中に在って通用しないのと同様である。また龍が山中に潜む象と云うのも同義である。鄭《てい》氏《し》汝諧《じょかい》は「畜に三義あり。蘊畜を以てこれを言へば徳を畜《たくは》ふ也。畜養を以てこれを言へば賢を畜ふ也。畜止を以てこれを言へば健を畜める也」と云っている。

○浅水行舟…乾剛が進もうとするのを、艮がこれを止め、これを畜止の義と云う。よってたやすく渉《わた》り難いことは、浅水に舟を行《や》るようなものである。『荘子』に「水浅ふして而して舟大なり」とあるのと同じである。だが正実であって慎み守れば、漸々に事は成り、川を渉る事ができるので、『易経』に「大川を渉るに利《よろ》し」とある。

○この卦は龍の山中に潜れ居て震い起ころうとするの卦なので、人も住所に関する望み事は苦労がある。
解に曰く、この卦は、乾を龍の体とし、約象の震☳を龍の用とし、艮を山とし、乾龍が山中に潜むと云う象。乾が動き進もうとするが、艮の為に止められるので、住所に関する望み事は苦労があると見る。
○物に忌み嫌いがある。また畏《おそ》れる意がある。
解に曰く、乾が剛健で進もうとし、それを艮が押え止めて進ませないのを、忌み嫌いがあるとし、中卦に震☳があるので畏れる義があるとする。
○物が聚《あつ》まり増すと云う意があるが、また壊れると云う障りがある。
解に曰く、乾陽を艮が止めている。陽を大とし、大を以て大を畜《た》めるので大いに畜めれば、聚まるの義とし、聚まれば増すと云う意があるとする。またこの卦の中に夬䷪があり、損䷨があるので壊れると云う障りがあると見る。
○奉公するには吉。
解に曰く、健であって、頤養《いよう》䷚を受け、また「家食せずして吉」の辞があるので、奉公には吉と云う。
○争い事があって、心が定まらない意がある。
解に曰く、乾の進もうとするのを艮が止め邪魔するので、争い事があるとし、また震動が艮止に逢うので、心が平らかでなく定まらないとする。
○人物は性急な生まれつきで、事を破り失うだろう。
解に曰く、乾龍が振い起ころうとし、この卦の中に夬䷪の決し去ろうとする急激な義があるので、性急な生まれつきとし、事を破り失うだろうと見る。
○婚姻は宜しくない。
解に曰く、乾は進み、艮は止めることなので、妨げがあるので宜しくないとする。
○出産、出産するのは遅い。
解に曰く、乾を満ちるとし、艮を手を以て抱えるとし、満ちて発すると云う象があるので安産である。しかし、艮が止めるので遅いとする。
○病は重い。
解に曰く、大離☲を熱とし、乾陽が進み上るのを、艮陽がこれを止めるので、病は重いとする。
○遺失物は尋ね難い。出ても遅い。
解に曰く、艮は止め隠すので深く隠れて尋ね難い。乾を物とし、艮を家とし、止めるとするので、家内に在るはずである。しかし、深く隠すので、出ても遅いとする。
○待人は来ない。
解に曰く、乾は進み、艮は止めるので、来る心あっても止められて来ない。

占例

明治二十八年二月五日のことである。ある人が吉田政徳に威海衛戦争の勝敗を問う。筮して山天大畜☶☰の地天泰☷☰を得た。これを判断して「内卦の乾を皇軍とし、外卦の艮を清軍とする。乾は上り進み、艮はこれを止める。これは即ち両軍相争うと云う象である。ところで、今、上爻が変じて坤地となるので、艮山が潰れて平地となり、皇軍の乾進に差し障りがなく、自由に通達すると云う象なので、我が皇軍の威海衛を占領するのは必ず遠いことではない」と物語った。果して同月二十一日に至り、威海衛占領の大捷報《しょうほう》に接した。

艮　震

山　雷

山雷頤

壮士執剣之象（壮士、剣を執るの象《かたち》）

匣中秘物之意（匣中《こうちゅう》、物を秘《かく》すの意《こころ》）

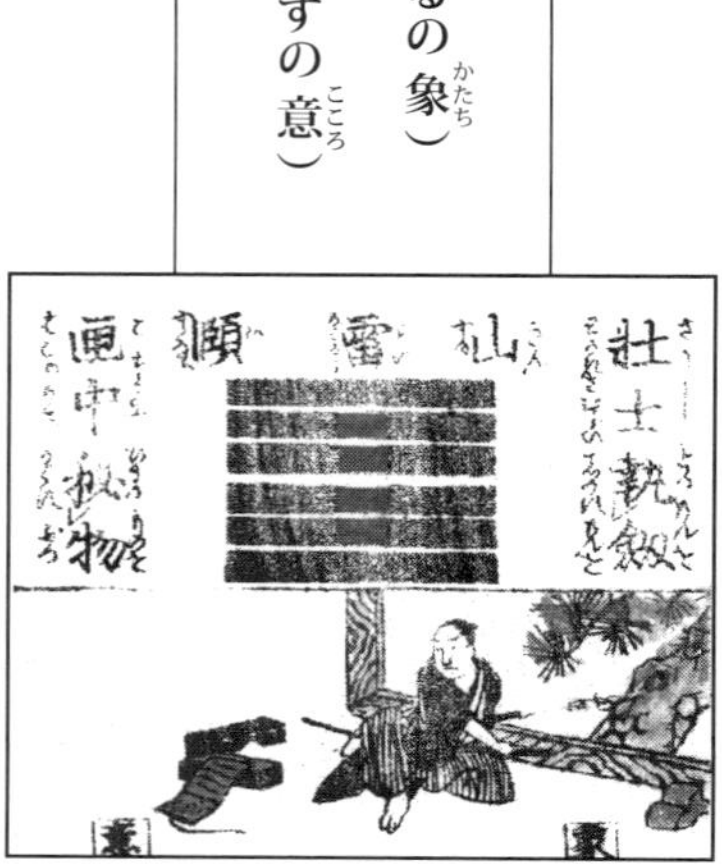

○壮士執剣…頤は口の象で、口は飲食を通し、人の生を養う物なので養うとする。飲食と云う物は人々が同じく好む所であって溺れやすい。これを求めるにあたって、非義非礼のない人は少ないので争いを生ずる。また飲食が口から入るのが正しくないので病を生じ、身を傷《やぶ》るに至るのである。言語は、口から出ることが正しくなければ、争論を生じ、剣を執《と》るに至る。よって聖人はこれを戒めて「貞《ただ》しければ、吉である。頤を観て、即ちその養うところの目的を観て、その方法を求めなさい」と云った。大象伝には「山下に雷あるは頤なり。君子以て言語を慎み飲食を節す」とある。朱子は「禍は口から出で、病は口から入る」と云った。この卦は自から進もうとすると他がこれを止める。震は自身であり艮は敵である。他の反体である震が進み来れば、自からの震がこれを拒む。これは争いの象である。壮士は震に取り、剣は艮に取る、内外は互いに震の忿怒《ふんぬ》を相成すので、自から剣を執る象とする。

○匪中秘物…この卦は二陽が四陰を包み蔵《かく》しているので、人が謀《はか》り事を胸中に忍ばせる事であり、その意は、匪中《こうちゅう》に物を秘すようなものである。これはまた言い逃れをすると云う意である。

○この卦は養うの義であって、物の成就する卦ではあるが、時節が未だ早い意があるので、急にする事は宜しくない。

解に曰く、外が実、内が虚で、口を開いた象。また上が止まり、下が動く頤口と云う象である。口は飲食して身を養う義とする。食物は噛み合せたあと腹中に入れ養うものである。養うとは成就するの義ではあるが、食物が血となり肉となるには時間がかかるので、未だ早い意があるとし、急にするのは宜しくないと見る。

○この卦は騒がしい意があるので、訴訟、口舌、女難などを注意しなければならない。

解に曰く、震を騒ぐとし、頤は口なので口舌とする。全卦が大離なので女難とする。また震は怒り進み、艮は押え止めるので、訴訟などに及び、震声を発するので、言語の争いがあると見る。

○心中に思いがあって人に秘密にする意がある。

解に曰く、外陽が四陰を包むのを内に包むの義とし、大離☲を心とし、心中に思いがあって包み隠すと見る。

○人が多く集まる意がある。

解に曰く、坤陰を衆多とし、上下の二陽がこれを包むので、人が多く集まるとする。

○婚姻は成立する。しかし、結局は和する事が難しい。
解に曰く、両震（倒震☶と震☳）が向い進むので成立と見る。しかし、両震共に怒って結局は和する事が難しいと見る。
○遺失物は、多くの物の中に混じっている。
解に曰く、震を箱とし、艮を蓋とし、坤の衆陰の中に混入すると云う象から。
○出産は障りがない。
解に曰く、大離は大腹と云う象であって、頤は養うと云う義なので、障りなく安産とする。とはいえ、飲食を注意しなければならない。
○病は凶兆。
解に曰く、外が陽で実、内が陰で虚なので、内部が不足と見る。山下の雷が動こうとして動くことができず、内に煩悶して、心は安まらないので凶兆とする。
○待人は来ることが難しい。
解に曰く、震は進み来ようとするが、艮がこれを止めるので来難いとする。だが大離なので便りがあるかもしれない。

占例

十三歳の男子の病を筮して、頤䷚の損䷨を得た。平沢随貞先生は「頤養が損に変卦するので食あたりの結果である。脾と胃が大いに虚脱し、気息は至って忙しく、皮膚は黄色で浮腫があるはずである（坤）。山下の雷が奮発しており、必ず死ぬ定めの症状である」と占断した。ところが父母の思いが切でまた来て再び筮したが、どうしても駄目で、十日後に死んだと云う。

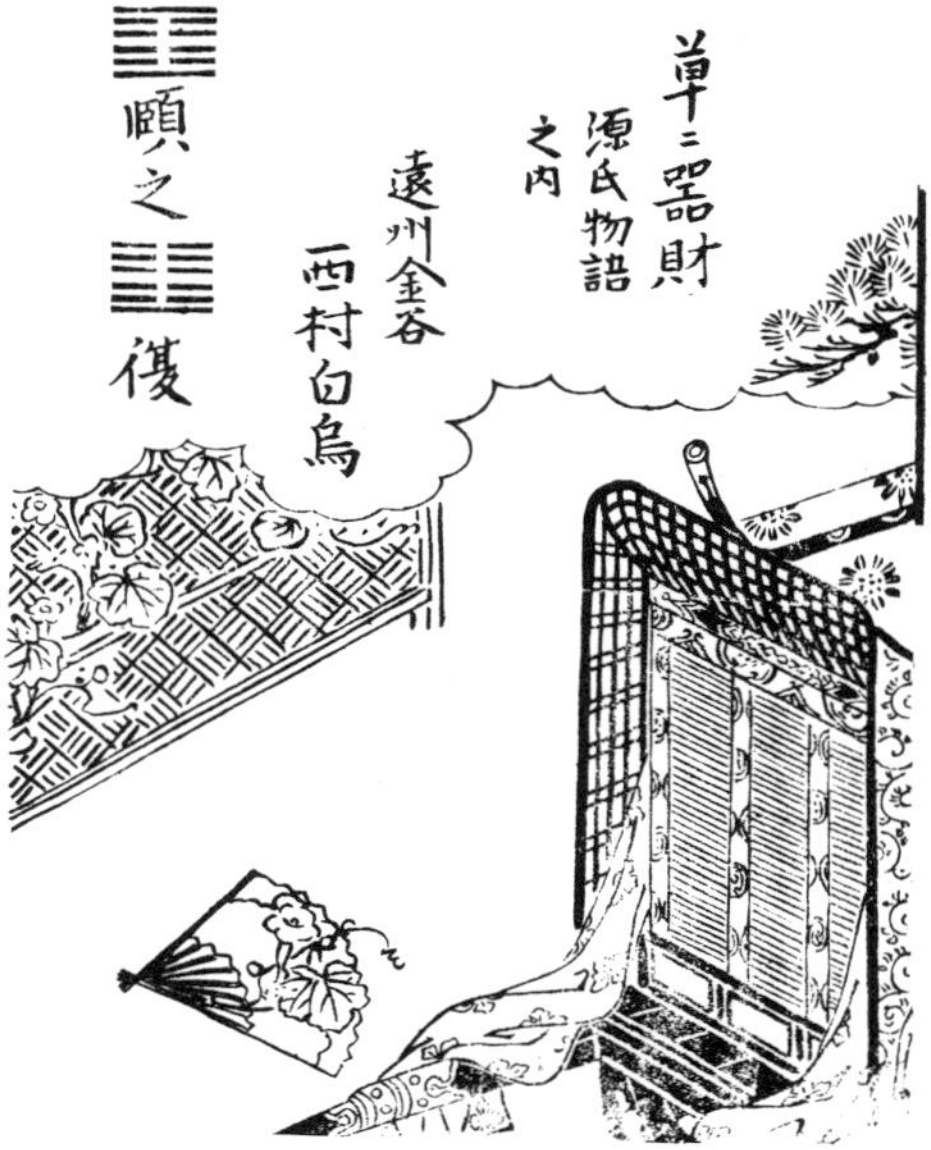

断ニ云ク上下ノ卦《クワ》糸《イト》ニ縁《エン》有《アリ》テ艮《ゴン》ヲ蔓《ツル》トス変《ヘン》メ復《フク》下ヨリ纏上《マトヒアカ》ルトス花《ハナ》ハ中虚《チウキヨ》頤《イ》ノ象《シヤウ》又復《フク》ノ象《シヤウ》ハ先《サキ》闢《ヒラク》ク坤《コン》ハ集《アツマ》ルナリ数《カズ》多《ヲヽシ》トス器《キ》財《ザイ》ハ上《カミ》平《ヒラ》ニ下《シモ》細《ホソ》シ変《ヘン》ノ弥《イヨヽ》上《カミ》開《ヒラ》キ下《ゲ》卦《クワ》ノ震《シン》動《ウゴ》キ上《ホ》ル倒《タウ》卦《クワ》ニ手《テ》ヲ没《モツ》テ揺《ウゴ》カス象アリ坤《コン》ハ畳《タヽ》ミ重《カサナ》ル意又地紋《ヂモン》文《ブン》華《クワ》最《モツトモ》愛《アイ》スベシ彼《カ》ノ物《モノ》語《カタリ》ニ因《ヨツ》テ看《ミ》レハ五《コ》条《ジヤウ》アタリノ黄昏《タソカレ》ニホノヽミユルト有ル夕顔《ユウカホ》ニ扇子《アフキ》ナラン然《シカ》リ

兌 沢
巽 風

沢風大過

如常山蛇之象（常山《じょうざん》の蛇の如きの象《かたち》）
馬走花街之意（馬、花街《かがい》を走るの意《こころ》）

○如常山蛇…常山は定州の山の名で、即ち恒山である。高さは三千三百丈で四方二十里ある山である。『孫子』九地編に「常山の蛇、その首を撃てば則ち尾至り、その尾を撃ば則ち首至り、その中を撃てば則ち首尾倶《とも》に至る也」と記されている。卦の兌を口とし、巽の反対もまた口である。首と尾に口があって勢いがとても強い。中間はすべて陽で最も剛強である。常山の蛇もまた首尾動きがあって、三段共に力がある。専《もっぱ》ら本末が弱いと云う象に馴染《なじ》んではならない。

○馬走花街…大過は大いに誤まる事である。その意は、馬が花園を走って、花を毀折《きせつ》するのと同様である。『聞見録』に次のような話がある。

富鄭《ふてい》公が西景に留守した時、府の園に牡丹が盛んに開いたので、文潞《ぶんろ》公、司馬端明《しばたんめい》、楚建中《そけんちゅう》、劉《りゅう》凡《ぼん》、邵先生の歴々を召し出し同じ所に会した。客の一人が、「この花はいつ散るのか、占筮せよ」と邵康節《しょうこうせつ》先生に請う。先生は筮してややしばらくして、「この花の散るのは明日の昼時であろう」

と占った。よって次の日、ここに会して待ったが、食事が終わっても花は落ちる気配がない。ところが茶を入れている間に、急に群馬が馬小屋から逃げ出して、客の馬と踏んだり噛んだりして走り、群がり咲いている花の中に飛び込んだ。やっと馬が鎮まって、花を見ると悉く散っていた。この卦は、陽が満ちて奢《おご》り、馬が花街を走るので、その家は終に棟が撓《たわ》むに至るとする。

○この卦は棟が撓むと云う象である。上に釣ることができず、下に載せることもできなくて、中に迷う意があるので、何事も定まらず悩みのある卦である。

解に曰く、四陽が中に並んでいるのは、柱が衆木を載せると云う象。上下の二陰は棟で、四陽の重いものを載せるのに堪えられずに撓むと云う象なので、上に釣ることも、下に載せることもできず、中に迷うとする。それゆえ何事も定まらず、悩みがあると見る。

○自分が思う所を強く行い、人の言を用いず、後で大いに料簡違いで難渋することがある。注意しなければならない。

解に曰く、大いに過ごすと云う卦なので、思う所を強く行うとする。兌と巽の両口が相背いているので人の言を用いずとし、また両口が顚倒齟齬しているので、料簡違いで難渋するとし、大坎☵の象があるので苦しみ難《なや》むとする。

○表向きはいいが、空しく跡形もない意がある。

解に曰く、四陽と二陰で、陽が過ぎて余りがあるので、良い様ではあるが、二陰がその重さに堪えきれず、末が続かないので、跡形もない意とする。また大過なので充分に見えても、一時の事であって跡形もない意とも見る。

○始め苦労がある。しばらくして後に楽を得る意がある。

解に曰く、大坎と云う象があるので苦労がある。だが、枯楊《こよう》が華を生ずると云う辞があるので、また栄えるとする。

○物事は不順である。

解に曰く、兌の少女が巽の長女の上に立つので不順（道理に違うこと。また順調でないこと）とする。また二陰を以て四陽に対しているので不順と云う。

○婦人の病は月信が滞ることが多い。

解に曰く、月信《つきのもの》が滞るとは、巽を子宮とし、兌を止水とし、大過を大いにその時期を過ぎている意に取る。

○人と共同でする事は良い。

解に曰く、同気が中に集まり、各方面に口を開く、分業と云う象があるので。

○婚姻は宜しくない。

解に曰く、巽と兌がその口が相背いているので宜しくないとする。

○出産は難みがある。

解に曰く、内が陽剛なので胎子が母を悩ます。また大坎と云う象があるので、難みがあるとする。

○遺失物は出難い。
解に曰く、外陰で内陽なので、家内に在る。しかし、大坎と云う象があるので深く隠れたとする。また顚倒齟齬しているので出難いとする。
○待人は来ない。
解に曰く、兌の口が外に向かうので来ない。
○すべて進む事は宜しくない。
解に曰く、大過を済《すく》うには謙退を要するので、進むことは不利とする。

占例

○待人があって、来るか来ないかを筮して大過を得た。谷川龍山先生は「大過は大いに日を延ばすと云う意なので、来ること遅いであろう」と占断した。果たしてその通りであった。
○器財と云うのを筮して大過を得た。鹿鳴《ろくめい》先生は「大過は初めから五に至って厚巽☴があり、また全卦は厚坎☵である。巽を陰木とし、坎を堅木とするので、木で作った物で、中間がベッタリとして上下が少し異なっていて、きっと縁《ふち》か、または木の桟《さん》があるだろう。これは初爻と上爻の柔の象に取る。また雑卦伝に「大過は顚ずるなり」とあるので、顚《さか》さにしても同じ形であろう」と占った。果たして屏風《びょうぶ》であった。

坎　水
坎　水

坎為水

二人溺水之象（二人、水に溺るの象《かたち》）
載宝破舟之意（宝を載せて、舟を破るの意《こころ》）

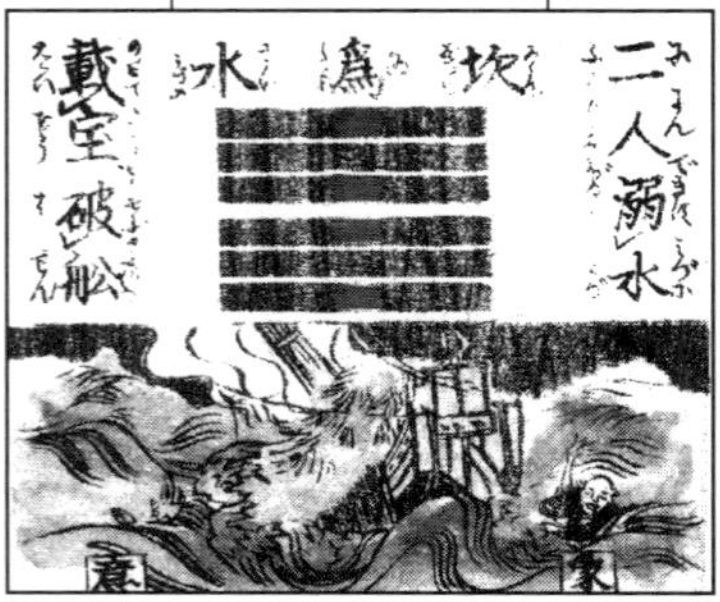

○二人溺水…坎は水である。一陽が険難に陥り水に溺れると云う象。重坎なので二人と云うのである。坎の難《なや》みの深いことはこのような物である。

○載宝破舟…坎は険難に陥ることである。その元は自分が好む所に淫溺《いんでき》するためである。その意は、宝を得て舟を破り、その宝を水中に失うだけでなく、自から水に溺れるようなものである。占者は、一陽が二陰の間に陥り、女色に耽《ふけ》って、険難に陥るとよく判断するのだが、利に迷い、財を貪《むさぼ》って、害に陥ると判断する人は少ない。初心者は深く考えなければならない。

○この卦は難義と困窮の卦である。遠くへ住所を去って吉。

解に曰く、一陽が二陰の間に陥り、坎また坎を重ね、ますます坎険に陥るので、難義と困窮の卦とする。またその象を水とする。上下の二陰は土で、中は即ち水とする。しかも坎は流水である。水は流れなければ汚濁《おだく》し、よく流動すれば清冽《せいれつ》なので、遠くへ住所を去って吉とする。
○普通でない怪しい意がある。病は難症、不治の症。
解に曰く、一陽が二陰の間に隠れ忍ぶので、変わった怪しい意があるとする。陽が陰中に陥る坎穴と云う象なので、怪しい難病とし、また坎は艱であり、重艱なので不治とする。
○出産は恙《つつが》ない。
解に曰く、坎は已《すで》に出産と云う象があり、象が相応なので恙ないとする。
○婚姻は良くない。
解に曰く、陰が陽に隔てられ、二爻と五爻が敵応して和し難く、相艱《なや》むので悪い。
○遺失物は見つからない。
解に曰く、深く隠して、流水の行方の定めがないのと同じなので、見つからないとする。
○待人は遠い人は来る。
解に曰く、流水の滞りがないように来るとする。遠い人は来るとは、坎を孚䷼として、その志を達する象とする。しかし、近いのは隔てられる意があるので来ない。
○願望は叶い難い。
解に曰く、二爻と五爻が敵応するので叶わないとする。
○人が二人連れ立って行く意がある。理由のあるなしに関わらず、家を出て帰らない類に出る卦である。後には居所が分かる。

解に曰く、上下の二陽を二人とし、重坎なので二人で連れ立って行くとする。また流水は行く所を定めないので、出て帰らない類とする。しかし、流水は終に大海に帰着するので、後には居所が分かると云う。

○人に隠れる意がある。住所を離れるくらいの苦労がある。

解に曰く、陽が二陰の間に陥るので、それに隠れると云う意を見る。また流水は低いところに流れて止まず、また重艱なので住所を離れるくらいの苦労があると云う。

○物に錠前などが掛かっている意がある。

解に曰く、坎には閂《かんぬき》と鍵の画象がある。

○次第次第に進む意がある。

解に曰く、流水は漸々に遠くに達するので次第に進むとする。

○思いも寄らず華美と云う意がある。

解に曰く、坎は離☲の美を伏し、また中卦に大離を含むので、思いも寄らず華美と云う意があると見る。

○色情がある。

解に曰く、一陽が二陰の間に陥ち入り溺れているのを云う。

○老夫と老婦の結婚は吉である。その外の婚礼は見合せるほうが良い。

解に曰く、二爻と五爻が剛中を得て匹敵するので、老夫婦の結婚には吉とするが、普通は重坎の難みがあるので、見合わせるのを可とする。

占例

明治二十五年二月、親戚の者が志願することがあって横浜に行こうとし、その成否の如何を吉田政徳に尋ねた。政徳はこれを筮して坎為水䷜の水沢節䷻を得て「この願いは調わない。坎険の難みがあって困苦が甚だしい。また流水の帰する所がないようにさまよい歩くこととなる。また変じて節となるので、遅滞して通じない。よって思い止まるのがよい」と言ったが、納得せず、出て行った。だが果して占いの通りであったと云う。

離　火
離　火

離為火

雉罹網中之象（雉《きじ》、網中《もうちゅう》に罹《かか》るの象《かたち》）
秋葉飄風之意（秋葉《しゅうよう》、風に飄《ただよ》ふの意《こころ》）

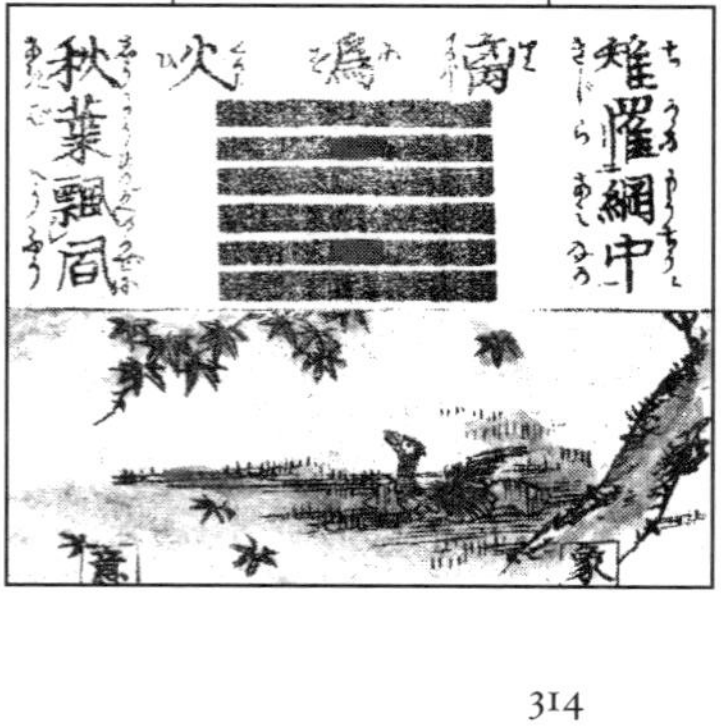

○雉罹網中…罹《かか》るは掛かるである。『詩経』に「莵《と》ありて爰々《えんえん》たり（のんびりと行くこと）。雉《きじ》、網に離《かか》る」とある。下卦を雉とし、外卦を網とする。離《り》は麗《り》である。その象は鳥が網に麗《つ》き、火が物に麗くかのようである。人が見る場合は必ず正面で見る。魚や鳥が見る場合は、一目を以て視《み》るので、確かに網を見ないでその中に麗くのである。

○秋葉飄風…離に麗くと別れるとの二つの意がある。象は麗くの義であり、意は別れるの義である。離は火で、火は体がなく、物に麗いてその形を顕すが、物が尽きれば火は自から形を失うのは、秋葉の風に散るようなものである。これは即ち物が群を離れ、人が親しみを失うことを云う。人は、秋葉が黄ばみ落ち、雁が南に帰るのを見ては憂いを生じ、鹿の鳴くのを聞いては悲しみを生ずるのである。

○この卦は離別の卦なので、親子、兄弟あるいは親しい朋友などと別れ遠ざかる。だが学者、出家などは大いに人に用いられ、名を発する。

解に曰く、一陰が二陽の間に付く、その象を火とする。火はもと体がなく、物に付いて体を顕わし、物が消滅すると、火もまた尽きる。よって離別の義があって、親子、兄弟、親友などと別れ遠ざかるとする。また火は木に付いてその光を発し、その徳を現わすもので、離を明智とし文章とするので、学者や出家などに取って、大いに人に用いられて、名声を発すると見る。

○常人には大抵宜しくない。住んでいる所を離れなければならないような辛苦がある。

解に曰く、離れる心があるので、心細く便りなく落ち着かないことがあって不安の意がある。また損失が多く常人には大抵不利とする。また火は炎上して止まらない意があるので、落ち着き難く、住所の辛苦があると見る。

○罪を受け、咎《とが》に遇《あ》う事がある。注意しなければならない。

解に曰く、離を羅網《あみ》とする。『詩経』に「兎ありて爰々たり（のんびりと行くこと）。雉、網に離《かか》る」とある。雉もまた離と云う象。網に罹るのは人が罪を受けたのと同じである。中卦に大過䷛があって、兌金☱が巽木☴を毀折し、また兌口の謗《そし》りを受けるので、咎めに遇うとする。

○女難がある。金銀財宝に付き損失がある。

解に曰く、二陽は一女を思い、一女は二男に付いて媚びるので女難があるとする。また離を金銀財宝とするが、離散するの義があるので損失があるとする。

○口舌や憂いる事がある。

解に曰く、中卦䷛の兌口が相背き、また離散と云う意があるので、口舌や憂事があるとする。

○婚礼、養子の類は調い難い。調っても宜しくない。

解に曰く、火は消えれば跡がない意があるので、初めは良さそうで後は調い難い。また調っても離れるの義があるので利しくない。ただ重卦なので一旦離れてまた麗くと云う象があるので、再婚ならば調う事がある。

○出産は障りがある。

解に曰く、大坎☵を含み、また兌金を以て巽木を毀折するので、障りがあると見る。

○病は凶兆とする。但し、急病などは生きると云う意がある。考え合わせて判断すること。

解に曰く、火は炎上するが消えれば跡がないので凶とする。また離熱が表に現われるので、急病ならば治し安い。また火は小さな時に早く防げば忽ち消滅するので、病もまた早く治療すれば助かることがあると見る。

○遺失物は遅ければ探しても無駄である。

解に曰く、離火は麗く物なので、物に付いて紛《まぎ》れたのであろう。それで急いで探せば離明にて出るだろう。しかし、火は消えれば跡のないものなので、しばらく放置すると探しても無駄と見る。

○この卦は始めは凶であって後に利《よろ》しい義があるので、物に因て吉事とする意がある。考え合わせて判断すること。

解に曰く、一は離れ、一は麗き、禍福が相寄ると云う義があるので、始めは凶であって後には吉とする。

占例

中古の人物と云うのを筮して、離為火䷝の火雷噬嗑䷔を得た。井上鶴州先生は「離は文明とし、また国を去り、家を変える意がある。また震☳を往来とし、威武とする。互卦の大過䷛には、浅い考えで大望を企て、中途で事を誤まり、志望を遂げずに死刑と云う難に罹《かか》り、子孫断絶と云う意があるので、由井正雪であろう」と占った。果たして的中した。

兌 艮

沢 山

沢山咸

山沢通気之象（山沢、気を通ずの象《かたち》）

鶯吟鳳舞之意（鶯吟《おうぎん》、鳳舞《ほうぶ》の意《こころ》）

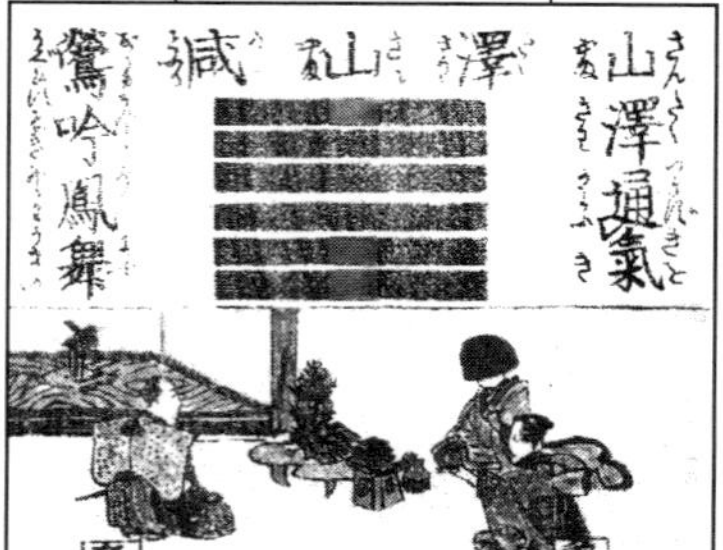

◯山沢通気…艮は山である。兌は沢である。山気は下り、沢気は上り通じて相応じ、万物を生ずるので、この卦を夫婦の始めとする。この卦は艮の少男が兌の少女の下に下り、少男と少女が各々正しい道に則って交り、よく止《とどま》って説《よろこ》んでいる。これは婚礼の正しいものである。それで聖人は「女を取《めと》るに吉」と云った。物の相感じることは男女に及ぶものはない。心の相感じることは夫婦に及ぶものはない。その象は山と沢が気を通ずるようなものである。

◯鶯吟鳳舞…咸は無心で相感じるので、咸の字の下に心を従えれば、その感じることは、鶯が吟じ、鳳《おおとり》が舞って、自ずから人を感動させるようなものである。そもそも鶯が吟じ鳳が舞うのは、人を感動させようとして吟じ舞うのではない。ただ無心で自然の咸である。人が感じるのに心を以て感じるならば邪と正がある。無心で感じるならば自から邪曲なことはない。それで聖人は無心の感、無言の悦びを用いて、邪を去って正に就かせる。但し、卦辞に咸の字を用い、象伝には感を釈《と》く。

ただ私心を断たせるだけなので、卦辞に「咸は亨る。貞しきに利し」と云うのである。天地もなお心を以てする。人が感ずるのにどうして心がないことがあろうか。

○この卦は感通と云って、物が速やかに調う卦である。思いがけない吉事がある。

解に曰く、山上に沢があり、沢の性は潤い下り、そして土の性は潤いを受ける。今、沢気は上り、山気は下っているのを山沢が相感ずる象とする。また兌の少女は上に在り、艮の少男は下に在る。男女が相感ずるは、少男と少女に及ぶものはないので、これを咸と名付ける。咸じれば則ち通じるので、物が速やかに調うとする。また艮を家とし、兌を口とし、悦ぶとする。悦びを外から告げ来る象があるので、思いがけない吉事があるとする。また互卦に姤䷫がある。姤とは初陰が思いがけなく陽に遇うの義で、陽を吉慶とするので思いがけない吉事があると云う。

○婚姻や養子は大吉。

解に曰く、少男が少女に下るのは、嫁をもらうと云う象であって、礼においてその当を得るので、婚姻や養子を大吉とする。

○出産は平安無事。

解に曰く、山と沢が相通じ、万物生々と云う象があるので、障りなく平安無事とする。

○病は危うい。

解に曰く、流行《はや》り病に感じ、身体に通じ充ちると云う意があるので、次第に衰え危ういとする。

○遺失物は尋ね当てることができる。
解に曰く、感通の義があるので滞らない。兌に現われ説ぶと云う意があるので、尋ね当てるとする。
○願望は万事向こうから親切に世話してくれ、自分の思うことが叶う。
解に曰く、兌沢が艮土を潤すので助けを得る。また交感と云う象があるので、思う事が通じ叶うとする。
○遠方から便りがありそう。
解に曰く、山と沢が気を通じ、兌の少女が隔たった所から心を通じる義があるので、遠方から便りがあると見る。
○色情の難《なや》みがある。
解に曰く、少男と少女が感じれば、色情の難みがある。
○病人はだいたい凶。
解は曰く、流行り病に感じ、身体に通じ充ちると云う意があるので、次第に衰え危いとする。
○他国遠行は行って還らないと云う意がある。
解に曰く、艮を止まるとし、兌を説ぶとする。止まって説ぶのは、即ち帰らないと云う義である。

占例

文化甲子の正月、一人の老夫が来て筮を請う。東都の米山《よねやま》花《か》道《どう》が、これを筮して咸䷞の遯䷠を得た。

そして「兌が乾に変じた。これは兌口を塞いで遯退すると云う意がある。よってもし望みがあっても叶わないだろう」と占断した。これを聞いて老夫は黙りこくり憂色が見えた。鶴州先生が側に居て、老夫に「あなたは今、子供のために嫁を取ろうとしているのではないか」と尋ねた。老夫は「その通りです」と答えると、鶴州先生は、「あなたは跡継ぎを決めて隠居しようとしているが、今から六カ月後に志望を遂げるだろう」と告げた。六カ月後、老夫が再び来て感謝して「さきの占断が奇中して、今は已《すで》に隠栖《いんせい》して俗世間での煩わしい仕事を免れました」と云った。

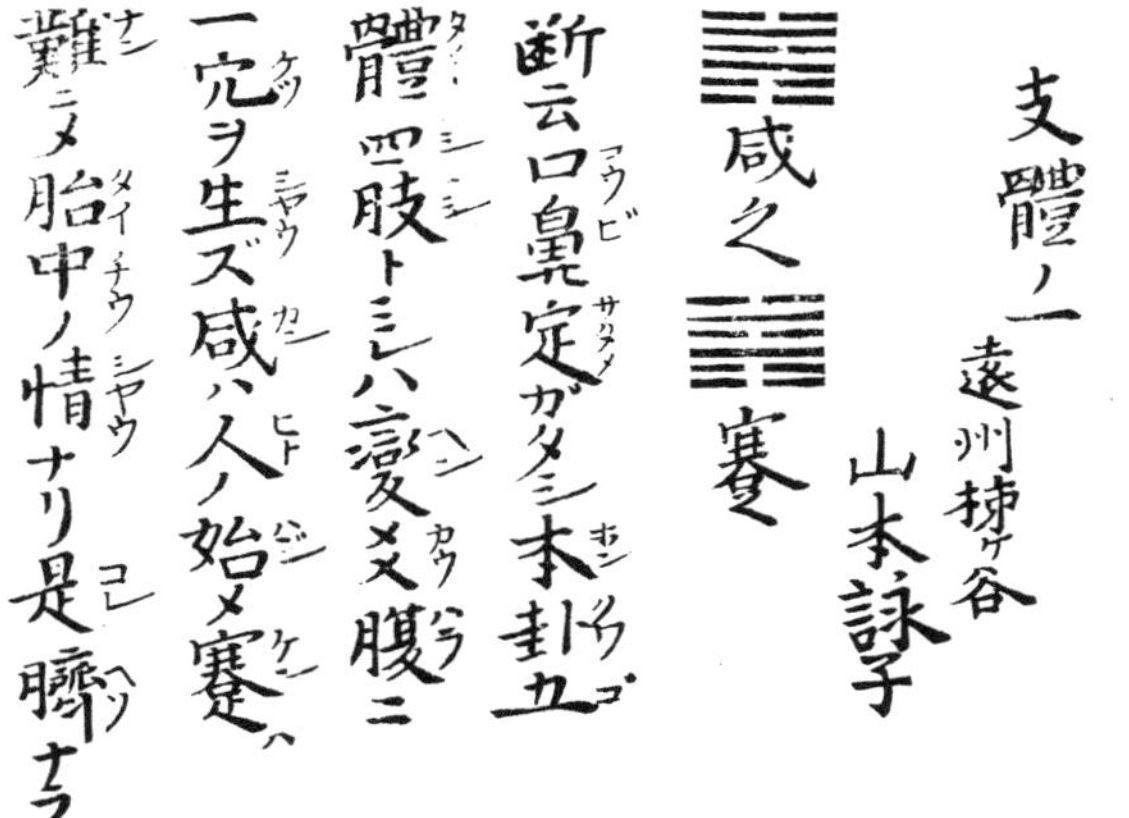

震 巽
雷 風

雷風恒

並行相背之象（並び行き、相背くの象《かたち》）
無咎無誉之意（咎無く、誉無きの意《こころ》）

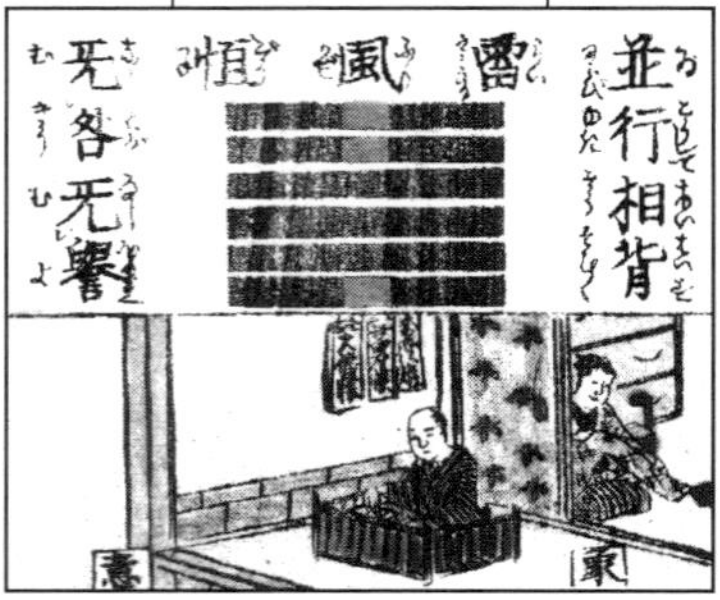

○並行相背…震は雷であり、巽は風である。雷が震う時は風が発して、二物が相交わって、その勢いを助け、雷と風は並び行くが、それは暫時であり、終いに相背き去る。よって人事にあっては、親戚や朋友などと相別れ、住所は安定せず、財宝は散失するなどの憂いがある。祐公は常に「恒は聚《あつ》まると散るとの二意がある」と云った。雷風の二物は天地の生気である。生々循環して已《や》むことなく、その気は上下に通じて、万物を化育《かいく》する。万物は変化して、変化が常であることを示している。これはこの恒の卦が常であって長久の道であることを云うものである。

○無咎無誉…長男（震）と長女（巽）は夫婦の始めである。夫は外に在って事を行い、婦は内に在って家を守り事を巽《ととの》える。これは家が斉《ととの》い、長久の道であるから、咎《とが》もなく、誉《ほま》れもなく、常住不易の義である。但し不易と云っても、石のように金のように解してはならない。冬が往《ゆ》けば春が来て、月影が全く欠ける晦《つごもり》が往けば、月影が蘇る朔《ついたち》が来るのが「恒」なのであって、孔子も「往く攸《ところ》あるに利《よろ》し。終れば則ち始めあるなり」と釈《と》かれた。咸は女を娶《めと》るところの卦で、男が女に下り、礼を正しくして、婚を求めると云う卦である。恒はこれに次いで婚が終わり、事が成って、その家へ治めると云う卦なので、男が外に動き、女は内に居て、その家を斉える。聖人が如何に卦を並べられたかと云うその妙用を知らなくてはならない。

○この卦は物の生長する義がある。また物の散失する意がある。人事もまた同じで、聚まると思えば散じ、散じると思えばまた聚まって定まらない意がある。

解に曰く、震と巽は共に木として生長する義がある。雷と風の二物は天地の生気で、生々循環して止まない。その気は上下に通徹して、万物を化育し、万物は変化し、それが常である。これを天地が常に定まり、恒に久しい由縁とする。また雷風の二物は時に起こり、時に消散して、その跡を止めないので、聚まるかと思えば散じ、散じるかと思えばまた聚まって定まらないとする。

○住所に付き苦労がある。

解に曰く、雷と風は共に動いて定まらないので、住所に付いて苦労があるとする。

○万事に付き自分の了簡だけでするのは宜しくない。

解に曰く、雷と風が相輔《たす》けて万物を生ずるので、人も一己《こ》の了簡を以てするのは宜しくないとする。

○新たに事を始めるのは宜しくない。

解に曰く、恒久と云う意がある卦なので、新規に事を始めるのは不吉とする。

○吉凶共に時間が立つと変わる卦なので、急にする事はすべて災いと知ること。
解に曰く、男は外に動き、女は内に順《したが》うのを夫婦の常道とする。雷と風の二物が相与《くみ》しては散じ、並び行きては相背くので変動があると見る。また天地恒久と云う象があるので、急にする事はすべて災いがあるとする。
○病は安からず。
解に曰く、恒久なので久しく続いたもので、今、発病したのではない。雷と風が共に動いて静かではないので安定しないとする。
○婚姻は成立する。
解に曰く、男は外に勤め、女は内に治める象なので、きっと婚姻は成る。但し、私婚は並び行き相背くと云う意があるので、破れがあるだろう。
○出産は半吉。
解に曰く、恒常の中に大坎☵を含むので、全く吉とはならない。
○遺失物は出難い。
解に曰く、巽が内に動いて、震で外へ出て走った義なので、出難いとする。
○待人は来る。
解に曰く、震は動き、巽は入ることなので、来るとする。
○願望は叶い難い。

解に曰く、雷と風の二物はどれも声があって形がないので、叶い難いとする。

占例

中国の古人で地理に風情があると云う。随貞先生は恒䷟の大過䷛を得て「大過に世俗を逃れた長い袖の人の意があり、恒の時にあたって大いに過ぎるところの業をなす。これは必ず風流でしゃれた一世の英傑である。きっと詩文に堪能の人であろう。地理に関しては、木があり、沢があり、また大坎䷜の水が流れて絶えないと云う象がある。これは滝見の李白《りはく》であろう」と占断し、果して的中した。

○出産の期を問う人がいて、これを筮して恒䷟の鼎䷱を得る。これを占って「当月は臨月ではあるが、出産は延引《えんいん》するであろう。これは恒は恒久で変動しないと云う義であるからだ。またその出産は、来月の初旬であって、丙か丁の日に女子を生むだろう」と断じた。これは鼎には改まるの意があるので、来月と改まり、離☲は火であるので、丙丁の日に、また離の女子を生むと見たのである。この占いの通り果たして女子を生んだと云う。

乾 艮

天 山

天山遯

貴人隠山之象（貴人、山に隠れるの象《かたち》）

鑿井無泉之意（井を鑿《うが》ち、泉無きの意《こころ》）

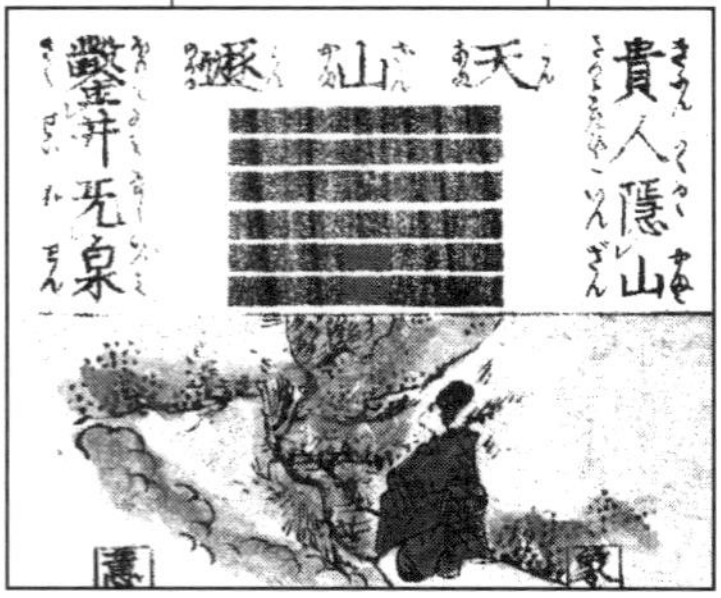

○貴人隠山…乾を貴人として、艮を山とする。二陰が盛んに進んで、四陽を止めようとして逐《お》って来る。陽は賢なので、君子はその幾《き》を知って退き遁《のが》れると云う象。これは君子が世の塵埃《じんあい》を厭《いと》って隠遁すると云う象。商山《しょうざん》の四皓《しこう》の山居もこれと同様である。ちなみに、中国秦代末期、乱世を避けて陝西《せんせい》省商山に入った四人の隠士が、鬚《ひげ》と眉が皓白《こうはく》の老人であったのでこれを商山の四皓と云う。四陽を四皓になぞらえると、六二は張良《ちょうりょう》となろう。

○鑿井無泉…下から小人が盛んに起こって、上の君子を害そうとする。君子は幾を見て去るので止める方法がない。陰は愚かなので君子の退くことを知らない。よって小人はその力を労することは大であるがその功をなせない。それは、井を掘って水を得ないようなものである。『孟子』に「井を掘ること九仞《じん》にして而して泉に及ばず。猶、井を棄《す》ることを為す也」と記されている。占者はよくこの理を知って、妄《みだ》りに進み行くようではいけない。事を捨てて退き守るのに及ぶものはない。

○この卦の名、遯は退くと訓《よ》む字で、住所などに付いて辛苦が多く、思慮分別も定まらなく、すべてに間違いのある卦である。
解に曰く、陰が次第に上り進んで、陽が退く象なので遯と云う。遯は遁《のが》れ去る意があるので、住所に付いて辛苦が多いとする。遯は大巽☴なので、思慮分別が定まらないとする。また艮の少男が乾父に背く象があるので間違いがあるとする。
○願望は邪魔する者があって調い難い。
解に曰く、陰が陽を逐い退けると云う象があるので、邪魔があって調い難いとする。
○妬《ねた》み謗《そし》られることがある。
解に曰く、陰の為に陽が退けられ、また互卦の姤䷫があるので、巽の口を背けて、小人や婦女などの妬《ねた》み謗《そし》りがあるとする。
○物事は成就するように見えても、どれも調う事はない。却って損亡し、または難儀することがある。
解に曰く、陽が外にあるので、表面は好く見え、また陽が多く、陰が少ないのも同じくそうではあるが、終に消尽するので、成就するように見えて調わないとする。また陽が消尽するのを損亡とする。また陽が陰の為に逐い退けられるので、難儀することがあると云う。
○即時の軽い事には用いても良い。
解に曰く、陰を少とし、軽いとする。
○病人は半吉ではあるが、変卦によって吉凶を定めること。

解に曰く、急病は遁れる象なので治るだろう。長引けば凶。大巽と云う象なので、邪熱、風邪などの滞りであろう。
○婚姻は成立しない。成立しても凶。
解に曰く、遯は逃れ去る義なので成立しない。もし成立しても陰が陽を犯し進むと云う象なので、女の身持が悪いか、癖があるかして、終に男の方が遁れ去るとする。
○出産は障りがある。
解に曰く、陰が次第に長じ進んで虚体となる象があるので、五、六カ月で流産するようなことがある。常に養生すること。
○遺失物は見つからない。
解に曰く、陽が逃れる象があって、乾を遠いとするので、遺失物は見つからないとする。
○待人は来ない。
解に曰く、陰が陽を犯し、また陽が逃れ去る象なので来難い。但し、四爻変、上爻変などは来ることがある。
○他から故郷に帰るには吉。
解に曰く、遯れ去る象なので、住居を退き去るのに障りはない。君子が山居に遁れ去り、世外に閑居するのは良いと見る。

占例

ある寺の器物で見つからない物がある。ところが主僧が外出中なので易占でその所在を知ろうとした。これを筮して天山遯䷠の火山旅䷷を得た。谷川龍山先生は「遯は全卦が巽☴である。巽を伏すとし、入るとするので内に在ることが分かる。また乾☰が離☲となるが、離は見るである。また乾は君であって、五爻は君位なので主僧が帰れば出るであろう」と。果してその通りであった。

○一人の男が吉凶を問い、天山遯䷠の天火同人䷌を得て「これは主人に代わって売買をして損金を出して人に預けられている。また帰参は所詮埒《らち》の明かないことと諦め、むしろ出奔しようと思っている。これは甚だ大凶であるから、その思いを改め止めなければならない。このように判断するのは次のようなわけである。本卦が遯で、乾を主人とし、金子《きんす》とする。内卦の艮は自分で、乾の主人に背いた象である。しかし、よく慎み正を守っていれば、およそ今から三十日許《ばか》り過ぎて、証文を差入れて、帰参が叶うだろう。これは之卦の同人の義である」と占断された。

震乾
雷天

雷天大壮

猛虎生角之象（猛虎、角を生ずの象《かたち》）
衣錦夜行之意（錦を衣《き》て、夜行くの意《こころ》）

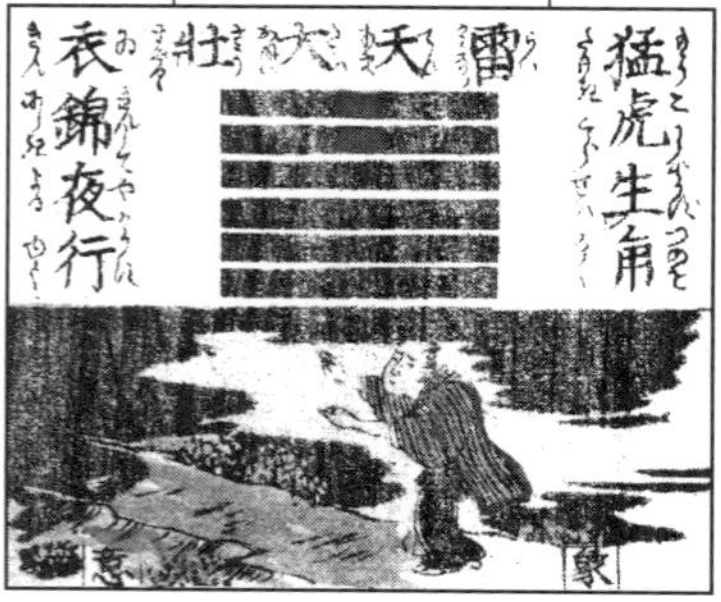

○猛虎生角…四陽が二陰を消そうとして進む。その勢いが猛虎の角を生じた象と同様である。乾を虎とし、震は角と云う象。

○衣錦夜行…事を成すが、人がその功を誉めないと云う意である。四陽の剛が二陰の柔を逐《お》うので、追ってそれを滅尽しても、どうして功誉となろうか。楚の項羽が咸陽に在って覇王であった時に、漢の張良は「項羽が咸陽に都しては漢王に不利である。計を回らして、彭城へ帰らそう」と言って、関中の小児に歌を教えて謡《うた》わせた。その歌は「壁を隔てて鈴を揺る。ただその声を聞いて、その形を見ない。富貴となっても故郷に還らなければ、錦を衣《き》て、夜行くが如し」と云うものだった。項王は果してこの歌を信じて、「天が私に教え告げ給う。天に口なし。人を以て云わしむとはこの事である」と云って、遂に彭城へ都を移した。

○この卦は陽が盛んに長ずる卦なので、諸事過ちがあって苦労や難儀に遇う。あるいは住所を離れ、穏やかでない事もある。
解に曰く、この卦は四陽が長じて、その勢いが強大なので大壮と云う。しかし、その勢いが強大に過ぎれば、却って過失を生ずるので、進み過ぎて苦労や難儀に遇うとする。雷が天上に震い動くと云う象なので、住所を離れ、穏やかでない事があると見る。
○無理非道を云う、勢いが強い人の為に辛苦する事がある。
解に曰く、四陽の勢いが強大で、上の二陰に犯し逼《せま》るので、勢いが強い人に無理非道を云われて辛苦すると見る。
○金銀財宝に付き苦労がある。
解に曰く、乾を金銀とし、震を宝とし、全卦の兌☱を毀折とする。また金剋木なので金銀財宝に付いて苦労があると見る。
○良いように見える事があっても調わない。
解に曰く、陽が長じ、陰が消する象なので、様子が良いように見えるが、大兌☱を毀折とするので、物事は調わないとする。
○短気や浅い考えなどを注意しなければならない。
解に曰く、震を躁急とする。五爻が陽爻ともなれば、夬䷪となって、事を破ろうとするので、短慮を慎まなければならないと云う。

○何事も始めは調い難く、後には自然と良くなる意がある。

解に曰く、陽が次第に長ずるので、始めは陰の障りがあっても、後には雷の天上に奮うようにその志を達するとする。

○物事が躁動する意がある。

解に曰く、震を騒ぐとし、雷が天上に鳴る卦なので躁動とする。

○婚姻は宜しくない。

解に曰く、陽が進み、陰を破る象がある。よって不和で末を保たないので宜しくないとする。

○病は凶が多い。

解に曰く、病勢が壮盛で、この上、更に一爻を進めば夬䷪となって、一陰の命根が絶えるに至る。それで凶が多いとする。

○出産は障りがある。

解に曰く、陽を子とし、陰を母とする。胎児が盛んで、母が悩むとするので障りがあると見る。

○遺失物は尋ね難い。

解に曰く、雷、天の二体共に形がないので尋ね難いとする。

○待人は来ない。

解に曰く、震陽は自分に背いて進み、後を顧みないので来ない。

占例

道具一品と云うのを筮して、大壮䷡の豊䷶を得た。鶴州先生は「この道具は金物に木の縁があって細工で飾られている。用いる度に音響がある。乾を金とし、震を木とする。乾は剛であって殺伐と云う意がある。震は声があり、また威武とする。乾☰が変じて離☲となる。穴と云う象があり、また離に火の縁がある。乾は丸く震は細長い。大壮は盛んであると訓《よ》む。また豊は大であると訓む。これは乱を治める道具で鉄砲であろう」と云う。果してその通りであった。

離 坤
火 地

火地晋

満地錦繍之象（満地、錦繍《きんしゅう》の象《かたち》）
人登玉階之意（人、玉階《ぎょっかい》に登るの意《こころ》）

○満地錦繍…坤は地であり、離は錦繍である。この卦は、日輪が地上に出て、万物が明を見て進み出る。即ち草木、穀物などすべてが日を見て萌《も》え出るのである。その象は地に錦を布《し》いたかのようである。いわゆる前漢の王現《おうげん》が「庭の景色、錦繍を開きたるが如し」と云ったのと同じである。

○人登玉階…離明が上にあって君とし、坤順が下にあって臣とする。君は明かに、臣はそれに順い、諸侯が天子に拝謁すると云う象である。よって人が玉階つまり宮殿の階段に登ると云うのである。晋は進むで、その意は諸侯が朝廷に晋《すす》むようなものである。卦辞に「康侯（自分の領国を康《やす》んじた諸侯）もつて馬を錫《たま》ふ」と云う。これは自分の領国を安んじた臣が、王に朝して貴重な賜り物を受けることを云う。車馬は賜わり物の中でも最も貴重な物である。

○この卦は朝日の升る象があって、次第次第に繁昌し、立身出世に赴く意がある。また人から親しみ敬われ、目上からの恵みに与《あず》かる卦である。

解に曰く、離日が坤地の上に進み出て、朝日が升る象なのでこれを晋と云う。晋とは進むで、暗を出て離明に向かい進むのである。百事吉でないことはない。よって次第に繁昌して、立身出世に赴くの吉兆とする。また坤地が離日に照らされるので上から恵みを受けるとする。
○住所の変わる意がある。たとえ住所の移り変わる事がなくても、暮らし向きの事で今までと異なる意がある。吉事であろう。
解に曰く、坤暗を出て、離明に移り付くと云う象があるので、住所の変わる意があると見る。たとえそうでなくても、暗を出て明に向かうの時なので、これまでとは異なる事があって吉事とする。
○願望は叶う。だが少し遅い。
解に曰く、晋は暗から明に向かって進み上るの義なので、願望は叶うとする。しかし、九四の一陽が中間にあって妨げるので、少し遅いと云う。
○長い間、絶交していた人と会ったり、また仲が悪い人と仲直りする意がある。
解に曰く、この卦は明夷䷣から来るので、明夷の傷《やぶ》れがあって人と絶交した意がある。だが明が地上に出て、相見ると云う象があるので、また逢うことがあり、また仲の悪い人と仲直りすると云う。
○物が目立つ意がある。
解に曰く、離日が地上に進み出るので目立つとする。
○病人は凶。

解に曰く、離火が炎上して進み上ると云う象なので、熱が盛んで危篤と云う意がある。よって凶とする。
○婚姻は成立する。
解に曰く、日が天上に進んで明白になると云う意があるので、滞りなく成立と見る。
○出産は平安無事である。
解に曰く、離を子とし、坤を母とし、腹とし、離の子が坤母の腹中から進み出ると云う象なので、平安無事とする。
○遺失物は遠く持ち去られた。
解に曰く、離の宝が坤の地を離れ遠くに出たので、遠く持ち去られたとする。
○待事は便りがある。
解に曰く、夜明けに日が出るを待つように、離の文書を見ると云う意があるので、便りがあると見る。
○悪い心の人がこの卦を得たなら大凶である。
解に曰く、この卦の反対は明夷で、明夷は坤暗のために、傷られると云う義であるから、大凶と見る。「初めは天に登って後には地に入る」と云う爻辞を考えること。

占例

客が来て「今朝に来ることを約束したが、すでに四つ時になったが来ない」と話した。これを筮して火地晋䷢を得た。谷川先生は「晋は日が地上に升ると云う象で、離を南とし、坤を未申とするので、午時（昼時）を過ぎて、未申の刻までに来るであろう」と。果たして午後に来たと云う。

坤 離
地 火

地火明夷

囊中有物之象（囊中《のうちゅう》、物有るの象《かたち》）
雨後苔色之意（雨後、苔色《たいしょく》の意《こころ》）

○囊中有物…全卦を囊とし、その中に一陽の物がある象。坤と離の二体を以て見ると、坤を地とし、離を日として、日輪が地下に隠没して、その明を発していない。その象は囊の中に物があってもその形が見えないのと同じである。

○雨後苔色…夷は傷《やぶ》れるである。上にある坤を闇君とし、下にある離を明賢とし、明徳があっても悪人の為に蔽《おお》われて、しばらくその徳を傷り隠れる。とはいえ、日輪が地下に隠れても、朝になれば、日が東方に出る。つまり一朝一夕の夷《やぶ》れで束の間の破れである。陽の気を待てば良いのである。この卦は、我は明かで彼は順《したが》うと云う象があるので、後にその明徳を発するのである。その意は、苔が日に照らされて枯れて色をなくしても、雨を得て潤う時はその色を顕わすようなものである。姫昌《きしょう》（文王）が紂王の為に囚われ、羑里《ゆうり》城に在ること七年、しかも益々その智を隠して、自分の長子である伯邑考の肉を食して、終に囚われの身から開放されたようなものである。彖伝に「内文明にして、外柔順、以て大難を蒙むる」とある。文王はこれを用いた。易は殷周の事を専ら云うわけではないが、紂王以下の古人が自から爻中にあって、委《くわ》しくは古易断に見えている。

○この卦は日が地中に入って、暗い意である。そのために人も思う所を失い難義迷惑する事がある。夷は傷《やぶ》ると読む字で、仕損じがある意に通じ、何事も注意しなければならない。だが始めは困窮し、後に栄華すると云う卦なので、終に立身出世すると見る。

解に曰く、明夷は離日が坤地に入ると云う象なので暗いとする。離明が坤暗に傷られるので、妨げられて思う所を失い難義迷惑すると見る。しかし、時が過ぎれば日がまた地上に升る義がある。また互卦に解䷧があって、難《なや》みが解けると云う意があるので、後には栄華に向い、立身出世すると云う。

○思いがけず女難を受ける事がある。注意しなければならない。

解に曰く、陽が陰の為に蔽われ、明が暗の為に傷られるからである。

○人と音信を隔つ事がある。

解に曰く、離を文章とし、音信とする。互体の坎☵がこれを隔てるとする。

○今は、才覚を顕し、願望を発し、立身出世などを思うと、却って禍を受ける。智恵を晦《くら》まして時を待つこと。

解に曰く、離明でありながら、坤暗のために蔽われて、妨害を受ける時なので、自分の才覚を顕し、願望を起こすと云ったことは、時が不利であることを悟って待たなければならない。そうでなければ、却って傷れを招くような不幸があるとする。

○仕官に宜しくない。

解に曰く、上に坤暗の妨げがあって、離明を傷るので、仕官には不利とする。

○婚姻は言い争いがある。

解に曰く、陰が陽明を傷る時であり、離に嘘とか弁明の意があるので、言い争いがあると云う。

○出産は安らかである。

解に曰く、坤を母とし、腹とし、離を胎児として、時が来れば、晋となって進み出る義があるので、安らかとする。

○病は危うい。

解に曰く、離火が内にありながら外に発しないと云う象なので、内熱が強いはずであり、大病は危篤とする。

○遺失物は取り戻し難い。

解に曰く、離貨が坤暗に晦《くら》まされ、互体の坎☵で盗み隠し、震☳で逃れ出たので、取り戻し難いとする。

○待事は便りがない。

解に曰く、日が地中に入って、光が現われず、互体の坎の難みがあるので、便りがないとする。

占例

一人の年取った男が来て問筮を願った。明夷䷣の泰䷊を得て鶴州先生は「あなたは一旦は破産して零落はしたが、今から困難は解消して安泰となる吉兆がある。これは明夷の難《なや》みが互卦の解で解消して泰となることから判断する。ところであなたに、一人の娘がいるだろう」と尋ねた。男は「二十有余歳の娘がいます」と答えると、先生は「思うにその娘は顔が美しく、人々の親愛が深く、またよく人を包容する器があり、今、他から配偶を求めると云う兆しがあるが、良縁である」と占断した。男は大いに感じて年来の困苦を語って「生活が苦しいので、娘に廓《くるわ》の勤めをさせていたが、ある人が借金を代わりに払って妻にしたいと云うのだが、それがいいか、悪いかを知りたい」と云う。先生は「吉慶である。時期を逸《のが》してはいけない」と語った。男はお礼をいって去り、後にまた来て先生の占筮が奇しくも的中したことを感謝した。

○一人の婦人が来て出産の吉凶を問う。慎んで筮すると、明夷䷣の復䷗を得た。平沢先生は「これは流産である。坤を腹とし、震を長男とする。孕んでいる子は男子であろう。だが、明夷は敗壊の理があり、復は往来と云う象である。離明が敗れて坤土に帰する。これは暗から暗に投ずると云う意である。殆んど生まれると云う意はない。慎みなさい」と言ったが、果して七ヶ月で、流産したが男子であったと云う。

巽 離

風 火

風火家人

従窓見月之象（窓従《よ》り、月を見るの象《かたち》）

有気無形之意（気有り、形無きの意《こころ》）

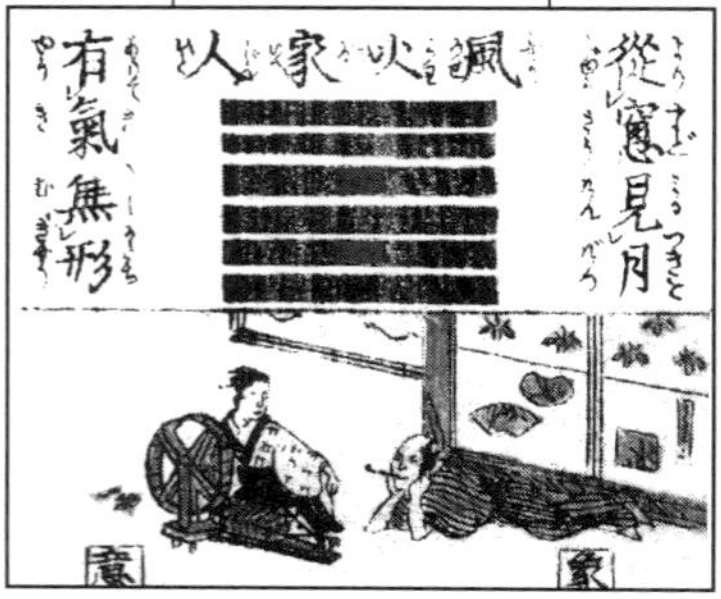

○従窓見月…離を窓とし、巽を月とする。この卦は、婦人が家内に正しくあると云う卦である。婦人が内に正しくあると、外に出ることは少ないので、世間を窺い視ることは窓から月を見るようなものである。

○有気無形…離は火である。巽は風である。火と風の二物共に無体の物である。婦人は内にあり、たまたま他に求めることがあって、その家を出ようと思っても、三従（婦人が従うべき三つの道で、家にあっては父に従い、嫁しては夫に従い、夫の死後は子に従うこと）に縛られて出ることができない。家内に居て外事を望んでもその志の通じないのは、気があって形のないようなものである。孔子は「婦人は人に伏する。それで専制の義はなく、三従の道がある。あえて自から成し遂げるようなことはない。教えでは、家庭内を出ず、先祖を祭祀して飲食を調え供することになっている」と云っている。よってこの卦を占い得る時は、百事において取り締まりなく、吉事があるようで決して得難く、海に入って珠を求めるようなものである。だが身を全うし、心を正しくして、その家を治める時は、次第に吉事に向かうのは、花が開いて実を結ぶようなものである。

○この卦は家内安寧となる卦である。万事、婦女を用いてすると吉である。
解に曰く、家人は婦女を主とする。巽の長女は上に居て、離の中女は下に居り、上下みな婦女なので、万事に婦女を用いてするのを吉とする。また内が明らかであって、外は順い、二爻と五爻は陽と陰で応じ、男女交和して家が治まると云う象なので、家内安寧の卦とする。

○婚姻は吉。
解に曰く、内は明らかで外は順い、二五の応があって男女交和するので吉とする。

○出産は障りがない。
解に曰く、乾体☰が坎兒☵を包み、風が火から生ずる象があるので障りがないとする。もっとも気だけあって形がないと云う意もあるので、養生に注意すること。

○病は重い。
解に曰く、坎寒と離熱が往来し、火は木に付いて炎上し、風が火から生ずるので危ういとする。

○遺失物は出るだろう。
解に曰く、火は木に付いて現われ、また家人なので内に在るので、出るとする。

○待人は来ない。

解に曰く、気があって、形がないと云う意があるので来ない。しかし、離を文書とし、巽を音信とするので、連絡があるだろう。

○家事の世話がある。また立身名利の望みがある。

解に曰く、家事の世話とは婦女の卦なのでそのように見る。また二爻と五爻に応があり、火は木に付けてその徳を現わすが、離を栄達名誉とし、巽を利欲とし、立身名利の望みがあると見る。

○願望は叶うまでに時間がかかる。

解に曰く、巽と離の二女が一卦を成しているので、物事は埒が明かないので遅いとする。また二爻と五爻の男女が交和して家を治めるの卦なので、人と共同するか、あるいは人に頼ってする事は宜しいとする。

○壮年あるいは若年の人は色情の難《なや》みがある。

解に曰く、二女が同居する卦なので、壮年、若年の人にとっては色情の難《なや》みがあると云う。

○始めは物事が心のままに行かないが、次第に人から親しみを得て良くなる。

解に曰く、新婦のように、始めは心のままに行かないが、二爻と五爻の男女の位が正しく、家が治まって人の親しみを得るので、次第に良くなると見る。

占例

文化八年正月、ある身分の高い家の命を受けて、その年の運勢を占って、家人䷤の漸䷴に之くを得た。随龍は「家人は火を以て風を煽ぐと云う象で、燭の災が近いうちにある。しかし、初爻変は火生土なので、忽ち消滅して跡は見えず大事に至らない。但し、家人には再発の理があるので十分に注意しないといけない。初九に『閑《ふせ》いで家を有《たも》つ。悔亡ぶ』と。これは予め用心して防ぐようにすれば、悔いも自ずから消え去ると云うことである」と占断した。さて数日を経て、門番所が誤まって火を出したが、火事に対する防衛が厳密であったために大事とならずに鎮火した。その後、二十二日の夜に、隣邸が一時に焼けたが、また事なきを得た。このように前後二回占兆に応じたので、翌朝に辱《かたじけ》なくも褒賞を賜わり、易門の光輝を施したと云う。

離兌
火沢

火沢睽

桃李競美之象（桃李《とうり》、美を競ふの象《かたち》）
方円有用之意（方円、用ゐ有るの意《こころ》）

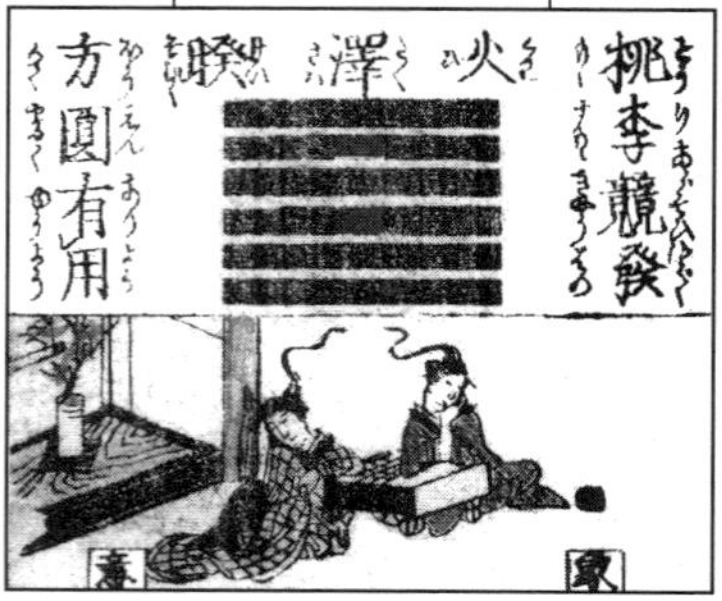

○桃李競美…古い詩に「桃花はよく紅にして李花は白し、桃紅李白春色を呈す」とある。離は中女である。兌は少女である。中女と少女が同居してその美を競い、その心が睽《そむ》いて、相争うのは桃李が色を争うようなものである。離は赤で桃とし、兌は白で李とする。これは物理の睽くを以て人情の睽く象を釈《と》いた。

○方円有用…睽は離火が上り、兌水が下り、睽いて合わないが、事を通ずるのである。『文選』に「女、織紝《しょくじん》を修め、男、耕耘《こううん》を務む」と云うように、睽きながらでもその用を通ずるのである。よって象伝に「天地睽て而してその事同じき也。男女睽て而してその志通ずる也」と云うのである。いつも底が方形で、蓋が円形では合わないと解してはならない。

○この卦は人の心が相乖《そむ》き違い、事を成し難い卦である。しかし、学者などには時として大吉とする。

解に曰く、離火は炎上し、兌沢は潤下し、上と下とが相背くので、人心も相背き違うから、事を成し難いとする。また兌口から離文を吐いて章を成すと見て、学者などに大吉となることもあるとする。

○女難がある。

解に曰く、内卦の自分が外卦の他の美を悦んで、却って他に破られるので、女難があるとする。

○争論とか口争いを慎むべきである。

解に曰く、兌口、坎舌、睽離をなすので、口争いとか争論があるとする。

○嫉《そね》み妬《ねた》まれる意がある。

解に曰く、離と兌の二女が同居するが、その心が相背くので、嫉妬と云う意があるとする。

○心中に辛苦が多く、また財宝が散乱することがある。

解に曰く、心位《しんい》の互卦坎☵を心中の苦辛とし、また水火が相戦い、火剋金の理があるので、財宝が散乱すると云う。

○人と不仲になる意がある。

解に曰く、上と下と互いに相背き、別れ別れに隔てるので、不仲になるとする。

○行く者は帰らない。しかし、便りがある。

解に曰く、離は進み上り、兌は下って相背くので、行く者は帰って来ないと云う。しかし、離を書とするので便りがあるとする。

○小事には吉。また悦ぶ意がある。

解に曰く、この卦は内は和悦であって、外は文明である。和悦し、文明を以てするのは女子の道であるから小事に用いるのは吉とする。また上九の応があるので悦びがあるとする。

○婦人を占ってこの卦を得たならば大凶。その女は悪巧みがある。あるいは淫婦であり姦婦である。

解に曰く、離火と沢水は正しい配偶ではないから、その情が正しくないので大凶とする。また中卦に既済䷾があるので、陰陽がよく組み合うところの淫婦とする。また約象の坎☵を悪巧みとし、二爻と五爻が不正でありながら相応じるので姦とする。

○婚姻は言い争いの兆し。

解に曰く、二女が同居して相背くので言い争いがあるとする。

○出産は障りがない。

解に曰く、乾体☰が坎児☵を包み、兌口を開いて、離で発生すると云う象があるので、障りがないとする。

○病は治癒する。

解に曰く、病は違和から来るが、睽と云う象と相応じるので却って治しやすい。また中卦に既済䷾があって治癒と云う兆。

○遺失物は尋ね難い。

解に曰く、睽は背き違う義なので間違いでなくなった。兌口を開き、離もまた外へ発し進むと云う象があるので、品物は外へ出て尋ね難いとする。

○待人は来ない。

解に曰く、内と外とが相背く象なので、間違いがあって来ない。だが、兌を言説とも、離を文章ともするので連絡はあるだろう。

占例

十三歳の少女が家を出て帰らない。これを筮して火沢睽䷥を得た。よって「睽は火は上って天と同じく、沢は下って地と同じくなるが、同じくして異なると云う象である。また離は中女で父に親しみ、兌は少女で母に親しむと云う意がある。今、少女が家を出たが、兌は西、離は南であるから必ず西南の方角に向かった。その方角に母方の親類があれば問い合わせてみなさい」と占断した。果たして西南に当る母の郷に戻っていたと云う。

坎 ☵ 水
艮 ☶ 山

水山蹇

門前有陥之象（門前、陥《あな》有るの象《かたち》）

寒蝉悲風之意（寒蝉《かんせん》、風悲しむの意《こころ》）

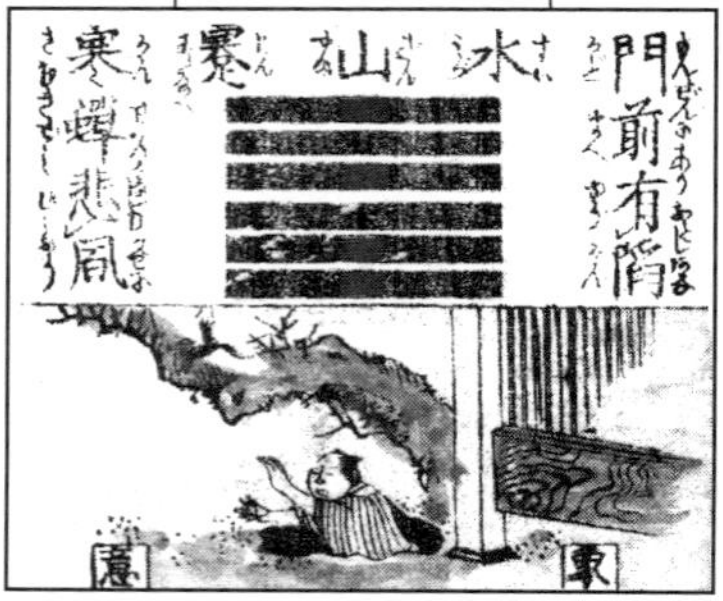

○門前有陥…艮を門とし、坎を陥とする。蹇の卦は、前に険があり、後に山があり、その中間に居て、進退が自由でなく、難《なや》んでいると云う卦である。陥を見てよく止まれば、吉とは云えないまでも陥に入らず、進めば益々険難に陥るのである。その象が門前に陥のあるようなものなので、卦辞に「西南に利《よろ》し」と云うのである。西南は陰の方角で、陰は退くである。これは無闇に進むことを戒める辞である。ちなみに屯䷂は始めの頃の難み、蹇䷦は中間の難み、困䷮は窮まって難みが甚だしいのである。

○寒蝉悲風…この卦の蹇《なや》む様子は、寒蝉が風を悲しむようなものである。蝉は夏の物である。五月十六日に鳴き始めて、土用に入って盛んに鳴く物である。そうして秋になって、冷風が吹く時は大いに悲しむものである。『月令』に「冷風至り、白露降り、寒蝉鳴く」と記されている。

○この卦は、龍が珠を失う意であって、宝が散じ、財は貧しく、辛苦があり、難みが甚だしい卦である。
解に曰く、前に坎水の険があり、後に艮山があり、進もうとすると坎水に陥り、退こうとすると艮山に隔てられて、進退が自由ならないので蹇と云う。さて倒震☳の竜身が坎の珠に背を向けていて、これは珠を失うと云う象。また約象の離☲を貨とし、竜の珠を失う意があるので、宝が散じ、財が貧しいとする。また蹇の難みは甚だしいので辛苦があるとする。
○住所の苦労がある。物事に窮屈な意がある。
解に曰く、坎険の内に止まって居るので住所の苦労があるとし、また進退共に不自由なので、物事すべて窮屈な意があるとする。
○険を見て止まる卦なので大凶はない。人に随って吉。
解に曰く、坎を険とし、艮を止まるとするので、険を見て止まれば大凶はないとする。六二と九五の応があるので、人に随って吉とする。
○旅行したい気持ちがある。これも人に従って行くのは良い。
解に曰く、約象に火山旅䷷の卦があって、九五の応があるので、旅行の気持ちがあり、人に従って行くのを可とする。
○病人は重病。あるいは腰下の病がある。
解に曰く、離熱が内に止まり、処々に坎の疼痛があるので重いとする。また第三爻を人体に当てはめると腰位とする。坎痛がここに止まるので腰下の病と云う。

○出産は障りがある。
解に曰く、坎険の中に止まるので難みがあり、障りがあると見る。
○婚姻は成立しない。
解に曰く、坎険を見て止まる象があるので、当事者以外の人からの邪魔があって成らないとする。
○待人は来ない。
解に曰く、艮の門前に坎の害する者がいる象なので進むことができない。また卦主は三爻にあるので途中で滞り来ないとする。
○願望は叶い難い。だが、後には良い。
解に曰く、前に坎険の難があって、外から妨げられるので、調い難いとする。しかし、時が来れば解䷧となるので良いとする。
○心細い意がある。
解に曰く、前に坎の大河があり、後に艮の険山があって、その中間に陥るので、心細いとする。

占例

器物が二品と云うのを筮して、水山蹇䷦の水風井䷯を得た。釈便道は「蹇は難みである。井は助ける意がある。また坎は雨である、巽は風である。これは風雨の難みがある時に用いて助けとなる物である。また坎の雨は上にあって、下の艮がこれを止める、これは笠である。変卦の井は、上に水があって、下の巽風がこれを吹き散らす。巽を草とし、草で作った物を蓑とする。これは必ず笠と蓑であろう」と占った。果たして的中したと云う。

○浪花《なにわ》に日蓮宗の末寺があり、その本山と他の本山との間に訴訟があって、浪花の末寺は、その勝敗を中州先生に問い、これを筮して蹇䷦の既済䷾に之くを得た。先生は「蹇は難みである。既済は事が尽きることである。蹇は進退が自由でなく、大いに難みがある義である。今、外卦が動かずに内卦が動いた。相手が変わることなくこちらが変わった。これは敗《ま》けである。なぜならば、艮が離に変じ、離を文章とする。艮を止めるとして、止める所の文章は証文であろう。また坎を隠すとする。こうしたことから判断すれば、あちら側にあなたのところの本山の証文があった。このためにあちらが勝ってそちらの本山の負けとなるだろう」と云う。果してその言の通りであった。

震　坎
雷　水

䷧

雷水解

渉川未乾之象（川を渉《わた》り、未だ乾かざるの象《かたち》）
雷雨緩散之意（雷雨、緩散の意《こころ》）

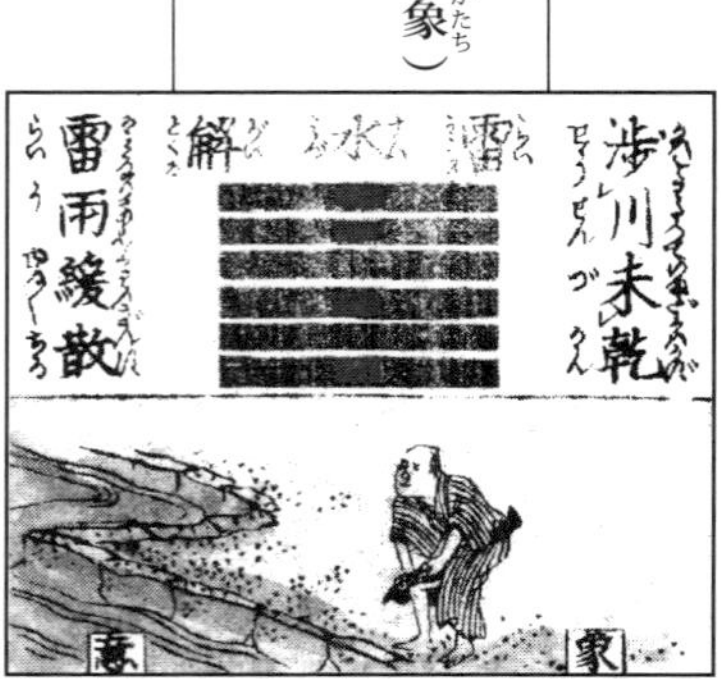

○渉川未乾…坎を川とし、震を足とし、渉《わた》るとする。約象の坎の水を震の足に合わせるので、足の乾かない象とする。解の卦は蹇《なや》みが解けることである。だが未だ険難から遠く去っていず、その象は川を渉って未だその足の乾かないようなものである。屯䷂の上卦と下卦が位置を変えて、解となる。屯の水中の龍が水から出て震うと云う象である。

○雷雨緩散…先に天地の気が欝結して舒《の》びない。今、解散して雷雨が起こり、雷雨が盛んになり、宇宙の否塞《ひそく》した物がみな伸び散じる。その意は譬《たと》えば旱《ひでり》に逢って蹇み、雨を待つ時、雷雨が至れば、その難みが解《わか》るようなものである。震を雷とし、坎を雨とする。但し屯難はすぐには去り尽くし難いので雷雨緩散と云う。

○この卦は魚が網を逃れ出た意であり、難みが解け散ることなので、人も難義な所を逃れ出る卦である。

しかし、よくよく慎まなければ、また再び禍がある。

解に曰く、約象の坎☵を魚とし、互体の離☲を網とし、震を逃れ出るとする。また震動が坎険の外にあり、動いて険《なや》みを出て免がれる。即ち難みが解けるの義である。震陽の気が坎の冬氷の上にあり、陽気が動いて冬氷を解くので解と云う。この意によって、人も難義な所を逃れ出るとする。慎まなければまた再び禍があるとは、震の足が未だ坎の険を離れていないので云う。

○損失がある。
解に曰く、解散と云う意があり、締《し》まりがないので損失があるとする。

○何事も考えている事は早くすると吉、遅ければ調い難い。
解に曰く、解散して緩む意があるので、再び坎険に陥るの虞《おそ》れがある。それで思う事は早くするのを吉とする。

○遠方に通い交わる意がある。
解に曰く、坎を水とし、震を船とし、舟に乗って遠行すると云う意があるので、遠くと通い交わると云う。

○力になる人を得る。
解に曰く、互卦に既済䷾があり、渡りに舟を得た意があるので、力を得る。

○病難に気をつけなければならない。
解に曰く、坎を病とし、坎険を踏むので、病難の虞れがあると云う。

○婚礼は吉、但し後の不慮の妨げに注意しなければならない。
解に曰く、心が打ち解ける義なので婚姻は吉とする。しかし、懈怠《けたい》と云う意があるので、その後を過ちがないように注意せよと云う。
○出産は不安がない。
解に曰く、坎険の外に逃れ出ると云う象なので、不安がないとする。しかし、坎を母とすると産後の難みに注意しなければならない。
○物事は相交り感ずる意がある。
解に曰く、震雷と坎雨が起こって、屈したものは伸び、欝したものは開き、万物はみなその難を解くので、相交わり感ずると云う。
○遺失物はない。
解に曰く、坎を盗とし、震を逃れ出るとし、また解散の義があるので遺失物はないとする。
○待人は来ない。
解に曰く、彼から見れば蹇であって、難の中に止まる意がある。また震足が外に向かってこちらへ来ないとする。

占例

日本名所の一つ、またそこの植物はなにか。ちなみに季節と関連がある、と云うのを筮して、解䷧の師䷆を得て「地は上が開けて手広い象があり、高山ではなかろう。植物の類は花があり、数があり、堅木であろう（震坤に取る）。春で雷雨が起こると云う卦であるから、季節はもとより春であろう。また師は人々の師表（手本）である。これは日本無双の景地、吉野山の桜であろうか」と。果たして的中した。

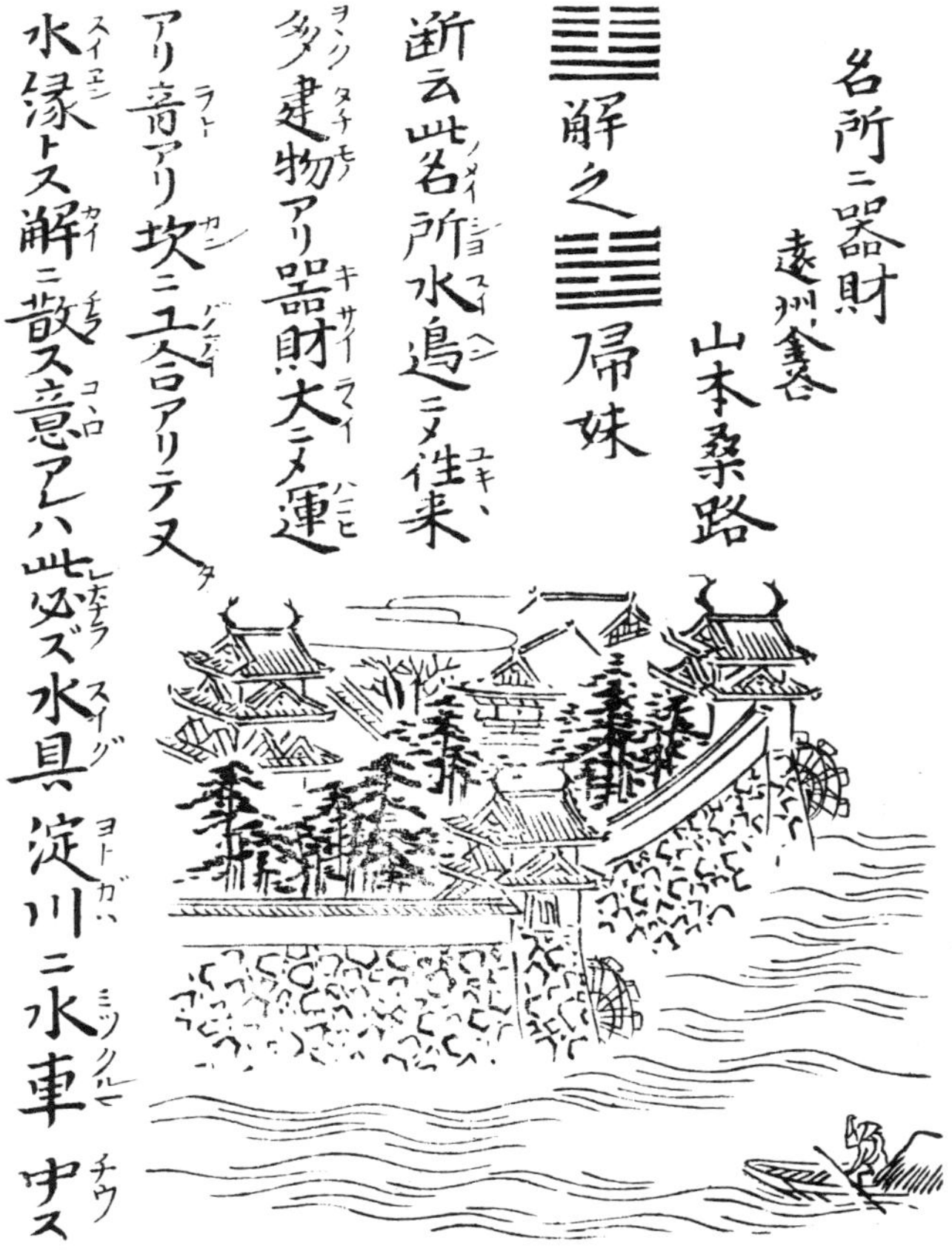

名所ニ器財
遠州金谷
山本桑路
解之帰妹
断云此名所水辺ニメ往来多建物アリ器財大ニメ運アリ音アリ坎ニ二合アリテ又水縁トス解ニ散ス意アハ此必ズ水具淀川ニ水車中ス

艮　兌
山　沢

山沢損

貴賤正位之象（貴賤、位を正すの象《かたち》）
損奢存孚之意（奢を損し、孚を存すの意《こころ》）

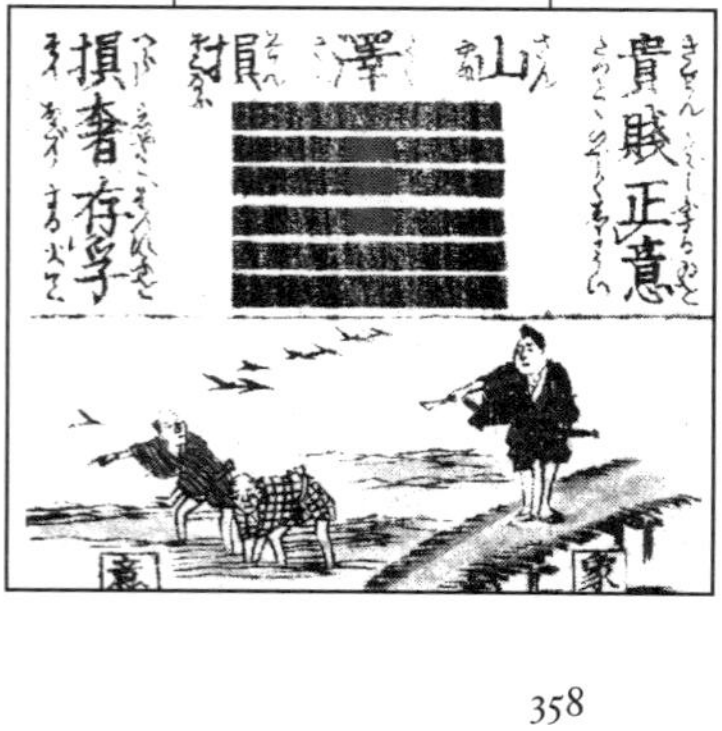

○貴賤正位…貴い艮は上に在り、賤しい兌は下に在って、貴と賤が位を正しくすると云う象。損は兌沢の深いところを損して、艮山の高いところに益する。これは民がその君を尊敬し貢ぎ物を奉るのに象どる。これで天下が治って貴と賤とが位を正しくする。位がなく徳がないのに、人の上に立とうとするのは乱の基なので、貴賤正位と云う象を以て教えを垂れているのである。

○損奢存孚…神を祭る場合に誠心があれば、簡略な祭であっても神明は感応する。偽り飾る時は手をかけた祭であっても神は受けられることはない。よって程子も「飾り、その誠を過る時は則ち偽となる。飾りを損するは誠を存する所以なり」と云った。しかし、文飾を悉《ことごと》く去り尽せと云うことではない。偽りの飾りを損じて、その分に応ずるところの飾りを用いよと云う意味である。また富んだものを損じて貧しいものに益し、自分の徳の余ったものを無徳の人に施すのである。しかし、自分の徳が損ずるわけではない。井戸の水を人に施すようなものである。これらはすべて損じて孚《まこと》を有《たも》つものである。また食事の美味を損じ、言語の偽詐《ぎさ》を損じ、衣服や家宅の華美を損ずるなどは、奢りを損じて孚がある。このようであれば、何であれ通じないと云う事はない。よって卦辞に「損じて孚あり。元吉」と云っているのである。

○この卦は本と損（減る意）と云って物の損失の卦だが、今日の人には却って良いとする。解に曰く、艮を山とし、兌を沢とする。沢の低い所を損じて山の高い所に益する。また内外を以て云うと、内を損じて外を益するので損と名付ける。なんでも減らすとなると良くないようであるが、華奢を減らして不足の人に恵み、親戚や昔なじみのために金銀を施し、その身を使うと云ったことは、すべて道理にかなった減損なので、後に益があるとする。しかし、遊楽放蕩に費すようなことは益があるとは云えないので、それで孚があれば吉とする。損☶☱の次に益☴☳の卦があり、却って宜しいとする。易は変を貴ぶ。損が極まれば益となる。損の時の処し方が大切である。

○後には利得を得るか、または誉れがあるが、何であれ末に良い事があるとする。解に曰く、下を損じて、上を益すと云う象なので、始めは宜しくないけれども、兌を悦ぶとし、艮を止めるとし、悦びに止まるので、後に利益がありとし、兌の低いものを以て艮の高いものに及ぶので、誉れとし、末は良いとする。

○親子兄弟などに関して損失がある。しかし、人の踏み行うべき道にかなった損は大益とする。解に曰く、中卦に坤☷の母があり、艮と兌に兄弟と云う象があり、また中卦の頤☶☳を家内とし、内を損しているので、親族に関わる損があるとする。これらの損は道にかなった損とし、却って大益とする。
○急にする事は成立しない。徐々にする事は成就する。一度で調い難い事は二度も三度もやれば必ず成る。
解に曰く、艮と兌は少男と少女であって、幼弱である。よって幼弱な子供が次第に成長するのを待つようにすべきなのである。だから急げば成らず、ゆっくりやって成るとする。繋辞伝に「損は先に難《なや》んで、而して後に易し」とあり、骨を折って後に利を得る意があるので、再三、力を尽くして後に成るとする。
○世話や苦労が多い。
解に曰く、艮兌は幼弱の卦なので、子供を養育するように、世話や苦労があるとする。
○立身出世がある。
解に曰く、土を盛って山を築くように、下から上に益するのは、積み上げるので、立身出世があるとする。
○病人は吉。
解に曰く、病占には病を減損すると云う義なので吉とする。
○婚姻は良い。
解に曰く、兌の賤しいものが下に居り、艮の貴いものが上に位しており、貴賤が位を正すと云う象であり、また少男と少女は一対をなす相手なので吉とする。
○出産は障りがある。
解に曰く、艮山が兌口を塞ぐと云う象なので、障りがあるとする。

○遺失物はない。
解に曰く、内から外を益し止めるので、品物は外に出たであろうし、また損なので破損して跡形もないとする。
○待人は来ない。
解に曰く、内から出て外に止まっている意があるので、来ないとする。

占例

失物で記録が二冊と云うのを筮して、損䷨の臨䷒に之くを得た。占断して「この記録は南方の座敷の箱の中に在るだろう。損は蓋《ふた》のある箱の形である。変じて臨となるのは、その箱の蓋を開くと云う象なので、蓋を取って見れば、記録は二冊共にあるはずだ」と云う。果たしてその通りであった。

巽 震
風 雷

風雷益

風払芦花之象（風、芦《ろ》花《か》を払ふの象《かたち》）
耒耜利邦之意（耒耜《らいし》、邦《くに》を利するの意《こころ》）

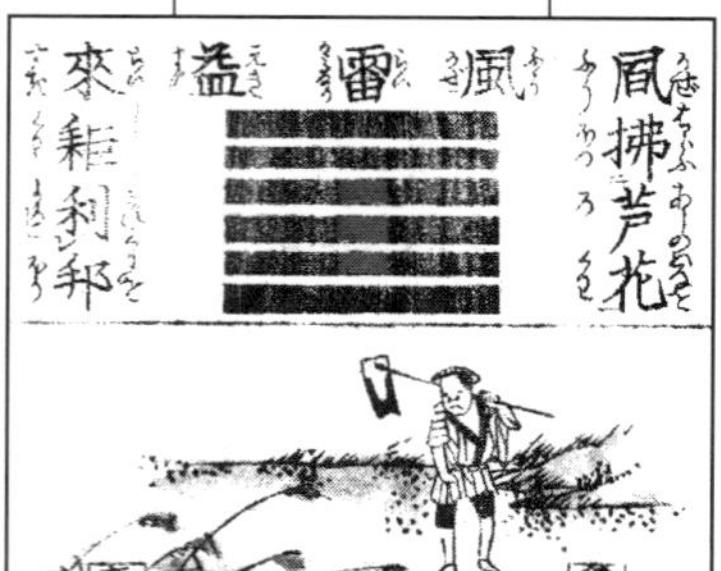

○風払芦花…震を芦とし、巽を風とする。損は下から上を益して、益は上から下を益して、君は民を憐み、民もまた君に順《したが》い動くの卦なので、君の恵みの下民に及ぶさまが、風の芦花を吹いて、その香気が遠く国中に芬々《ふんぷん》としているようなものである。また民が君に順って動くことも、また芦の風に順って動くようなものである。君子の徳は風であり、小人の徳は草である。よって君徳が小人の徳に和して益することとは、雷風の二物が相助け益するのと同様である。風が芦花を払うとは、君風の民草に触れることを云うのである。

○耒耜利邦…君から民に益することとは、神農氏が民を憂いて田畑を耕して作物を植えつけることを教えたようなものである。繫辞伝に「神農氏、木を断て耜《くわ》となし、木を揉《た》めて耒《すき》となし、耒耨《らいとう》（すきとくわ）の利、以て天下に教え、蓋《けだ》しこれを益に取る」とある。ちなみに小国を国と云い、大国を邦と云う。

○この卦は上下共に動いて穏やかでない。それで住所は平穏でなく、心身も定まらず、辛苦がある。
解に曰く、雷と風は共に動揺して少しの間も静かではないものなので、人もまた住所が平穏でなく、心身が定まらず、辛苦があるとする。
○思いも寄らない損害がある。注意しなければならない。
解に曰く、風と雷が共に烈《はげ》しいので損害がある。これは天地の変で、不慮の損害とする。
○行く処がある場合には良い。旅行は吉とする。
解に曰く、内卦の震が動けば、外卦の巽もまたよく従うと云う象なので、行く処があって吉とする。
○婚姻や養子などは良い。
解に曰く、震夫が動けば、巽婦が従うので婚姻には吉とする。また我が動いて彼が順い、中卦の頤䷚に養うと云う義があるので、養子に良いとする。
○病は凶。
解に曰く、雷と風が相助けて病勢を益して凶であるとする。
○出産は時に障りがある。
解に曰く、風雷が鳴動して驚き騒ぐ意があるので、障りがあるとする。

占例

位階昇進を望むある藩侯が吉凶如何を問う。慎んで筮すると、益䷩の无妄䷘に之くを得た。随貞先生は「これは数年来の望みで、始めは至って難しかったが、君主・諸侯の親戚や位が高く権力のある家などによい手づるがあり、最早成就の時は近づいています。間違いなく吉でしょう。殊に益の卦の主爻が動いて、天と雷が自然に応じている。爻辞に「六四は中行なれば、公に告して従はる。もつて依ることを為し、国を遷《うつ》すに利《よろ》し」とあります。これには大きくは国を遷すの理、小さくは位階昇進と云う意があります。間もなく発表されましょう」と断じた。果たして占断が見事に的中し、褒賞を得たと云う。

兌 乾

沢 天

沢天夬

蛟龍登天之象（蛟龍《こうりゅう》、天に登るの象《かたち》）

羝羊喜触之意（羝羊《ていよう》、触るるを喜ぶの意《こころ》）

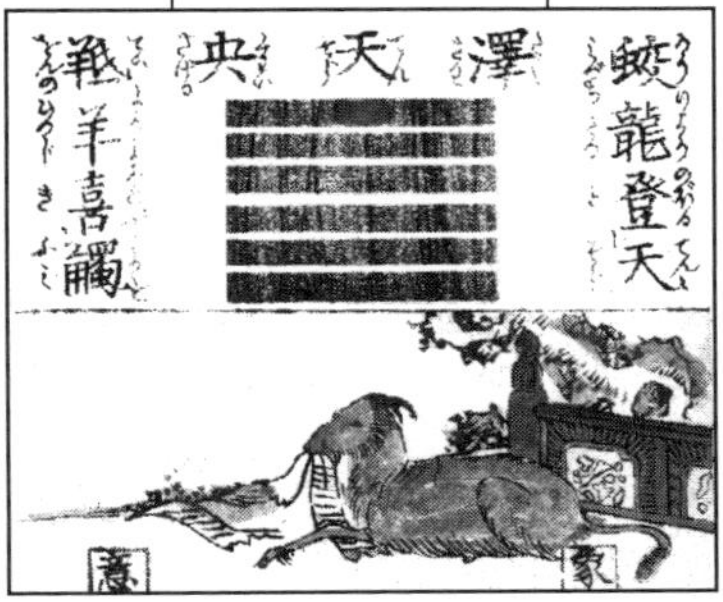

○蛟龍登天…夬は決することである。五剛を以て一柔を去り尽くそうとする。その勢いは盛大であって、防ぎ難いのは蛟龍《こうりゅう》が天に登る勢いと同じである。『説文』に「蛟は鱗蟲《うろこむし》の長、鱗あるを蛟龍と曰い、翼あるを応龍《おうりゅう》と曰い、角《つの》あるを虬龍《きゅうりゅう》と曰ふ」と。郭璞《かくはく》は「蛟の大なる者はよく人を呑む」と云っている。乾を天とし、全体が蛟龍と云う象である。

○羝羊喜触…夬は君子が小人を去ると云う卦である。だがたとえ君子であっても小人がいなくては困る。それで『書経』に「民は惟《こ》れ邦《くに》の本なり」と云うのである。そうならば妄《みだ》りに去り尽くすべき者ではない。もし強いて去り尽くすと後で悔いるのは、羝羊《ていよう》が角を藩《まがき》に触れて喜んでいても、終にはその角を絡ませて苦しむのと同じである。

○この卦は剛強過ぎる卦なので、性急にして事を傷《やぶ》らないよう注意しなければならない。

解に曰く、五陽が長じて、一陰を去り尽くそうとする。その勢いが甚だ剛強である。また乾の円満なものを兌を以て毀折《きせつ》する意があるので、傷《やぶ》れがあるとする。それで性急、剛強に過ぎない様に注意しろと云うのである。

○大器で決断のできる人柄だが、柔和に堪忍することができない人である。

解に曰く、陽を大とし、その徳は至健であり、その用はよく動く。よって大器で果断果決のできる人物とする。しかし、剛強に過ぎるので、柔和に堪え忍ぶことができない性質とする。

○人によって好き嫌いがある。

解に曰く、五陽が一陰を望むのを好むとし、また五陽が一陰を決し去るを嫌うとする。

○印書の類に関して苦労することがある。注意しなければならない。

解に曰く、繋辞伝に「上古は縄を結んで而して治む。後世聖人これに易《か》えるに書契を以てし、百官以て治まり、万民以て察す。蓋《けだ》しこれを夬に取る」と。夬の卦は乾、兌がともに金であり、乾を言とし、兌を決とする。金を以て言を刻み、事を決すると云う象なので、印形や書類に付いて苦労することがあると云う。

○住所に関して苦労がある。また心の中で苦しみ、心が休まらない意がある。

解に曰く、一陰を以て五剛の上にいるので、住所が平穏でなく、苦労があるとする。また一陰が五陽のためにまさに決去されようとするので、心が休まらず、苦悶することがあるとする。

○人と絶交することがある。

解に曰く、五陽一陰を決去するので、人と絶交することがあると云う。

○願望は妨げがある。

解に曰く、五陽が一陰を決去するので事が成ると云う意があるが、とはいえ、上で決去すると、下に落ちて来て、また忽ち姤䷫となるので妨げがあると云う。

○待人は来る。

解に曰く、陽が進み極まると云う象なので、来るとする。また夬は文書と云う象なので便りがあるとも見ることができる。

○病人は凶。

解に曰く、五陽の病勢が下に盛んで、一陰の命根がまさに絶えようとするので凶。

○出産はだいたい障りがない。

解に曰く、兌を毀《そこな》い傷るとし、上の一陰を血とするので、血を見るの卦とする。しかし、もともと出産は血を見るのが当然だし、夬決と云う象なので、だいたいは障りがないとする。

○災難に遇う事がある。しかし、外から助けられるはずである。

解に曰く、兌に毀折の傷れがあるとし、一陰が五陽に決し去られ、また頭上に兌刃を加えると云う象があるので、災難に遇うとする。しかし、一陰を決し去ると忽ちまた後から一陰が生じて来るので、陰の助けがあるとする。

○人の首《かしら》となる意がある。

解に曰く、一陰が五陽の上に在る。これは小人の賤しい者が貴人の上に立つと云う象なので、人の首となると云う。

○旅行をすると問題事に出会う。

解に曰く、兌に口舌、毀折の意があり、上爻の一陰を血を見るとするので、問題事があるとする。

占例

天象に地理と云うのを筮して、夬䷪の乾䷀を得た。白純は「古易断に、蛟龍が天に上るの象とあり、また夬の上六が変じて乾となる。乾を陽とし、尊とし、物の始めとし、広い意がある。また水気があるので、地理は滄海で、両卦を考え合せると東海に朝日であろう」と占断した。果たしてその通りであった。

乾 巽
天 風

天風姤

菓在樹頭之象（菓、樹頭に在るの象《かたち》）
鳳出遇鸞之意（鳳《ほう》出で、鸞《らん》に遇《あ》ふの意《こころ》）

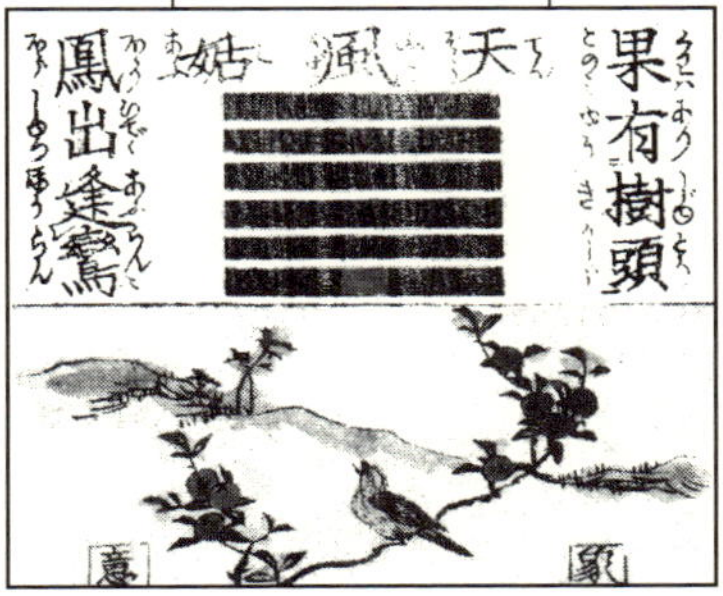

○菓在樹頭…乾を菓（木の実）とし、巽を樹とする。この卦は、純陽の時に、一陰がにわかに下に生じ、陰毒や邪美を以て、上の君子を害そうとするけれども、九二によって制せられて、急に進むことができない、その志を遂げられないのは、菓が樹上に在ってすぐには取って得ることができないのと同じである。

○鳳出遇鸞…姤は遇である。『春秋穀梁伝』に「期せずして而して会するを遇と曰ふ」と記されている。一陰が突然下に生じ、その来ることを予期しないで遇う。そして思いがけなく親しい同類を得る。その意は鳳《ほう》の鸞《らん》に遇うようなものである。そもそも鸞は鳳の雛である。鳳は子を産み捨てて育てることができない、しかし、その子は自然と生長して、思いがけず遇うのである。但し、この卦は陰を以て主とする卦で、一陰が五陽に従い、一婦が五夫に合う不貞の女を意味している卦なので、聖人は「姤は女壮《さか》んなり。女を取《めと》るに用いること勿れ」と云っている。

○この卦は一陰が五陽に遇うので不貞の女のようである。だから争いがある。また寵愛と云う意がある。

解に曰く、一陰の女が五陽の男に遇うので、不貞の象とし、また一陰が五陽に敵する象があるので争いがあるとし、また一陰が五陽に遇うので寵愛されるとする。

○思いもよらず出会う意がある。相談事などすべて人に頼って頼むことが調う。

解に曰く、乾の純陽の下に、一陰が突然生じて五陽に遇うので、思いがけなく出会うと云う。また一陰が五陽を引き受け、柔を以て剛に遇っているので、不思議に手掛かりを得て、頼って頼むことが調うとする。

○この卦は物が聚《あつ》まると散失すると云う象があって、定まりのない義があるので、人も分別工夫が定まらなく、迷っている意とする。

解に曰く、姤は会合と云う意があり、また聚まると云う意があるが、巽風は放散の義であり、定まりがないので、人も分別工夫が定まらないで迷うとする。

○婚礼、養子などの事がある。また女に関して難《なや》みがある。

解に曰く、巽女がにわかに外から入って来たので、婚礼や養子などの事があるとする。また一陰が主となり、女権が強く、家風を乱す意があるので、女に関して難みあるとする。

○貴人に近づく意がある。

解に曰く、巽陰の賤しい者が乾陽の高貴な者に遇うので、貴人に近づくとする。

○出産は障りがない。

解に曰く、一陰が突然生ずると云う象なので、障りがないとする。

○病は凶兆だが、変卦にも由る。

解に曰く、一陰が始めて生じ、次第次第に上進するので凶とする。もっとも一陰の疾は初発なので、早く防げばよいのだが、上進して遯䷠となり、否䷋となると危ういとするので、変卦に由ると云う。

○遺失物は出るだろう。

解に曰く、一陰が五陽の下に伏しているので、家内を出てなく、低い所の物の下にある。また一婦が多くの男に交わると云う象があるので、女が隠したか、あるいは女の手引がある。

○待人は来る。

解に曰く、一陰が五陽に遇うので、来るとする。しかし、力の弱い陰が進み来る象なので遅い。

占例

明治二十八年一月、吉田政徳が姉に依頼されて、ある貴顕から軸物を請け取るために出向くことなり、それに付いて筮すると、姤䷫の大過䷛を得た。姤は一陰が五陽に遇うと云う象なので、貴人に遇うと云う意がある。しかし、乾を金とし、貴人とし、巽を木とし、我として、金剋木となるので貴人の咎めに遇うか、あるいは怒りに触れることがある。また変卦の大過は、互いに兌口を背けると云う象なので、急速に事は調わず、即日には請け取り難いはずだ。それで明日に延期すると姉に断ったが、姉は承知せず、姉の意に従い已《や》むを得ず出向いた。そして貴顕に遇うことはできたが、少し言い争いがあって、怒りを受け、ともあれ、翌日請け取る約束をして帰って来たが、翌日になって、約束どおり軸物を受け取ることがなんとかできた。

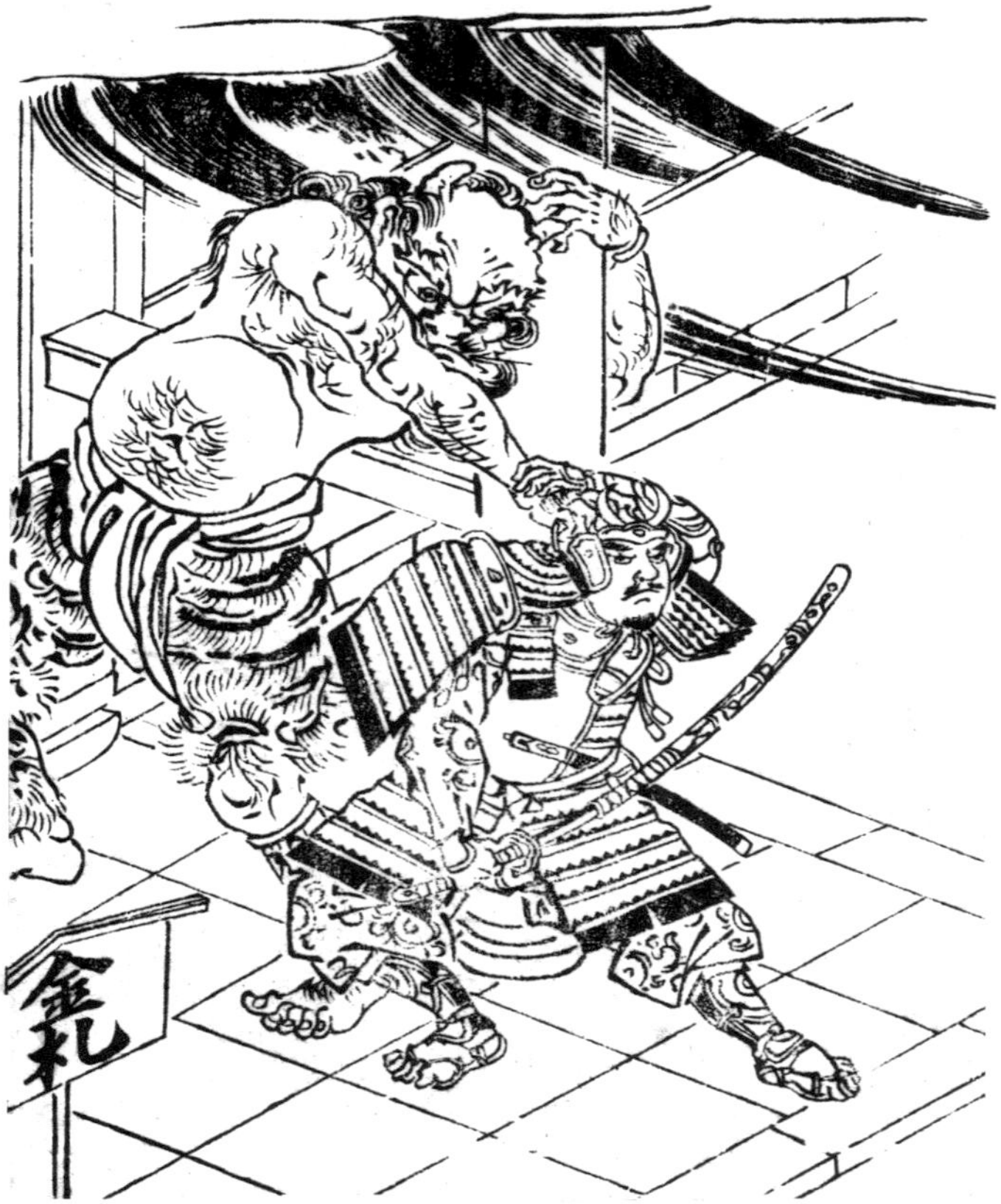

兌 ☱ 沢
坤 ☷ 地

沢地萃

鯉登龍門之象（鯉、龍門に登るの象《かたち》）
妓歌衆順之意（妓歌《ぎか》、衆順の意《こころ》）

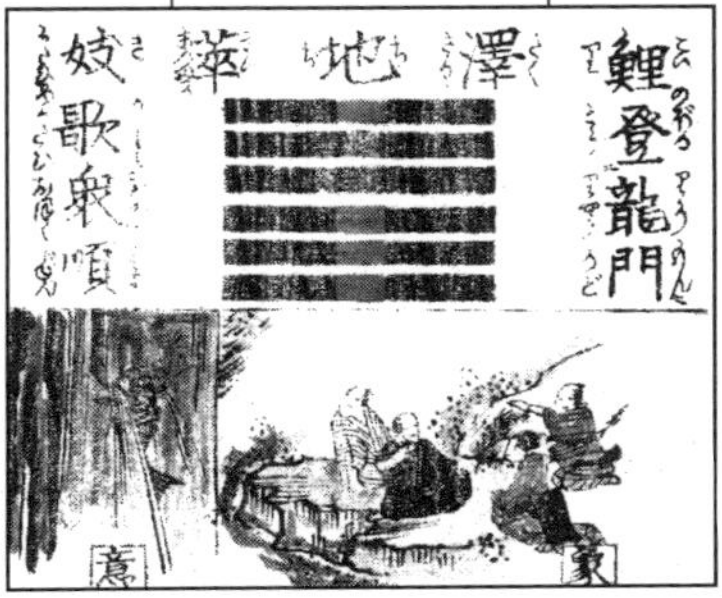

○鯉登龍門…萃の卦は鯉と云う象。上の一陰は鯉の口、二陽は鰓《えら》を張った象、三陰は鱗である。龍門とは滝である。龍門は河水が下る場所の絳州龍門県《こうしゅうりゅうもんけん》に在り、鯉が登って化して龍となると云うので龍門と云うのである。また全卦を滝と云う象にも見る。上下が相応じ、相感じ、兌《よろこ》んで順《したが》い、九五に登り聚《あつ》まるのは、鯉が龍門に登り萃《あつ》まるようなものである。『三秦記』に「龍門、魚登る者は化して龍となる、登らざる者は点額鰓《てんがくあぎと》を暴《あらは》す」とある。『水経』に「鱣鯉《せんり》鞏穴《きょうけつ》から出で、三月上って龍門を渡り、渡るを得ば龍となり、否《しか》らざれば則ち額を点《う》ちて、而して還る」と。

○妓歌衆順…妓《わざおぎ》は女楽（舞楽を奏する女子）である。これを兌に取る、また兌を歌うとする。坤は衆であり、順《したが》うである。人は悦ばなければ順わず、応じなければ聚まって来ない。それで、君主が悦びの道を以て民を順わせれば、民もまた説《よろこ》んで順う。君主が剛中の徳を以て民に対応すれば、民もまた柔順を以て聚まって来る。師が童を教えるにあたって、先《ま》ず悦びの道を以て懐かせなければ聚まって来ない。譬《たと》えて云うと、君主が妓の歌うような道を以てすると、多くの人が妓歌を好んで、悦んで聚まるようなものである。但し、君主が婦言を尚《たつと》んで用いるなどと解してはならない。ただ多くの人をして説ばせることを喩《たと》えて、しばらく歌妓と云うだけである。これが萃は聚まると云う意である。程子は「上は説道を以て民を使ふて、而して人心に順ひ、下は上の政令を説んで而して上に順従す」と云っている。

○この卦は物が聚会して繁昌する意がある。諸事吉とする。

解に曰く、地の低い所に水が集まってきて沢となる。また坤は順い、兌は説ぶで、万物が順い説ぶ時は、群をなして集まるので萃と云う。集まり会う時は賑《にぎ》やかなので、繁昌して、諸々の事が吉とする。

○金銀財宝が集まる意があるけれど争論の障りがある。注意しなければならない。

解に曰く、兌を金とし、約象の巽☴を入とし、坤を衆多とするので、金銀財宝が集まって来るとする。また兌を口舌とし、物が多く集まれば、争いを生じるので、争論の障りがあると云う。

○絶交した人とか離別した人に廻り逢い、また親しくなる意がある。

解に曰く、沢中の水は蒸発して雲となる。これを人事に取れば絶交とか離別とする。しかし、その雲が雨となって降って来れば、また再び沢中に集まるので、交わりを絶ち、あるいは離別した人と廻り合ってまた親しくなると云う。

○忌み嫌われる事がある。注意しなければならない。

解に曰く、兌を卑賤とし、坤を貪慾《どんよく》とするので、忌み嫌われるとする。
○病人は凶。
解に曰く、兌を毀折とし、互体の艮☶を墳墓とするから、大病にこの卦を得ることを不吉とするので凶と云う。
○婚姻は吉。
解に曰く、兌を説ぶとし、坤を順い和するとし、萃を聚まるとするので吉。
○出産は平穏無事。
解に曰く、兌を悦ぶとし、萃を聚まるとし、兌《よろこ》び萃《あつ》まるので平穏無事とする。
○待人は来る。
解に曰く、沢水が地上に聚まって来ると云う象があるので、障りなく来るとする。
○遺失物は出るだろう。
解に曰く、坤を衆多とし、兌口を開き入れるとする。よって品数が多い物の中に混じって入ったと思われる。兌に悦ぶ象があるので出るとする。
○旅行は宜しくない。
解に曰く、沢水が地上に溢れ出る象があるので、秋の季節に低地へ行くと洪水の恐れがあり、また兌口に争論の意があるので、宜しくないとする。
○願望は叶う。婦人の妨げを防ぐこと。

解に曰く、兌を悦ぶとし、坤を順うとし、悦んで順うので願望は叶うとする。しかし、兌を口舌とし、少女とし、坤を衆多とし、老婦とするので、あれこれと言い争って婦女の妨げがあるとする。

占例

ある人が石の手水鉢《ちょうずばち》を購《あがな》って、試しにその来所の方位を問う。筮すると萃䷬の不変を得た。松井羅州先生は「沢と地は共に不動の卦である。萃は聚まると云う象義なので、その物がここに萃《あつ》まったと云う象はあっても、肝腎のその動いて来た所と云う象は卦面にはない。これは必ず生卦法を以て告げ給えることである。さて生卦の義を考えると、萃の聚まるものは沢水で兌である。その兌の裏面は即ち艮山☶である。これは山と沢が気を感じ動くのである。また裏面の艮は倒震☳なので、向かって進んで来た象があり、これは必ず丑寅（艮の方位）からである」と云って的中した。

○生類の風情と云うのを筮して、萃䷬の比䷇を得た。頼慶《らいけい》は「萃は聚まること、比は親しむことである。生類が親しみ聚まる意とする。また萃は下から上に昇り聚まると云う卦で、比もまた下から上に比し親しむと云う卦である。とすれば、このものは下から上に登ろうとし、また水が上にあって下る象、そして萃には鯉と云う象がある。よって、鯉の滝登りであろう」と占断した。果たしてその通りであった。

坤巽 地風

地風升

橋上往来之象（橋上、往来の象《かたち》）
三月有説之意（三月、説《よろこ》び有るの意《こころ》）

○橋上往来…この卦は、地中に木が生じて、地上に昇ると云う卦なので、升（昇る意がある）と云う。未だ地上に出ないので、人がこの卦を得たならば、物事が速やかに通達し難い憂いがある。とはいえ、二爻と五爻が応じ、巽の順を以て進み、また巽は東南の卦で、春夏の気候で地気が昇る時なので、憂いがあっても終に昇ることができる。それは橋を渡るようなものであるから、象伝に「恤《うれ》ふること勿れ。慶《よろこ》びあり。南征して吉。志行はれるなり」と云っている。巽を橋とし、往来とする。

○三月有説…坤は地である。巽は木である。地中の木が地上に出るのは三、四の爻である。爻辞に「九三、虚邑《きよゆう》に昇る」とある。人が進む時は必ず他人が妬み疑ってそれを止めようとする。しかし、虚邑は人がいない所なので、止めたり拒む人はいないので悦び昇るのである。初爻から三爻に至るから三月とし、三月にして悦びがあると云うのである。

○この卦は草木が地中に在って、次第次第に地上に発達する意で、段々立身出世すると云う卦である。
解に曰く、巽を草木として、坤を地とする。巽の草木が坤の地中から発生して、次第に成長するように、人も次第に立身出世すると見るのである。
○住所に苦労がある。
解に曰く、巽風が坤地の下にある。これは必ず地上に発出することになるので、人も住所についての苦労があるとする。
○心中は穏やかではない。だが、次第に吉事がある。
解に曰く、外は坤静であっても、内は巽躁なので、心中に思惑があって穏やかでないとする。しかし、巽順を以て進むので次第に吉事があると見る。
○願望は叶う。何事も急いでやろうとすると凶。
解に曰く、巽木の生長するように、願望は次第に叶うので、急速にすると凶であるとする。
○病人は重い。
解に曰く、巽木が次第に生長するように、病いも段々上り進む義があるので凶とする。
○婚姻は成立する。
解に曰く、巽女が順《したが》い入ると云う象があるからである。
○出産は障りがない。
解に曰く、巽木が次第に生長する象があるので、障りなく平らかとする。

○旅立ち、宿替えは吉。

解に曰く、巽を往来とし、坤を平易とするので、旅行に吉とし、また巽順を以て進むので、宿替えにも吉と云う。

○待人は来るし、行く者は必ず通じる。

解に曰く、巽を往来とし、升を升り進むとするので、待人は来るとする。また巽順を以て升り進むので、行く者は必ず通じるとする。

占例

病いに罹《かか》った老婦の夫がやって来て筮を請う。升䷭の師䷆に之くを得て、随貞先生は嘆じて「これは眼病である。また心臓の下に凝《こ》りがある。時には頭痛や嘔吐がある。（升）眼は左右ともに白濁があり（坤が上に在る）、右眼は明を保つが左眼は難しい（下卦伏離）」と占断した。その夫は「年寄りの老眼ですから、とても両明は願えません。片眼だけでも用をなせば結構です」とお礼を云って去った。

兌 沢

坎 水

沢水困

鴉鳴枯木之象（鴉《からす》、枯木に鳴くの象《かたち》）

沢中脱湿之意（沢中、湿《うるほひ》を脱するの意《こころ》）

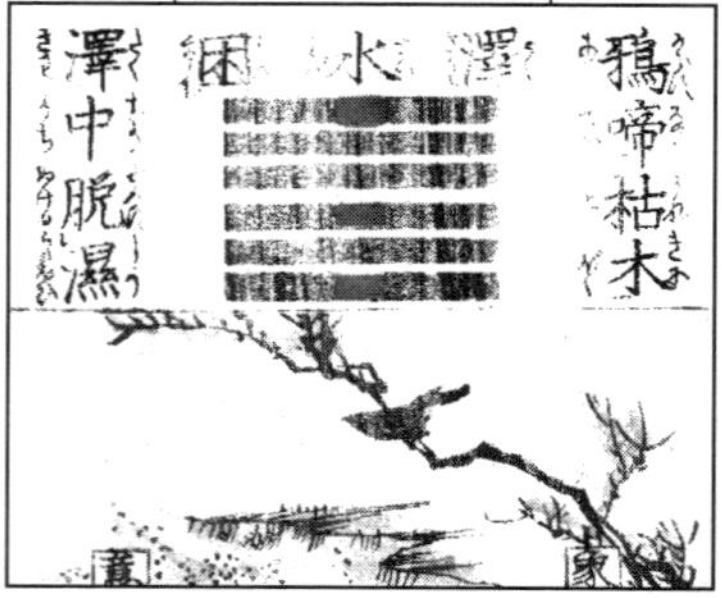

○鴉鳴枯木…兌を鴉《からす》とし、坎を枯木とする。困は苦しむことである。その象は鴉がその母を失って困《くる》しみ鳴くようなものである。白楽天は「慈鳥その母を失い、唖々《ああ》として哀音を吐き、昼夜飛び去らず。年を経て枯林を守り、夜々夜半に鳴く。聞く者為に襟《えり》を沾《うるほ》す」と云った。またこの卦は木が口の中に在って伸びることができないので困窮の義とする。人はよくこの理を知って、木が口の中に在るように、蟄居《ちつきよ》する時は困しむことは困《くる》しむが大災はない。困に居て口《くち》を以て困を免れようとして、言語を飾り、偽りを尚ぶ人は、人が信じず、大いに困しむこととなる。よって象伝に「言あれども信ぜず、口を尚《たつと》べば乃ち窮する也」と云うのである。その象は鴉が枯木の上で鳴いて矢を蒙るようなものである。

また錦を織る秦川の女が、夜烏の枝上に鳴くのを聞いて感じた結果、征矢のことを思い、独り空閨《くうけい》に宿して、涙を雨のように流して哭することがある。これもまたこの卦の象に応じている。また坎を険とし、兌を説《よろこ》ぶとし、険を出て説ぶと云う象があるので、正を守り、中に居て、君子の徳ある者には決して凶とのみ告げてはならない。凶は已《すで》に過ぎているのである。普通の人はそれに当てはまらない。

○沢中脱湿…沢は水を貯える処である。兌を沢とし、坎を水とする。ところが今、坎水が下に漏れ出た象。水が漏れ出た時は潤いを失する。穀物もこれに遇《あ》えば枯れ、人物もこれに遇えば変動して困しむので、困窮の義とする。

○この卦は困窮難義の卦で、諸事不自由で自分の願いが通達しないで、苦労が多い卦である。

解に曰く、沢は水を貯え有《たも》つものである。今、坎水が下に漏れ出ると、上は涸れて潤いを失う、即ち困窮の義である。沢水が漏れ抜けて涸渇すると、有つべき物が保てず、不自由になるので、諸々の事が不自由で苦労が多いとする。

○住所を離れるくらいの辛苦がある。妻子などに関して苦労がある。

解に曰く、坎を住所とし、苦しみとし、困を困乏窮迫とするので、住所を離れるくらいの辛苦があるとする。上六を妻とし、卦中に家人の卦があり、困を困苦とするので、妻子などに関して苦労があると云う。

○願望は叶い難く、だいたい凶だが、貴人の助けを得て立身出世する意がある。

解に曰く、我は坎で苦しむが、彼は兌口を背けて顧みないので、願望は叶い難いとする。しかし、坎険を出て説ぶと云う象があるので、忍耐して時の至るのを待てば、二爻と五爻が同徳で相応じ、貴人の助けを得て、却って立身出世することがあるとする。
○学者がこの卦を得たならば吉兆とする。
解に曰く、困は窮して、その後に通ずるの理がある。身は窮しても道は則ち亨《とお》るとは即ちこの義とする。こうした意を以て考えると、学問修業の学者などには吉兆とする。
○病難に注意しなければならない。
解に曰く、坎を病とし、兌を毀折《きせつ》とし、また坎を苦しみ難《なや》むとするので、病難の恐れがあるので注意せよと云う。
○婚姻は吉兆。
解に曰く、困苦の卦なので余り吉とは思えないが、中男は苦しんで内を守り、少女は上に位し悦ぶので、始めは不自由で苦しむが、後には坎険の苦しみを脱して悦びがあると見る。
○出産は障りがない。
解に曰く、苦しみが極まって、兌の説びに臨むと云う象なので、障りはないとする。
○病は治癒する。
解に曰く、沢水が漏れ出ると云う象なので、内虚で衰えたのである。しかし、苦しみが極まって、説びが生ずるので治癒すると見る。
○遺失物は尋ね得難い。

解に曰く、沢中が潤いを絶つように極まり尽きると云う象なので、出難く尋ね難い。また坎の賊が内にあって盗み、外に兌の悦びがあるので、品物は外に出たであろう。

○困しみがあっても後に栄華を楽しむことになる。

解に曰く、始めは坎で苦しむが、後には兌で悦びがあるので、後に栄華があると云う。

○待人は遅い。

解に曰く、二五が同徳で相応じているが、困の時だから、種々の障りがあって相通ずることを得ないので遅いとする。

占例

綿屋幸七《わたやこうしち》と云う者の丁稚《でっち》が、ある夜、金子を盗んで行方をくらました。そこでその所在を問う。筮すると困䷮の萃䷬を得た。知来は「この者は未だ遠く行っておらず、後悔して、帰る心がある。だが多くの金を盗み去った者が帰ると云う理屈はない。これはあるいは、知り合いに預けて置いた品でもあるのだろう。これに心を引かれて、密かにその者の宿所まで来るかもしれない。南の方を尋ねて見るがよい」と占断した。幸七は礼を云って帰ったが、一日を隔て、丁稚の国許《くにもと》にいた頃からの知り合いが南鍋町にいて、そこにこっそり寄ったところを捕えたと云う。

○生類二つと云うのを筮して、困䷮の兌䷹に之くを得た。便道断じて曰く「困の卦の坎を四足とし、兌を鳴くとする。兌の卦は一つは逃げ一つは逐《お》うと云う象。上の兌を鳴くとし、下の兌を悦ぶとする。

また困は苦しむであり、兌は悦ぶである。また困に鴉が枯木に鳴くと云う象があるので、一の獣は木上に在って困しみ鳴くとし、初爻は木の株なので、一は木の下に在って、上を視て悦び鳴く意、これは必ず猫と猿であろう」と。果たして的中した。

坎 巽

水 風

水風井

海人求魚之象（海人《あま》、魚を求むるの象《かたち》）

病夫行市之意（病夫《びょうふ》、市に行くの意《こころ》）

○海人求魚…井は井水である。民はこれを汲んで人を養う。その象は海士《あま》が魚を求めて人を養うようなものである。巽は入であり、坎は水である。水に巽《い》れて水を汲み上げる井と云う象。また水に入って魚を引き上げる海士と云う象。また少女が逆さまに水中に入る象があり、また坎を海とし、巽を魚とする。

○病夫行市…井は水を汲む処であるが、今、瓶を壊して水を汲むことができないので、卦辞に「未だ繘《つるべなは》せず。その瓶を羸《やぶ》る。凶」と云っている。これは水を汲まずに却って瓶を破るのである。その意は、病の男が市に行くが、交易することができないだけでなく、却ってその身を疲れさすようなものである。

○この卦は万事、改め変える事には宜しくない。それぞれ自らの職分を守り勤めて、妄《みだ》りに新規の事に取り掛かってはならない。どれも損はしても益となることはない。

解に曰く、井はもともと地に穴を掘って水を出す処で、上卦の坎水の下に、巽木を下し入れて、水を汲み上ると云う象なので、井と名づける。井は地脈によって泉を得るもので、改め変えてはならないので、人事も改め変える事は宜しくない。常を守って新規の事をなさないのが良いのである。
○婚姻は半吉。
解に曰く、井は水を汲み上げて用いる象で、事の通じ達する意があるので調うとする。しかし、巽を進退を果たさず、坎を難《なや》むとして、あれこれ遅滞すると云う意があるので半吉とする。
○病は重い。長い病である。
解に曰く、坎の寒邪が巽で深く入るとするので重い。また巽が坎に閉じ塞がれて深く入ったので、長いとする。
○出産は少し大変そうな意。
解に曰く、巽を進退とし、坎を難むとするので少し驚くことがある。よって少し大変であると云う。しかし、井は養うの義があるので障りはない。
○遺失物は在る。
解に曰く、井は水を汲み取るの義なので、深く隠したものを尋ね出して、在るとする。
○他国などから帰るには吉、出るには凶。
解に曰く、巽を往来とし、坎を難みとするので、出行には障りがあって凶とする。しかし、他から帰るとすると、坎の難みを出て、倒兌☱の安きに帰って来ることになるので、障りなく吉とする。

○思慮が働かず頼りない心である。しかし、大きな災害や争いごとはない。

解に曰く、坎険につながれて、巽従するので、思慮が働かず頼りがないとする。また失うこともなく、得ることもないので、大きな争いや災害はないとする。

占例

待人を筮して、井䷯の需䷄を得て、随貞先生は「この人は足に痛む所がある。足は初爻の象であり、乾の金が巽の木を剋している。よって遅くなるであろう。しかし、病所は深くはない。初爻変なのでその病は浅い。七日も立てば来るであろう」と。その後、七日に及んで果たして来た。そしてその言を聞くと、淡島の名灸を据えて左足が腫れたので、遅滞したとのことであった。

兌 離
沢 火

沢火革

腐草蛍火之象（腐草、蛍火の象《かたち》）
売金買物之意（金を売り、物を買ふの意《こころ》）

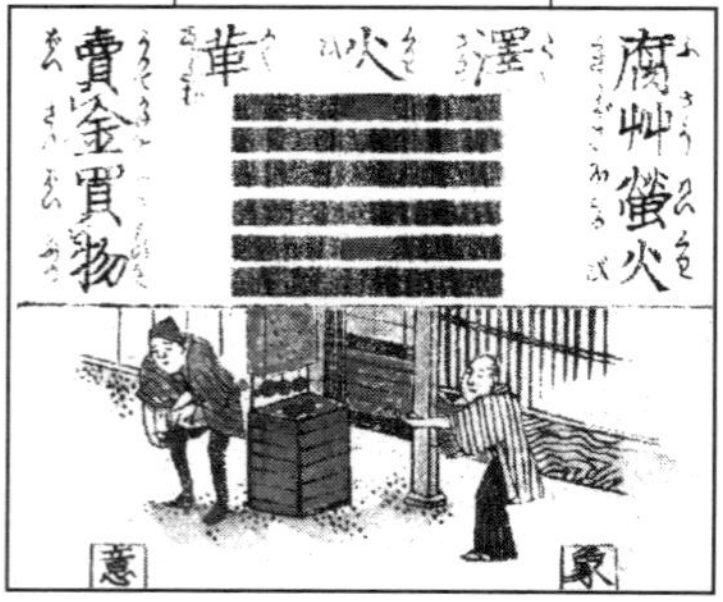

○腐草蛍火…『月令』に「腐草蛍と為《な》る」と記されている。革は更《か》えるで、旧《ふる》いものを改めることである。これは天地が革《あらた》め更わるのである。盛夏の時に人は暑さを憂いるが、陽は段々と衰えて終には寒くなる。また真冬の日に、人は温かさを求めるが、陽が段々と盛んになって、暑い気候となる。腐草が化して蛍となることを云って、四季が革め更わることを示すのである。よって彖伝に「天地革まりて而して四時成り、湯武《とうぶ》、命を革め、天に順《したが》って、而して人に応ず。革の時大なる矣哉」と云うのである。それで人事において、物を改める場合に、その時に従って改めなければならない。時が至ってないのに関わらず、改めてはならない。また時が至ったならば、遅れてはならない。腐草の変化も、時期を違えれば、蛍とならないようなものである。兌を腐草とし、後に火があり蛍の象である。

○売金買物…兌の金が上に在り、離の火が下に在り、火は金に剋って、金は火のために溶け、それで器を鋳《い》るのである。その意は、金を出して器を求めるようなものである。すべてこれは変革の義であるから、これに次ぐに鼎《かなえ》を以てするのである。

梅花易では、五行の生剋をしきりに論じ、剋すれば必ず凶とし、生ずれば必ず吉とする。だがどうして剋することを凶と決める理があろうか。剋することが却ってその用を成すことは、金を溶かして鼎を鋳造するのを見ても悟らなければならない。あるいはまた山は水を得て草木や鳥獣を生じ、沢は土を得て魚や大亀、蛟龍を生ずる。すべて皆剋することにより物を生ずるのである。また既済とか未済の卦は、水火が交わる卦ではあるが、聖人は亨《とお》るの字を付けて、水剋火して用を成さずとは説かれてない。これが新井白蛾の易学において、生剋に拘泥しない由縁である。詳しくは『梅花易評註』に記されている。

◯この卦は万事、改革《あらた》めるに良い。今までやってきた事で世に用いられない類の事は、速やかにその旧いものを棄てて、新しい事を成すのがよい。

解に曰く、革はツクリ皮と訓ずる。これは獣の皮をなめし、その肉を削り、毛を去って治めると云う義である。改革、変更の義である。また沢の水は離火を滅し、火は水を燥《かわ》かす。これは互いにその体を変え改めるので革と名づける。よって人事においても何事も旧いものを去り、新しいものを取るのが良いとする。

◯内は明かに、外は説《よろこ》ぶの義があるので、願望は妨げがない。

解に曰く、内離を明とし、外兌を説ぶとするので妨げがないとする。また変革の義があるので、始めは疑い怪しんで信じなくても、後には孚《まこと》とされ、調うとする。

○始めは調い難い事があっても末には成就する。

解に曰く、始めは人が疑い怪しむが、情が通じた後には、その事を信じるので、卦辞に「已《をは》りなる日にして乃ち孚とす」と。よって始めは調い難いが末には成就するとする。

○住所の苦労がある。あるいは普請など手数がかかることがある。

解に曰く、変革の義があるので住所の苦労があるとする。また改め替ると云う象があるので、普請などの手数のかかることがあると見る。

○色情がある。女難を注意しなければならない。

解に曰く、兌と離の二女が同居するので色情の意とする。また中卦に姤䷫があり、女権が盛んで男を剋すので女難とする。

○物が尽き、また始まる意がある。

解に曰く、変革の義なので、物が一旦尽き、また始まるの意とする。

○立身出世がある。但し遅い。

解に曰く、内は文明であって、外は和悦であるので、人に用いられて立身出世があるとする。しかし、変革の時なので、人がにわかには信じてくれないので遅いとする。

○争論に注意しなければならない。

解に曰く、離と兌の二女が同居してその志を同じくしないで不和合と云う意、また沢水が離火を剋し、離を嘘とか弁明とし、兌を言い争いとするので、争論を慎まなければならないと云う。
○福があっても隔られる意がある。
解に曰く、六二が中正で、九五の中正に応じるのは福を得ると云う象。しかし、三、四がその間を隔てているので。
○婚姻は成立しない。
解に曰く、変革の義なので間違いがあって、ならないとする。
○出産は平らかである。
解に曰く、旧いものを去って、新しいものを取ると云う意があるので、平らかとする。
○病はだいたいは治癒しがたい。
解に曰く、革命と云う象があるので、危なくて治癒し難いとする。
○遺失物はない。
解に曰く、離火が兌金を剋滅するので、ないとする。また変革の義なので、置き所が替った意、あるいは離は見る、兌は説ぶ意があるので、早く捜索したら出ることがある。
○待人は来るが、時間がかかる。
解に曰く、内が明かで外が説ぶので、来るには来るが、変革の義なので、中途で変わり改まりなどして、来るまでに時間がかかるとする。

占例

一人の僧が、大病の人を占ってほしいと云って来た。筮すると革䷰の既済䷾を得た。馬勃《ばぼつ》は「これは大病でもない。また不治の症でもない。ただ危ないように見えるだけである。革は変革ではあるが、病人の身命の変革ではない。ただ昨日今日、朝夕と病状が変動するのである。また熱を含む意がある。沢が変じて既済となる。『古易一家言』に「首ありて尾なきは既済の卦なり」とある。これは外邪であって内傷ではない。よって陰を以て、その病根の陽を打つ時は速やかに治癒するだろう」と。僧曰く「本当によく的中している。これはある人の瘧《おこり》である」と。

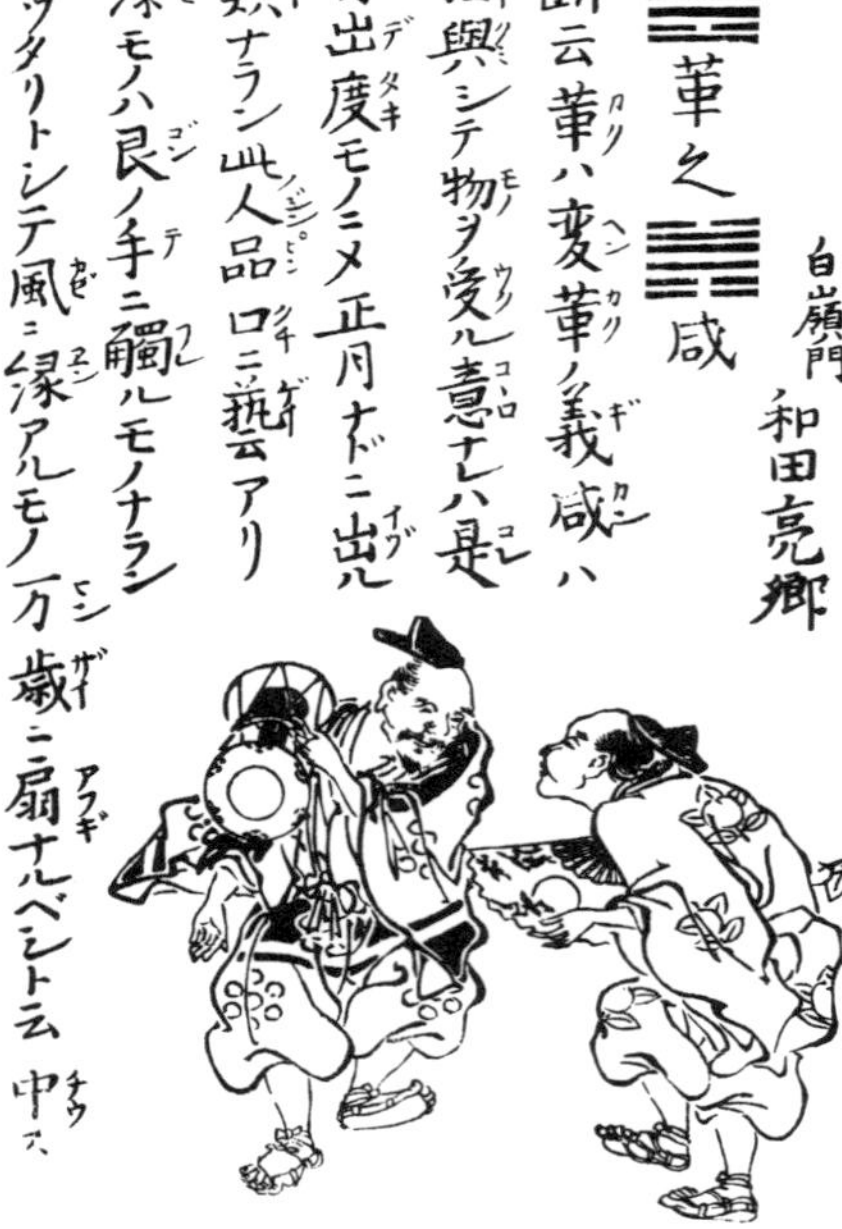

離　巽
火　風

火風鼎

鼎鼐調味之象（鼎鼐《ていだい》、調味の象《かたち》）
微服過宋之意（微服《びふく》、宋を過ぐるの意《こころ》）

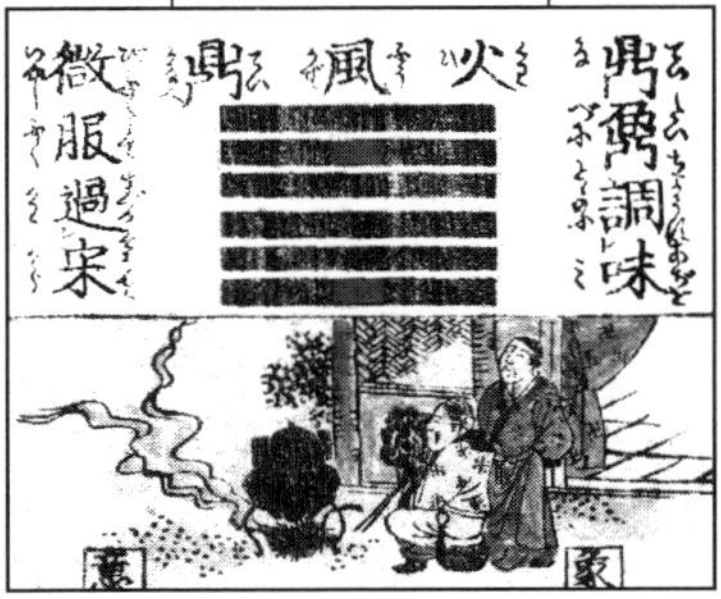

○鼎鼐調味…鼎《てい》は『説文』に「三足両耳、五味を和する宝器なり。鼐《だい》は大鼎なり」と記されている。この卦は鼎の形をしているので、象伝に「鼎は象なり」と云っている。これはいわゆる五像の中の象像と云うものである。初爻を鼎足とし、二三四を体とし、五を耳とし、上爻を鉉《げん》とする。巽木を以て、離火に入れて、烹飪《ぼうじん》を成すと云う象である。生臭いものを熟して味を調えるので、養いの義とするのである。また革《あらた》め更《か》えるである。但し革の金を溶かすのは古いものを去るのである。鼎の烹飪は新しいものを取り用いるのである。鼎は火を以て養い、井は水を以て養うのである。また頤の卦は聖人賢人を養い、鼎は宗廟の中で行う祭において賢人を養うのである。伊尹《いいん》（代表的な上古の賢人）が鼎を背負うようなことも、すべて養の道であるので、鼎は養であると云う。

○微服過宋…孟子は「孔子、魯衛《ろえい》に悦ばれず。宋の桓司馬《かんしば》、将に要して而してこれを殺さむとする。微服して宋を過ぐ」と云った。鼎は固いものを柔らげ、生臭いものを熟し、旧《ふる》いものを捨てて、新しいものに改め訂し、変化させる。それは孔子がまさに宋に入ろうする時に、司馬である桓魋《かんたい》が危害を加えようとしていることを知って、衣服を賤《いやし》くして宋を過ぎて陳に行ったようなものである。また爻を以て云う時は、初六は仇である上を汚そうとする。九二に比して二を汚そうとするが、二は剛中で固く守るので汚すことができない。九三は正に居て固く守り止まって動かず、四は不中不正なので遂に汚される。五は明中の君ではあるが、仇が近くまで来るので、自分を汚すことを恐れて、己れを虚しくして賢に下り、その任を上九に譲って自から退き去るのは、孔子が桓司馬の危害を加えようとしているのを知って、宋を捨てて退いたようなものである。

○この卦は事を改めるに吉。鼎は鍋の類で、物を煮て食用とするための道具である。堅いものを柔らかにし、腥《なまぐさ》いものを熟すなど、どれも変革の義があるので、人も旧いものを捨て新たに事を始めるのに良いとする。

解に曰く、この卦は鼎の画象を具《そな》えている。初爻の陰を鼎の足とし、二三四の陽爻を鼎の腹とし、五の陰爻を鼎の耳とし、上九の陽爻を鼎の鉉とする。よって象伝に「鼎は象なり」と。また巽を木とし、離を火とする。これは巽木を離火に入れて、烹飪するの義象である。食物を烹飪するのはすべて変革の義なので、旧いものを去り新しいことをするに良いとする。

○争論を慎むこと。

解に曰く、巽風が下から火を煽《あお》ぎ、上を犯すと云う意がある。また約象の兌☱に言い争いの意があり、互体の乾☰に剛強の意があり、離に怒る義があって和すことがないので、争論を慎めとする。
○損失がある。
解に曰く、巽木が離火に焼けて消滅するので、損失があるとする。
○福を受ける。また親しい友を得る。
解に曰く、鼎は重要な器で、貴い物なので福を受けるとし、また離を付くとし、兌を悦びとし、新しいものを取る義なので、親しい友を得るとする。
○住所または文書の類で言い争いがある。注意しなければならない。
解に曰く、離を離散とし、巽を往来として、旧いものを捨て新しいものを取る義があるので、住所の移動があるとする。また離を文書とし、兌を言い争いとする。それで文書の類に関して言い争いがあるとする。
○婚姻は成立する。
解に曰く、鼎の足のように、約を堅くし、礼を厚くすれば成立する。あるいは三方から云って来ることがある。調味がよく調うと見るので成立すると見る。しかし、鼎足を折れば、調味を覆えし、変革がある。
○出産は安心できない。
解に曰く、鼎とは変革の義なので、不慮の驚きがあるので安心できないとする。しかし、臨産における筮ならば、巽に発する象、離に見る象、鼎に養う義があるので障りがない。

○病は変がある。
解に曰く、鼎には変革の意があるので変動があると云う。
○待人は来る。
解に曰く、巽を往来とし、離を見るとし、付くとするので来る。また巽を往来とし、離を文書とするので便りがあるはずである。

占例

待人があって今日来るとの約束であるが未だ来ない。今夜にでも来るだろうかと問う。中州先生が筮して火風鼎䷱を得た。そして「鼎には変わるの義がある。今夜、来ることはない。明日来るであろう。そのわけは、鼎の卦を向こうから見る時は革䷰の卦である。革は太陽が西に入ると云う象である。兌は西の方、離は太陽である。これは夜と云う象である。そしてその夜が明ければ、離の日が巽の辰巳に付いて、東天にある象になるので、明日来るはずである」と。果たしてその通りであった。
○人物と生類と云うのを筮して、鼎䷱の姤䷫を得た。釈良円《しやくりようえん》が「鼎は人の歩む象である。離を目とし、主爻が変化するのは目がつぶれた象、上に暗く、下が動く意である。また巽を長いとし、卦全体が蛇と云う象である。これは盲人に蛇であろう」と云う。果たして当たった。

䷲
震 震
雷 雷

震為雷

二龍競玉之象（二龍、玉を競ふの象《かたち》）
有声無形之意（声有り、形無きの意《こころ》）

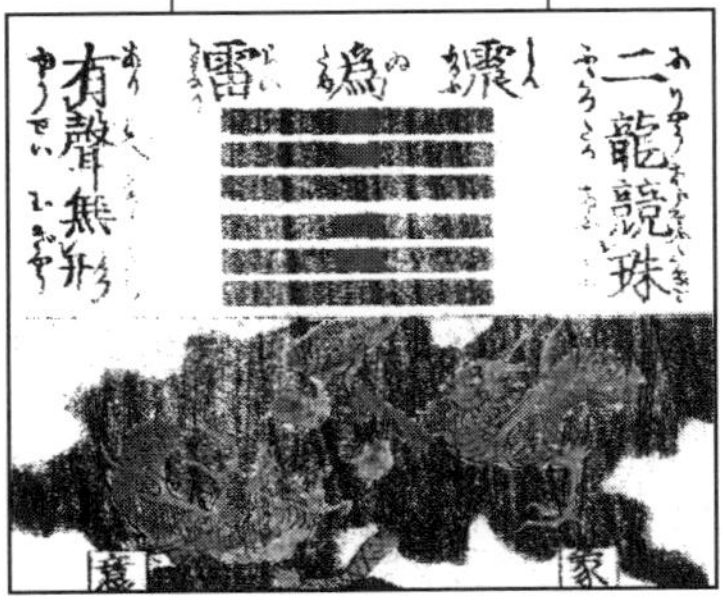

○二龍競玉…震は龍である。上下が相重なっているので二龍の象である。二つの雷が上と下に相競い震動するのは、二龍が玉を競うようなものである。

○有声無形…雷は声が大であって、金石も透《とほ》し、百里先も驚かすほどではあるが、その形を見ないので、声があって、形がないと云うのである。

○この卦はもともと祥福があり繁昌の卦ではあるが、常人には大抵宜しくない。声があり、形がない卦なので、吉凶共に始めに聞く程ではない。

解に曰く、震は発陽の象で、一陽が二陰の下に動く、その象を雷とする。陽気が発動すると、諸物が発生し、草木が繁茂するので、祥福があって繁昌すると云う。このように威勢がある卦なので、高貴な人には応ずるが、常人には及び難いので、常人には大抵宜しくないとする。また雷はその声が百里を驚かすほどに凄まじいものだが、実形の見るべきものがなく消滅するので、吉凶共に聞くほどの事はないとする。

○位官の人、威勢ある人物に出る事が多い。物を審《つまび》らかにして判断すること。

解に曰く、雷はその勢いが凄まじいので威勢があるとし、また震は長男で、乾の初九から第一に生まれ、家を継ぎ位を継ぐので、位官のある人とする。

○驚く事がある。

解に曰く、震雷が震えば百里を驚かすので、驚く事があるとする。

○物の変動する意がある。また譟《さは》がしい意がある。

解に曰く、震は発陽の象であって、物の改まり変わる意があるので、変動の意があると見る。また震雷は鳴動するので譟がしい意があるとする。

○願望は障りがある。

解に曰く、震は六爻すべてに応がない。また互卦に蹇䷦があるので、進退の自由がならないので障りがあると見る。また始めがあっても終わりがない意があるので、完遂できないだろう。

○世間に噂がある。

解に曰く、雷が鳴れば、その声は百里に聞こえるので、世間に噂があるとする。

○旅行がある。

解に曰く、雷は遠くへ達し、また震を足とし動くとし、進み行くとするので、旅行があるとする。

○怒って物を破る意がある。
解に曰く、雷は奮迅激発して、その声が震えると金石さえも打ち砕くので、人もまた憤怒して物を打ち破ると云う意に取る。
○婚姻は宜しくない。
解に曰く、声があって形がなく、始めがあって終わりがない象なので、宜しくないとする。
○病は安心できない。
解に曰く、震動して躁しいので不安とする。震を肝癪《かんしゃく》とし、乱心して強く逆上し、また声があって形がない象なので、驚くことがあるので安心できない。
○出産は臨産に及んでこの卦を得たならば障りはない。
解に曰く、震《ふる》い動いて発生する象があるので、臨産の時ならば障りがないとする。
○待人から便りがある。
解に曰く、震を音信《たより》とし、遠きに達するとするので、待人から便りがあるとする。
○遺失物はない。
解に曰く、音があって形がない象なので、遠く持ち去られてないとする。

占例

古人二人で風情があると云うのを筮して、震為雷䷲の雷沢帰妹䷵を得た。白蛾先生は「この二人は同じような勇者であろう。震を勇者とし、重震なので二人とする。両人共に馬上で先後に並び行く象がある。震を馬とするので馬に乗ると見る。下卦が兌に変じた。兌は口だから、後から呼びかけるのであろう。また兌に水気があり、馬が水上を行く象がある。よって佐々木《ささき》高綱《たかつな》、梶原景季《かじわらかげすえ》の宇治川の先陣であろう」と占断した。果してその通りであった。

艮為山

艮 山
艮 山

山上鎖関之象（山上、関を鎖《と》ざすの象《かたち》）
葛藟纏身之意（葛藟《かつるい》、身に纏《まと》ふの意《こころ》）

○山上鎖関…下卦の艮を山とし、上卦の艮を関とする。関は往来を止める処である。艮は止まるなので、前に関があって通り難いことを知って止まれば咎はない。李白の『蜀道難』に「石を転ずれば万壑《ばんがく》雷の如く…中略…一夫関に当れば万夫開くことなし」と云う。大畜の止まるのは人に畜《とどめ》られるのであり、艮は自から止まるのである。

○葛藟纏身…往くのを止めるの意である。困の上六に「葛藟《かつるゐ》に困《くる》しむ」と云うようなものである。艮の卦は、人の一身に象どり、また蔓草に象るので、身に纏《まと》うと云う意は必然である。よってこの卦の止まるの意は、草木が蔓草《つるくさ》に纏われ伸び難いようなものである。象伝に「時止まれば則ち止まり、時行けば則ち往き、動静その時を失わざれば、その道光明なり」と云っている。よって行くべき時は行き、止まるべき時は止まれば、どのような事も通じないことはない。時珍は「藟《くずかずら》は木の上に蔓延《まんえん》す」と云っている。

○この卦は止まると良く、進むと損がある。また憂喜の二山が重々の義とするので、物事は半ば調い、半ば通達し難い。

解に曰く、艮は止まるで、一陽が二陰の上に止まる象である。陽は動いて上り進む。また一陽が陰中に陥り、互卦に水山蹇䷦の難みがあるので、進む時は損がある。よって分に安んじて妄動しないのがよい。また二山が重なった象なので、一は憂いとし、一は喜びとする。一山を越えれば、また一山があるので、半ばは調い、半ばは通達しないとする。

○難儀があって危ういか、または金銀財宝に損がある。しかし、外から救い助けると云う意がある。

解に曰く、艮は一身に象どり、互卦に水山蹇があり、これを難義とする。山は金銀財宝を蔵するが、互卦に解䷧があり、蒙䷃があるので、金銀財宝に損があるとする。また艮は一陽が二陰をかばう象があるので、外から救い助けるとする。

○進むと、帰る路を忘れ、迷う意がある。

解に曰く、一陽が進んで二陰の上に止まるので、進み行き、帰路を忘れるとする。また互体の坎☵を迷うとするので、帰路をどうしてよいか迷うとする。

○丁寧な意がある。

解に曰く、重艮であってズッシリと止まり、また土と土とが重なるので重複の義とする。それで念に念を入れるので、丁寧と云う意に見る。

○次第に吉に向かう。

解に曰く、艮は下爻から上爻に行くのを吉とする。塵が積もって山を成すように、次第次第に積もって高くなるので、段々と吉に向かうとする。
○婚姻は問題が起きない。
解に曰く、ドッシリと止まるので、危ういことがなく平和とする。しかし、重艮なので止まって遅滞しやすい。
○病は治し難い。
解に曰く、病が内に止まるので治し難いとする。また艮を墳墓とするので、病筮では不吉な兆である。
○遺失物はある。
解に曰く、艮を家とし、止まるとするので、家内を離れていない。ただ深く隠れてすぐには知りがたい。内に止まっているからである。
○出産は軽くはない。
解に曰く、止め止まるなので、母体が疲れて軽くないとする。また産み月の延びることがある。
○待人は来ない。
解に曰く、艮を止まるとし、重艮なので来づらい。もし、来ることがあっても、障りがあってはなはだ遅い。

占例

ある寺僧が来て「私の檀家の二十八歳の女子が妊娠した。その吉凶と生まれる子供の性別は」と問う。筮して艮為山䷳を得た。白泉は「この出産は甚だ難があり、すでに今までに生まれかかったことが一度か二度あったであろう。しかし、母子共に障りはない。生まれる子は女である。そして今日、生まれるであろう」と占断した。僧は「臨月は二月である。ところが今は正月の二十一日なので、どうして今日生まれようか」と云って笑う。白泉は「かりに予定の月が二月であっても生まれるのは今日である」と答えた。翌日、その僧がまた来て大いに驚嘆して「不思議です。昨日、女子を分娩しました」と語った。

○待人を占って、艮䷳の賁䷕を得て、中州は「この人は足先が痛んで来ることができない。足先は初爻変に取る。あるいは女子（変卦離に取る）が重箱（重艮）を重ね飾って提《ひつさ》げて来るだろう」と占断した。果たしてその通りであった。

○本朝の古人二人と云うのを筮して、艮䷳の旅䷷を得て、便道は「艮は僧である。上艮は童子である。離に変じたので美童とする。約象の兌を愛するとするので、この人はこの童子を愛するのであろう。なおこの人は常に謀叛の心が絶えず、また旅は国を去るの卦なので、謀叛が露顕して終に遠国に移される意がある。艮は止まるとするので、一人は長寿でそこに止まり、また旅は日が西山に傾く象なので、美童は短命である。これは文覚上人と六代君であろう」と占断した。果たして的中したと云う。

巽 艮

風 山

風山漸

山中植木之象（山中、木を植えるの象《かたち》）

千里一歩之意（千里、一歩の意《こころ》）

〇山中植木…漸はじわじわと進むことである。その象は山上に木を生じて、漸々に生長するものである。艮を山とし、巽を木とする。巽は陰が生じる始めである。陰が下から生じて上に極まるのは、木が根からますます生じて枝葉が繁茂するに至るようなものである。

〇千里一歩…漸の時は、急であってはならない。千里を行くのも一歩から始まる。よって聖人はこれを戒めて「女の帰《とつ》ぐに吉。貞《ただ》しきに利《よろ》し」と云った。もしこれに背いて、漸の時に急速であれば災いを生ずるので、一歩違えば千里違うものである。注意しなければならない。初めには少しの違いに過ぎないものが、終わりには大きな相違を生ずるのである。それは「臣、君を弑《しい》し、子、父を弑するのは、一旦一夕の故にあらず。漸久の故なり」と云うようなものである。漸の卦を得て、事を行う場合は、女子が嫁する時に漸次に礼を備えて後に嫁するようにすると、吉である。もしも順次を踏まず急速だと凶である。それで礼を以てすれば妻であり、奔《はし》れば則ち妾になると云うのである。

漸は止まっては往き、止まっては往く。これは順次を踏んで礼が備わって往く意である。帰妹䷵は悦んで走り、走って悦ぶ。これは仲人がなくて往くものである。よって漸は則ち妻であり、帰妹は則ち妾となるのである。帰妹は漸の反対なので奔ることは必然である。胡氏は「咸䷞は女を取《めと》る者の占、漸䷴は嫁する者の占也」と云っている。

○この卦は山上に木を植えて茂生すると云う意で、人も立身出世があるとする。
解に曰く、木が山上に在って生長する。年々漸々の義があるので、人も次第次第に発達して立身出世があるとする。

○女が男を思う卦なので婚礼は成立する。
解に曰く、巽の長女が、下に向って艮の少男を慕う象があるので、女が男を思って婚が成るとする。但し漸々の義なので遅いとする。

○すべて色情がある。
解に曰く、天地、陰陽が始めて交わって漸と云う象になったので、すべて色情があるとする。

○金銀の難《なや》みがある。
解に曰く、中卦に旅䷷の卦がある。艮山が財宝を蔵《かく》し、離火を以て艮山を焼くので、金銀の難みがあるとする。

○病人は大凶。
解に曰く、漸々と進む義があるので凶とする。よって速やかに治療すべきで、手遅れになれば大凶に至るだろう。
○待人は来る。物事は必ず達するし、必ず通ずる。
解に曰く、巽を往来とし、艮に門を開き、外から入り来る象があるので来るとする。漸は山上に木を生じ、次第次第に成長するので達するとし、また通ずるとする。
○出産は障りがない。
解に曰く、巽木が漸々に生長する象があるので障りはない。あるいは進み、あるいは止まると云う意があるので、少し手間取るだろう。
○遺失物は出難い。
解に曰く、艮を門とし、家とし、巽を風とし、吹き散らす象がある。よって外に出たので出難いとする。
○住所に苦労がある。
解に曰く、進む者はその所に止まらない。従って落ち着かないので苦労があるとする。

占例

一人の男の病を筮し、漸䷴の観䷓を得た。平沢先生は「病は悪い風気が感染する所であって、腰脚がだるく、頂背が少し強ばり、鬱々として楽しまない。だがこれは軽症である。この人は放蕩のために金銀に窮迫し、病に托して父兄を驚かして、憐れみを乞うのであろう。漸なので、その原因となることがある。よってその意中を尋ね志を達成させたならば、忽ち治癒するだろう」と占断した。その人は驚いて「この者はかつて悪友のために唆《そそのか》されて、しばしば女郎屋に行くので、大いに戒めて出入りを許さなかった。この頃は病を理由にしきりに湯治を望んでいる。これは間違いなく仮病の類で、先生の占断はよく的中しました」と礼を云った。

震 兌
雷 沢

雷沢帰妹

少女逐男之象（少女、男を逐《お》ふの象《かたち》）
顚倒齟齬之意（顚倒《てんとう》、齟齬《そご》の意《こころ》）

○少女逐男…兌を少女とし、震を長男とする。少女が長男に従って説《よろこ》びを以て動く。情が勝ってその配偶を択《えら》ばず、礼が備わるのを待たず、仲立ちを立てずに無理に嫁すると云う象である。よって卦辞に「帰妹、征けば凶。利《よろ》しき攸《ところ》なし」と云うのである。これは婚姻だけではない。他の事もすべてそうである。男であれ女であれこの卦を得たならば、不正の人であると知ること。

○顚倒齟齬…男が女に下るのを婚礼の道とする。今これを顚倒して女が男に下っている。また少女が少男に嫁ぐのを良偶とする。今はこれが齟齬《そご》、つまり食い違って、少女が長男に嫁ぐ。どれも婚姻の時を失う者である。ちなみに歯の合わないことを齟齬と云う。

○この卦は不意に禍のある卦なので注意しなければならない。

解に曰く、兌の少女が悦んで震の長男に向かい下る。陰が陽に先立つのは正しくなく、また女が男を追うと云う象なので、了簡違いがあるとし、約象の坎☵を災難とし、兌を毀折《きせつ》とし、震を驚くとして、不意に禍《わざわい》があるとする。

○色情がある。すべて女に関して障りがある。

解に曰く、少女が長男を逐《お》う象があるので、色情があるとする。また女が男を逐うので、女に関して障りがあるとする。

○願望に妨げがある。自分の物が自分の用に立たない意がある。

解に曰く、兌を言い争いとし、震を驚き譟《さわ》ぐとする。更に金剋木なので、ねじけた心の口先巧みな妨げがある。また兌の少女が震の長男を逐い慕っても逃れ去ろうとするので、自分の物が自分の用に立たないとする。

○相談、契約などは、その期を失い破れる意がある。

解に曰く、帰妹は、帰を誤るので、相談や契約などがその期を失って破れるとする。

○悪人に阻《はば》まれ、自分の正直が顕れず、難渋に遇う事がある。注意しなければならない。

解に曰く、約象の坎☵を浮雲とし、互体の離☲を日とし、雲が日を覆って妨げ、また坎を悪人とし、離を正直とするので、悪人に阻まれて自分の正直があらわれずに難渋すると云う。

○婚姻は凶。

解に曰く、男女共に情のために悦び動いて、婚姻の礼に背くと云う意なので凶とする。また二爻と五爻の応があるので縁組は調うが、約象の坎の難《なや》みがあるので後に諍《いさか》いがあるとする。

○出産は障りがない。
解に曰く、兌口は開き、震を動き出るとするので障りはないとする。
○病は凶。
解に曰く、気血が不順で、上は熱し、下は冷えるので凶とする。
○遺失物は出るであろう。
解に曰く、女が男を追う象なので、間違いがあって紛失したか、また置き場所が替ったかしている。震で怒るが、兌で悦びがあるので出るはずである。
○待人は来る。
解に曰く、震を進み行くとし、兌を後から追い行くとし、また兌に話す、震に音信の意があるので、来るとする。

占例

少女の病を筮して帰妹䷵の睽䷥を得た。平沢先生は「浮雲が日を覆うと云う卦である。これは不正の気に感じ、遂に傷寒（漢方医学における急性熱性疾患の総称）となった。また震と兌が一緒になると云う意象からすれば、この家に病人が二人いるであろう」と占断した。相手は「その通りです。生死はどうでしょうか」と尋ねた。先生は「震は離となり、兌はそのままである。これは年上の者は死ぬであろう。少女は恙《つつが》ないであろう」と。その人はそれを「はい、分かりました」と聞いて帰った。その人の父親は前々から傷寒に罹《かか》っていて遂に死んだが、少女は日を追って回復したと云う。

震　離
雷　火

雷火豊

俊隼獲雉之象（俊隼《しゅんじゅん》、雉《きじ》を獲《とらへ》るの象《かたち》）
残花待雨之意（残花、雨を待つの意《こころ》）

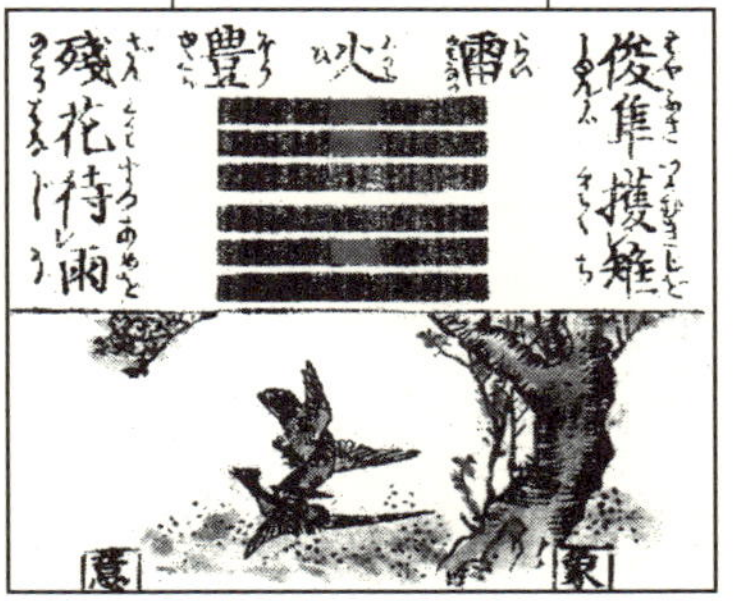

○俊隼獲雉…俊とは千人に秀でることを云う。隼は祝鳩《たか》である。顔師古《がんしこ》（中国、唐の学者）は「鶻《はやぶさ》也」と云っている。隼は震に取り、雉は離に取る。豊は盛んであり、その盛大なことが祝鳩の雉を捉える勢いのようなのである。

○残花待雨…豊は盛んな勢いが極まる義なので、終に衰え憂いるという意がある。象伝に「日中を過れば昃《かた》ぶき、月盈《みつ》れば則ち食す」と記されている。よって人事もまた盛りが極まる時に、必ず衰えて憂いるさまは、花が盛りを過ぎ、開き残った花の勢いが衰え、雨を待って開くようなものである。郭《かく》氏《し》忠孝《ちゅうこう》は「物極めて盛大なる者は憂ひ必ず至る。日中を過れば則ち昃き、豊過盛なる者は則ち衰ふ」と云った。人は安全な時にも危険に対する注意を決して忘れてはならない。

○この卦は盛大な勢いのある卦だが、余り大いにその勢いが過ぎるために却ってその形を失う意と見なければならない。譬《たと》えば水中の月のように目に見えて手に取ることはできない。この意を考え合わすこと。

解に曰く、豊は大である。離の日と震の動が体を合わせる。震を雷とし、離を電とする。雷電が一時に発し、あるいは奮い、あるいは閃めき、その勢いが盛大なので豊と云う。震雷と離電は、その勢いが盛大でも、忽《たちま》ち消滅してその跡を止めない。よってその形を失うとし、また雷電共に形がないので、目に見、耳に聞いても、手に取ることができず、水中の月のようなものと云う。よって万事この意を以て考えよと云う。

○虚言とか、謀計がある。
解に曰く、震を大声とし、離を嘘とし、互卦の巽☴を巧みとするので、虚言や謀計があるとする。

○思いもよらない驚きがある。
解に曰く、雷電が一時に起こって百里を驚かすので、思いもよらない驚きがあるとする。

○損失がある。
解に曰く、豊を豊大とし、驕奢《きょうしゃ》とし、また震木が離火のために焼尽し、火もまた消滅するので、損失があるとする。

○公事、訴訟、喧嘩などを注意しなければならない。
解に曰く、この卦の大象伝に「獄を折《さだ》め、刑を致す」とある。離の明智と震の威権があるので、明かにして動いて、刑を施さなければならない。よって獄を折《さだ》め刑を致すと云うのである。獄は訟と同じで、訟は自から上に訴え、獄は訟事を定め治めることを云う。それで公事（訴訟）、訴訟とする。また震と離は共に怒りが盛んな象であって、互卦の兌☱に言い争いの意があるので、喧嘩などを慎しめとする。
○貴い物を得る意がある。
解に曰く、震と離を財宝とし、豊を盛大とするので貴い物を得るとする。
○婚姻は宜しくない。
解に曰く、離火は震木に付いて、一度は形を成すが、相共に亡びて、始めがあって終わりがないので宜しくないと見る。
○出産は難しい。
解に曰く、離を大腹とし、震を驚くとし、離火が震木によって形を成すが、相共に消滅して、その形を止めないので、出産は難しいとする。
○遺失物は尋ね当てることができる。
解に曰く、離を明とし、震を発出とするので、尋ねれば発見するはずである。豊大なので油断してなにか物に蔽《おお》われたのであろう。
○病は凶。
解に曰く、離熱が熾《さか》んで、逆上が甚だしく、また離火が震木を焼いて、共に消滅するので凶とする。
○待人は来難い。
解に曰く、二爻と五爻は同じ陰爻で同徳なので、相応じているが故障があって来づらい。しかし、離を文章とし、「章を来す。慶誉あり」と云うので、便りが来ることがあるだろう。

占例

五歳の小児の病を筮して、豊䷶の小過䷽に之くを得た。平沢先生は「豊満の理から腫瘡と云う象がある。雷が山上に震う卦になるので、発熱が甚だしく、引き付けがある。これは間違いなく痘瘡の初熱である。そして小過は大坎☵と云う象で、病の結果、坎の孔穴を生ずる意がある。そうならないようによく注意しなさい」と占断した。家人はその言に従って看病を怠らなかった。果たして腫れ物が無くなる前後に、にわかに痒《かゆ》みを生じたが、紅い絹で堅く手を包み、腫れ物の上を掻《か》かせないようにしたので恙《つつが》なきを得たと云う。

○器物一品と云うのを筮して、豊䷶の大壮䷡を得た。松井羅州は「この器物は銃砲と云う意味がある。離を火とし、震を飛ぶとする。また大壮はその爆声の大きく壮《さかん》なことに取る」と占断した。果たしてその通りであった。

離　艮
火　山

火山旅

日傾西山之象（日、西山に傾くの象《かたち》）
見鳥失矢之意（鳥を見て、矢を失ふの意《こころ》）

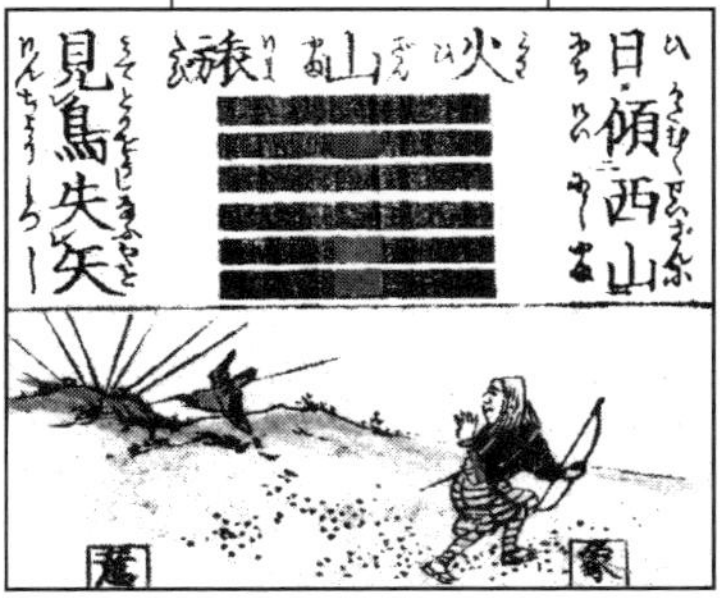

○日傾西山…離を日とし、艮を山とする。豊は日が東方に出る象で、旅はこれに次いで倒体しているので、日が西山に傾く象であることは云うまでもない。旅は日暮には宿に着き、朝は明るくなると出て往く。艮は止まり、離は離れ行くので旅とする。日が西山に傾けば、今夜はどこに宿をしようかと憂いる。これは旅の全象で当り前なので、日、西山に傾くと云う。これは日輪の運行を、人の旅行に譬《たと》えているのである。

○見鳥失矢…旅は物事が自由でなく、目に見ても手に取れない。その意は鳥を見て矢を失い、手を空しくするようなものである。また離を火とし、艮を手とする。火は目に見えるが手に取ることはできない。

但し、旅行する者がすべて少しもその用をなせないと解してはならない。そうではなくて、旅の時は、その旅の目的があるので、その他の事を見聞していいなと思ってもそれに時間を割くことができず、また店屋で珍しい物を見つけても、遠くまで持ち運ばなければならないことや、あるいは旅費が足らなくなるのではなどと考えて、あえて求めないようなものである。

一義に鳥を射て矢を失う意がある。旅は、あるいは大いに獲て少し費《つひ》えがあり、あるいは少し得て大いに費えのあることもある。その意は鳥を得て矢を損《へら》すようなものである。

○この卦は始めは良いが、後には悲しみとなる意がある。万事について注意しなければならない。

解に曰く、艮は山であって、家とし、止《とど》まる。離は火であって、動いて止まらない。動いて止まらないのは道を行く人の象である。止まって外に着くのを旅と云う。艮を山とし、離を日とし、約象の兌☱を西とするので、日が西山に傾く象がある。旅人は朝に出立する時はいいが、日の傾く頃になると、今夜はどこに宿をすべきかと心細く感じるので、始めは良いが、後に悲しみとなる意があるとする。

○月が半ば開いた意があるので、小事には良い義がある。その占う事それぞれで判断すること。

解に曰く、約象の兌を新月とし、二爻から五爻に似体の坎☵があり、坎を満月とすると、両象の間と考えて、半ば開いたとする。また旅の象伝に「小は亨《とお》る」とあるので、小事に関しては良い意があるとする。

○心中が浮ついた物のように穏やかではない。

解に曰く、旅人が今日はここに宿り、明日はまたあそこに泊って、一定の居所がないように、心中が水に浮いた物のように落ち付かないと云うのである。

○住所に関して苦労が多い。また旅先の宿泊のように心細く思う。
解に曰く、艮を家とし、離火は移って止まらないので、住所が落ち付かず苦労が多いとする。また旅は親しい人が少ないので心細く思うのである。
○旅行は宜しくない。盗難に注意すること。
解に曰く、旅は親しみが少ないので宜しくないとする。また約象の兌を盗賊とし、金銀とし、離火を以て金銀を剋するので、盗難に注意せよと云う。
○病人など凶とする。一旦は良いようでも終には死ぬ。
解に曰く、日が西山に傾く象なので次第に危うく凶とする。また病筮では、旅行とは、黄泉《よみ》への旅、即ち死の義に当るので不吉の兆とする。
○親しむ人もなく、困窮し、流浪の人と云う意がある。
解に曰く、離火は炎上し、艮山は止まり、進退その向かう所を異にしている。親しまない由縁である。また旅はその居が定まらないので、困窮流浪の意とする。
○婚姻は宜しくない。
解に曰く、離は動き、艮は止まり、互卦が大過䷛で相背いている。これは不和の象なので宜しくないとする。
○出産は難《なや》みがある。
解に曰く、離火は炎上して熱く、下部は冷却し気血が不順で、中卦に似体の大坎を含むので難みがあるとする。

○遺失物は急いで探すこと。

解に曰く、艮を家とし、止めるとし、離を財物として、家門の外に止める意があるので、急いで探せば、離明の意から出るはずとする。遅いと離は動き去って、空しいとする。

○待人は来る。

解に曰く、離は進み、艮は止まるので、途中に故障があって遅れる。しかし、艮の家を離れて進む象があるので来るとする。

占例

宝暦戊の正月二十日、白蛾の門人である古川玄随《ふるかわげんずい》が自から筮して旅䷷の鼎䷱を得た。そこで白蛾先生に「この頃、京の大医、堀玄厚《ほりげんこう》、子が病に罹っています。この卦の吉凶はどんなものでしょう」と尋ねた。先生は「病人を筮して旅の気配があり、また鼎には改まり変わる意がある。この人は必ず死ぬであろう」と答えた。玄随は「いずれの日に死ぬでしょうか」と聞く。すると先生は「甲乙の日に遇えば死ぬであろう」と云った。それで玄随は「今日から算すると、二十四日、二十五日に当ります」と云うと、先生は「その日に死ぬであろう」と答えた。果たして二十四日の夜に死んだ。これは新井流の相生相剋の法である。火山旅䷷の下卦である艮土が、火風鼎䷱の下卦である巽木のために、木剋土と剋殺されるので、これを死と断ずるのである。

巽 風
巽 風

巽為風

颶風覆舟之象（颶風《こうふう》、舟を覆《くつが》へすの象《かたち》）
枝折幹仆之意（枝折れ、幹仆《たを》すの意《こころ》）

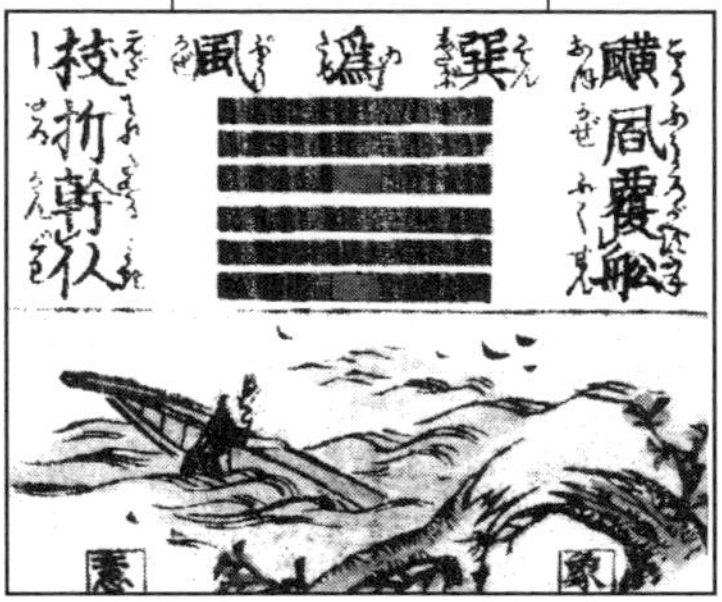

○颶風《こうふう》覆舟…颶風は暴風である。巽を風として、上と下が相重なって大風とする。また巽を舟に取り、また顚倒とするのである。

○枝折幹仆…幹は草木の茎である。下の巽を幹とし、上の巽を枝葉とする。重巽だから大風なので木が倒れるのである。巽は風であって、君子の命令である。その命令を天下に通行させるのは、風が行くようなものである。

しかし、その命令において、仁なるものがあり、不仁なるものがある。尭や舜の令は仁政で民のためのもので、民は悦《よろこ》んで従い、桀や紂の令は不仁で自分のためのものなので、民は叛《そむ》いて順《したが》わない。まさに民の苦しみを気にすることのないその命令の粗暴さは、大風が起こって、枝幹が折れ倒れるようなものである。風雷益の風は尭や舜の令のようであり、巽為風の風は桀や紂の令のようである。巽は、内が柔で外が剛なので、徳が少なくて暴を用いる有り様が、まさに枝を折り幹を倒すと云った有り様なのである。

○この卦は通達の意があって思う事を遂げると云う卦である。しかし、横合から障りがあって事を仕損じる。とにかく人に順ってするのが良い。

解に曰く、風はよく遠くにまで達するので、思う事を遂げるとする。乾の円満であるものを下に一陰が突然生じて欠損するので、横合から障りがあるとする。また互体の兌☱を毀《き》折《せつ》とするので、仕損じるとする。また風は万物をのどかにするものだが、風勢が甚だ強いと、却って物を傷つけてしまうので柔順なのがよいとする。

○遠方へ通ずる事がある。また触れ流しが段々に至る意がある。

解に曰く、風が吹き行くと遠い所に達するので、遠方へ通ずる事があるとする。また風は物に触れて次第次第に進み行くものなので、触れ流し（命令・触書などを広く伝えること）が段々に至るとする。

○住所の辛苦がある。心身が定まらず迷う意がある。

解に曰く、風は往来して定まらないし、また種々の物に触れて障るので、住所の辛苦があるとする。また風は進退をはっきりさせず、往けばまたこちらに来、来ればまたあちらに往って、定まる所がないので、心身が定まらず迷うとする。

○願望は十あれば五つが叶うだろう。

解に曰く、巽風は吹き通るので調うとするが、風が重なって物を吹き破るので、十中の五が叶うとする。

○待事は便りが来る。
解に曰く、風はよく往き通じるので、待事は便りが来るとする。
○婚姻は宜しくない。
解に曰く、風は動揺して定まらない。また重なった風なので、物を吹き破り、また風が吹いて行き、その後が続かない義があるので宜しくないとする。
○出産は無事である。
解に曰く、巽は東方の木気で、次第に生長する義があるので無事とする。
○病は危うい。
解に曰く、一陰が下に生ずるのを病とする。重巽なので、繰り返されて長い間治らない病とするので危うい。
○遺失物は出難い。遠くに去った。
解に曰く、風は形がなく、また遠く行くものとするので、遠く去って出難いとする。
○伏し隠れる意がある。
解に曰く、一陰が二陽の下に入るので、伏し隠れるとする。
○難渋に遇う事がある。また外から助けられる意がある。
解に曰く、中卦に睽䷥がある。睽を乖《そむ》き違うとするので、難渋に遇うとする。また内卦の巽を心配で気が塞いで楽しまないとし、外巽の倒兌が口をこちらに向けて、和《なご》やかな言葉でこちらの憂鬱を慰めるので、外から助けられるとする。

占例

一人の婦人の病を筮して、巽䷸の小畜䷈を得た。平沢先生は「巽に多産の理があり、またその之卦が小畜なので気の凝る所がある。しかも二人の女が変じて一人の女となった。これは、子供に死別して、気血が虚脱したあげく、鬱々として病を生じたのであろう。これから先、初爻から四爻までの坎☵の長い険に向かう意があるので甚だ危い。しかし巽の卦からの工夫がある。外巽の倒兌で助ければよいので、針灸で気を開き、薬湯を選んで、虚脱を補ったならば治癒するの道があろう」と占断した。後に果たして教えのようにして全癒したと云う。

兌 兌
沢 沢

兌為沢

新月映池之象（新月、池に映るの象《かたち》）
有誉有識之意（誉《ほまれ》有り、譏《そしり》有るの意《こころ》）

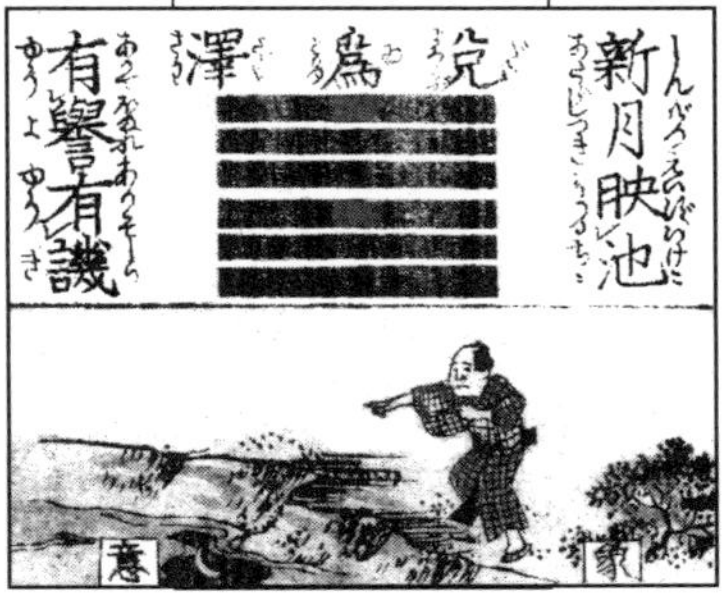

○新月映池…新月は三日月である。上卦を月とし、下卦を池とする。月が始めて出て、池に映じる。これは悦びの象だけがあって兌《よろこ》びの言葉はない。無言の兌びである。咸は心がなくて感じ、兌は無言の兌びである。よって言葉はなく、兌は口を開き説ぶと云う象だけである。

兌は、一陰が二陽の上に進み出て悦ぶと云う象で、その悦びにおいて、正と不正とがある。上は天の理に順《したが》い、下は人の心に応ずると云うのが、説びの至善なるものである。つまり道に背いて誉れを求め、人と共にせず妄《みだ》りに悦ぶようなことは、一時の説びであって君子の悦びではない。小人の悦びは、しばしの悦びで、悲しみがすぐにやって来る。それは、新月が池に映っていても、一時映っているだけで久しくないようなものである。

○有誉有識…兌は口である。誉《ほま》れ、譏《そし》り共に口から出るものである。よって『詩経』に「好言（善い言葉）は口からし、莠言《しゅうげん》（悪意の言葉）も口からす」と云っている。よって聖人は無言の兌びを以て教を表し示した。言葉を使って悦ぶ場合はへつらいに近い。表面上へつらうことは害の基なので、卦辞に「貞しきに利し」と記されているのである。

また重兌は二つの口と云う象で、口が多い時は、必ず誉めるものもあり、譏るものもある。上に居るものは人を譏らず、貞であり、功ある者には賞を施す。それで、誉れは上の兌口に取る。また下に在る者はよく人を譏るので、下の兌を譏るとする。

また六三の爻は不中、不正で、下卦の極まるところに進んで、妄りに口をたたく象である。またこの卦には中卦の巽☴と離☲を含めれば、中女、少女、長女の三女を合しており、いわゆる小畜に三女を備うと云うようなものである。三女は姦である。姦は必ず人を謗《そし》るものである。

○この卦は喜びが顕われる卦で善い卦だが、物事に取り諦まりがなく埒《らち》の明かない意がある。考え合わせて判断すること。また外見は良いが内心が良くない意がある。例えばへつらう人と同様である。

解に曰く、兌は一陰が二陽の上に居る。これは陰が陽を悦び、陽によって悦ばれる。兌を口とし、上が開いた象があるので、口を開いて笑い悦ぶ理があり、また兌を少女とし、少女二人が相戯れ悦ぶ義があるので、喜びの顕われる卦で善い卦とする。だがまた少女が集まって遊び戯れるように、取り締まりがなく物事が片づかない意がある。また兌口を以て人を悦ばすが、中に二陽の二心があるので、外見は良いが内心は良くないとする。

○人が集まる義がある。

解に曰く、少女が出会うので人が集まるとする。

○言い争いなど、争い事がある。

解に曰く、兌口が相重なるので、言い争いなどがあってあれこれと争うとする。

○色欲の難《なや》みがある。

解に曰く、少女が出会い悦び和するので色欲とし、重兌なので心に迷い難みがあるとする。

○願望及び病などは半分以上は宜しくない。

解に曰く、兌口が重なる象なので、誉れがあり、譏りがあって、半ば調う様で妨げがある。また病は重卦なので再発の気配があり、いったんは悦び、また毀折とするので宜しくない。

○心身を苦労して、後には良い。

解に曰く、悦びにあって憂いを忘れず、心身を勤労して、その後に真の喜びがある。よって心身を苦労して後には良いと云う。

○学問には吉。

解に曰く、互体の離☲を文明とし、兌を悦ぶとし、文明を以て人に悦ばれ、また口より口へ相伝え、講習の義があるので学問に吉とする。

○婚姻は言い争いがある。

解に曰く、兌を和して悦ぶとするが、重兌なので言い争いがあると見る。

○出産は無事とする。

解に曰く、兌を悦ぶとするので無事とする。

○遺失物は出難い。

解に曰く、兌を毀折とするから大抵出難いとする。しかし、兌には悦びが顕れる義があるので、兌口を以て告げに来るようなこともあり、知ることもあると見る。

○待人は来る。

解に曰く、兌口が相集まる意があるので来るとする。

占例

ある人がやって来て、「今度一振りの刀を求めるのだが、その善し悪しはどうか」と問う。筮して兌☱☱の履☰☱を得た。随鳳は「兌は柔金で乾は剛金である。両卦を当てはめると、剛と柔が中を得ている。よく切れる刀であろう。兌が変じて履となるのは、卑しいものが貴くなる理がある。これは新刀の類ではあろうが非常によいできに違いない」と占断した。後に死刑を執行する役目の山田氏に頼んでその刀を試みると、果たしてとてもよく切れたと云う。

巽　坎

風　水

風水渙

順風駕帆之象（順風、帆を駕すの象《かたち》）

萍水相逢之意（萍水《ひょうすい》、相逢ふの意《こころ》）

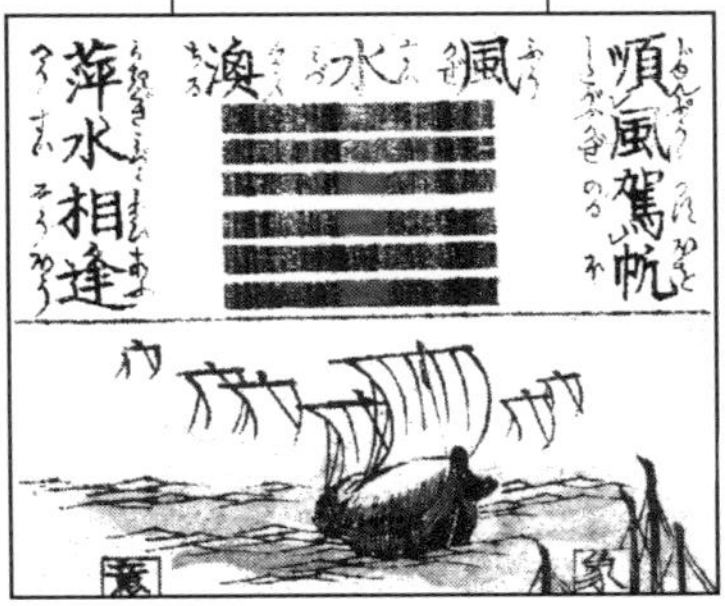

○順風駕帆…繋辞伝に「木を刳《く》りて舟と為し、木を剡《けず》りて楫《かじ》と為し、舟楫《しゅうしゅう》の利、以て通ぜざるを済《わた》し、遠きを致して以て天下を利するは、蓋《けだ》しこれを渙に取る」と記されている。渙は散らすと云うことである。風が散らして、氷が解け、水が流れると云う象である。これは君主が恩恵を民に散らし、民は恩沢を蒙って、憂いを解く様子が、あたかも風が散らして氷が解けるようなものである。また恩沢が蒙り難い所までも遠く及ぶ様子は、舟で、不通の所を渉《わた》すようなものである。坎水の上を行く巽木の舟の象がある。

○萍水相逢…既に散じたものを聚《あつ》めると云う意である。王が大廟に詣《もう》でて誠敬を尽くし、渙散した先祖の霊魂を祭祀によって聚める。その意は例えて云えば、萍《うきぐさ》が風に順《したが》って分散しても、また風に順って聚まるのと同じである。萍は根がなく、水に浮かび生じて、風に順って往来する草である。但し王勃《おうぼつ》著『滕王閣序《とうおうかくじょ》』の「萍水相逢う。尽《ことごと》くこれ他郷の客」と云う文を引いた訳は、王が廟に至って先祖の精霊を聚め、亨通する有り様を、滕王がこの閣に升って他郷の客を聚めて大宴した有り様になぞらえてのことである。よって卦辞に「王、有廟に仮《いた》る」と云うのである。

また渙は散だから、人事では、住所を離れ、親戚や朋友を失うことは、王勃が檄文を作って退けられ、自から漢の賈誼《こぎ》が罰せられたことになぞらえて、「帝閽《ていこん》を懐《おも》ふて而して見ず。宣室を奉じて以て何年」と嘆じたようなものである。

渙は散である。それなのに聚まる意があるのは、物は散じても、散に終わるはずがなく、散じれば必ず聚まるの理があるからである。憂いが散じる時は楽しみが来て、小人が去る時は必ず君子が来る。君子が退く時は必ず小人が聚まるようなものである。

○この卦は物が散り解ける意があって、悪事が身を離れる吉兆とする。だが散乱の義があり、損失がある。解に曰く、渙は散ずることである。巽風が坎水の上にあり、風が水上を行けば、水は必ず風に散らされるので渙と云う。よって物が散り解け、坎険を解き散らすので、悪事が身を離れるとする。また風が水を散乱するので、人事に取れば、散財の意とする。よって損失があるとする。

○遠方に往来し、または遠くの地と取り結ぶような事など、皆、障りがない。

解に曰く、渙は、巽を舟とし、坎を水とし、舟が水上に浮ぶ象。また巽を往来とし、巽風は遠い所まで行くことから、遠方往来とし、遠国や他国とする事はどれも障りがないとする。

○横の方から思いがけない災難または損失を受けたり、または世話や苦労がある。前もって注意しなければならない。住所の苦労がある。宿替などは良い。

解に曰く、坎を災難とし、巽を横の方から不意に思いがけない事があるとする。また巽風が坎水を吹き散らすので損失を受けるとする。また巽風が坎水を吹くと、波浪を生ずるので同じように世話苦労があるとする。また舟が水上に浮かべば、巽風が吹いてきて動揺が収まらないので住所の苦労があるとする。また水風井䷯の卦は坎険の中に巽順して出ることができない。ところが渙は坎険の外に出て、巽順する象なので宿替などは宜しいと云う。

○心の底から安心できない意がある。
解に曰く、坎を心とし、艱《なや》みとする。今、巽風が吹いてきて、坎の心を散乱せしめるので、心の底から安心できないとする。

○待人は来難い。
解に曰く、坎を難みとし、巽を順うとし、渙は、難みの外に順って、難みから離れられないと云う象なので、待人は故障があって来難いとする。

○婚姻は成立する。
解に曰く、心解け、和熟すると云う意があるので、婚姻は成立すると見る。

○出産は臨産の時に笟したならば無事の意。
解に曰く、臨産の笟ならば、巽の股から坎の胎児が生まれる象があって無事とする。しかし、臨産の笟でないなら、巽風が坎水を吹き散らして流産の難みがあるだろう。

○病は大抵凶だが、病人が急病の人か、長く患った人かで違う。

解に曰く、急病であれば、渙散の義なので、即時に治することがある。しかし、病になって久しい人にこの卦を得たならば、元気が次第に衰えて渙散すると云う象なので凶兆とする。

○願望は時間がかかって成就する。

解に曰く、渙散には緩徐の意があるだけでなく、巽風が坎水を吹き融かして、その後に陽春となるので時間がかかると見る。

占例

魚一品と云うのを筮して、渙☴☵の訟☰☵を得た。平沢先生は「巽は平で、坎は上下の陥る象があり、また天水が相背き、表裏が地紋を異にする。また中卦に目が並んだ象があり、これは比目魚《かれい》であろう」と占った。果たしてその通りであった。

○唐の古人と云うのを筮して、渙☴☵の観☴☷に之くを得た。平沢先生はこれを推考して「渙は、風も水も共に定まりがない。終わりが悪い人であろう。とはいえ、一旦は水地の親しみを得て、君王に近侍し、観の美が多くの人に惜しまれる。坎は糸で縊《くび》る象があり、これは楊貴姫《ようきひ》であろう」と判断した。果たして的中した。

○人物に楽器と云うのを筮して、渙☴☵の観☴☷を得た。便道は「渙は往来する意、また頭を覆う象があり、変卦の観は人が立った象、坤を家とし、艮を門とする。人が門に立つ象である。また器は巽を竹とし、坎を穴とする。竹に穴があって巽を吹くとし、震を鳴らすとする。即ち尺八と云う象である。よって虚無僧に尺八である」と。果たしてその通りであった。

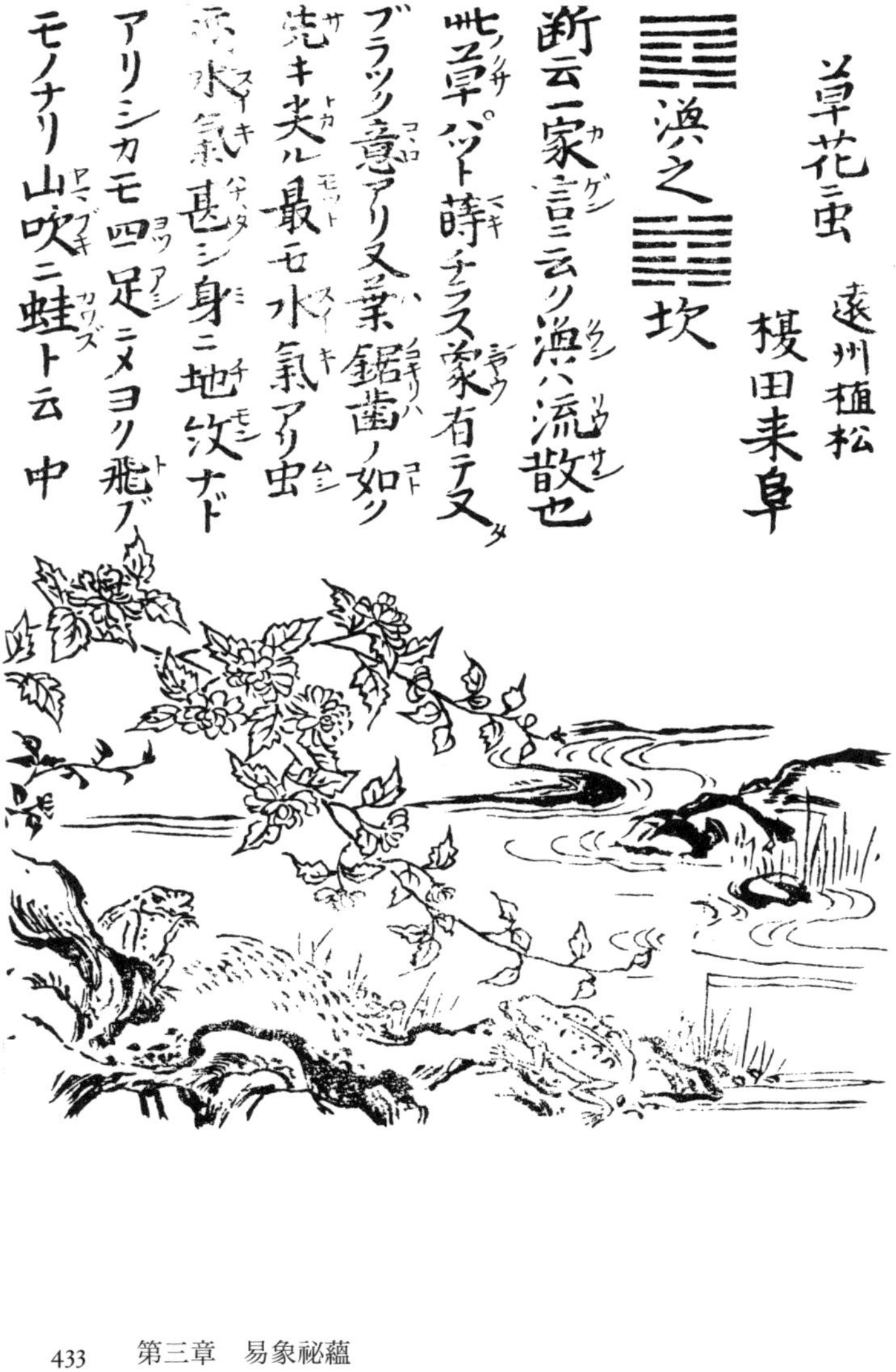

坎　兌
水　沢

水沢節

狐渉泥中之象（狐、泥中を渉《わた》るの象《かたち》）
作穽自隕之意（穽《わな》を作りて、自ら隕《お》ちるの意《こころ》）

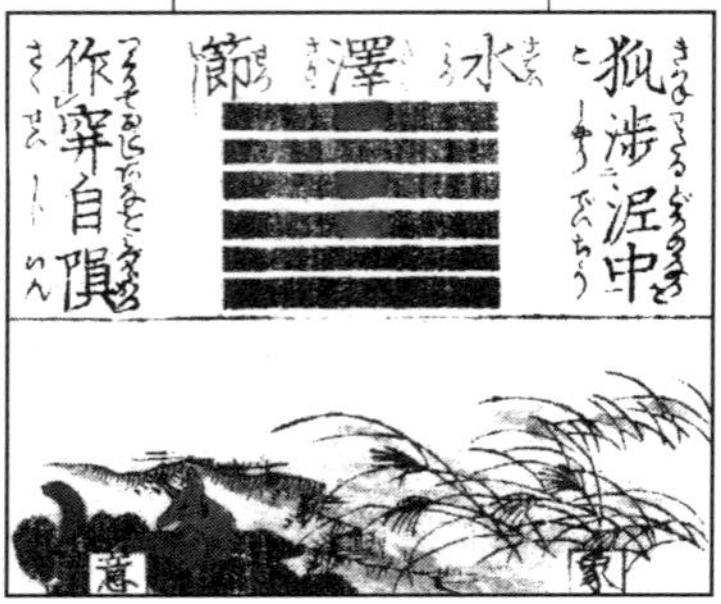

○狐渉泥中…坎を狐とし、兌を泥とする。節は程良いことである。狐が川を渉《わた》る場合に、老狐は力があって尾を揚げて渉るので尾を濡らさず、これは事を程良くするのである。また小狐はその力が足りず尾を揚げられず、遂に尾を濡らして溺れるに至るのである。これは自分の才力を量らずに、事を節《ほどよ》くしないで苦しむものである。

節くする時は事が通じるのである。卦辞に「節は亨る。節に苦しむ」とある。五味（甘・酸・鹹・苦・辛）の働きは火に作用されるが、偏《かたよ》らなければどれも甘く、偏ればどれも苦くなるようなものである。また我が邦の諏訪の渉りも節に違うと、氷が割れて渉ることができないようなものである。

また宋襄《そうじょう》の仁（無益な哀れみをかけることのたとえ）などもまた節に苦しむものである。今、泥中を渉ると云うのは最も渉るのが難しいことを云う。そもそも節は限りがあるので止まる卦である。

ところがよく止まって守ることができず、険を見ても兌《よろこ》びが限度を越えて進み行く。よって険難に陥るのは、狐が泥中に苦しむようなものである。

○作穽自隕…自らその節を守らないで、危うきに至ると云う意である。『荘子』に「衆人、世利を貪りて、而して罪禍に陥る」とあるのと同じである。この卦は兌んで険に行くと云う象である。不正を以て険に行けば大いに危うい。正を以て行く時は険を犯しても功がある。正を以て行くとは、九五の中正の君徳に化して、険を厭わず死を恐れずに行くことである。このようであればどうして功がないことがあろうか。

秦の商鞅《しょうおう》が新法を立て、民は大いに憎んだ。商鞅は奢《おご》り高ぶって終《しま》いに王に反する振る舞いが見えたので、秦の恵王は公子虔《こうしけん》に三百の兵を与えてこれを捕えさせようとした。商鞅は逃走して函関に着いた。日がまさに暮れようとするので、商人達に紛《まぎ》れて宿を借りようとするが、店主は自らを証明する帖面を見せることを求めた。商鞅は「帖面はない」と云うと、店主は「わが国は、商鞅君が法を設けて、帖面がない輩に宿を貸すものは、帖面のない人と同罪に処します。どうしてそれなのに帖面のない人に宿を貸せましょう」と応じた。商鞅は悔い嘆いて「私はこの法を設けて、今日、すでに自分の身に及んだ。所謂《いわゆる》法を成して自から斃《たお》れた」と云って、また他の宿に行くが、どこも帖面を改めることを要する。しかたなく関門を叩くと、関吏が「商君が法を設けて、黄昏に関を閉じ、鶏鳴に門を開けることになっている。今夕はすでに二更になった。決して門は開けない」と。結局、商鞅は走り回って、公子虔に遇って終に生け捕られた。これはまさに、穽《わな》を作って自から隕《おちい》る人である。

○この卦は物事が滞って阻《さわ》りがある卦である。

解に曰く、この卦は沢の上に水がある。沢が水を受け入れるには限りがあり、水が多すぎれば必ず溢れるから、その容量に応じて止め畜《たくわ》えるのである。これが節と名付ける所以《ゆえん》である。節とは、度量が分限を越えないことで、俗に云う、程善くと云う義である。このように、節は限度があり、また竹に節があって先が行き詰まっている意があるので、通じないとし、前に坎険の阻りがあるので、滞って阻りがあるとする。

○自然と程良い意もあって、物に違い背くことなく通じるとも見る。しかし、大方は運の拙い卦である。

解に曰く、一陰と一陽、二陰と二陽とそれぞれ程よく交わった卦なので、過不及なく自然に通じるとする。しかし、自から物に節制があって、十分に得難い意があるので、運の拙ない卦とする。

○物に限りがあり、止められる意があるので、諸事手広くするのは良くない。

解に曰く、坎水を兌器に湛《たた》えるように限りがあり、止められるので、手広くするのは良くないと見る。もし水が器の容量を過ぎると、必ず溢れて損害となるから程良くせよと云う。

○不意に災難に遇う兆し。注意しなければならない。

解に曰く、兌を悦ぶとし、坎を冦とし、兌を出て坎に遇うので、不意に災難に遇うとする。

○閉じ塞がる意がある。

解に曰く、節の限度があって止められる義から、閉じ塞がるの意とする。

○他国などからの便りを占うには凶。

解に曰く、沢中の水は止まって流れないので、他国などからの便りを占う場合には、滞って通じなく、便りがないとする。

○願望は叶い難い。

解に曰く、兌の悦び望むことがあっても、坎険が前にあって進み作《な》すことができないので、願望は叶い難い。時節を待たなければならないとする。

○旅行は宜しくない。

解に曰く、進めば坎の難みに陥るので宜しくないとする。もし強いて行けば盗賊などに遇うことがあろう。

○婚姻は上手《うま》くいく。

解に曰く、坎の中男が上に位し、兌の少女が下に居り、男女が位を正しくして、節義を守って家を斉《ととの》えるので上手く行くとする。

○出産は障りはないが遅い。

解に曰く、水が沢中にあって、過不及がなく、その節を得るので障りはないとする。しかし、自然に時節の到来するのを待つ意があるので遅いとする。

○病は凶。

解に曰く、坎毒が胸に滞って動かず、悪水が内に満ちているので凶とする。

○遺失物は見つからない。

解に曰く、節に滞る意がある。坎を深く隠すとし、兌器が陥る象があるので見つからないとする。

○待人は来ない。

解に曰く、兌沢に坎の流水を止める意があるので来ないとする。但し兌を言葉とし、似卦の離☲を文書とするので、便りがあろうか。

占例

ある人が婚姻の吉凶を問う。真勢先生がこれを占って水沢節䷻の地沢臨䷒を得た。先生は「臨は彼と我が相望む象である。節は節義を守ると云う義であって、坎の中男は上卦に居り、兌の少女は下卦に居て、男女が位を正しくて、家を治める象であるから吉」と占断した。果たしてその通りであった。

巽 兌
風 沢

風沢中孚

鍋釜得蓋之象（鍋釜、蓋《ふた》を得るの象《かたち》）
鶴鳴子和之意（鶴鳴いて、子和するの意《こころ》）

○鍋釜得蓋…金で口《くち》があるのは兌の卦である。これを鍋釜とする。巽は木で蓋《ふた》とする。上と下に孚があって相合うのは、器が蓋を得たようなものである。

○鶴鳴子和…中孚は、孚があって上下が相合うの卦である。我が兌《よろこ》べば彼は順《したが》い、下が誠の心を以て上を悦ばせれば、上もまた誠の心を以て下に順う。君が民を愛し、民が君に順って和服する。その意は、鶴が鳴けば、その子鶴が聚《あつ》まって応ずるようなものである。

よって孚の字は爪に従い、子に従って、鶴がその子を育てようとして、爪を以て羽の下へ抱え入れるさまに象《かたど》るのである。また全卦に、口と口とが相合って、母がその子に食を含ませる象がある。爻辞に「鳴鶴陰に在り。その子これに和す」とある。君を親になぞらえ、民を子になぞらえたものである。

孚は信である。信は実の用である。虚は信の本である。信は虚から生じる。地は陰であって虚である。しかし、陰中に陽があるので天の陽気を受けて物を生ずる。月は陰ではあるが、陰中に陽があるので日の陽を受けて照らすのである。雌は陰虚ではあるが、雄の陽精の実を受けて胎化する。陽は陰によって形を生じ、実は虚によって信を生ずる。従って中孚は実ではあるが、この卦から他卦に之く時は却って虚である。他卦から来る時は、その事は実であると知らなければならない。

○この卦は誠があると云う卦であって、心中が正直で丁寧なので吉とする。自分の邪《よこしま》なことにこの卦を得たなら、大凶が目前である。

解に曰く、この卦は上下が二陽で充実しているのを実とし、中が二陰で虚なのを中孚の象とする。兌は悦び巽は順う。これは彼も我も共に信があるの義である。即ち自分が孚信を以てすると、人もまた孚信を以て応ずる。そしてその孚信を尽くすにも、正邪によって吉凶は大いに異なる。だから正直で丁寧なので吉とし、そうでなければ凶とする。

○相談事は調う。

解に曰く、上卦の巽を逆さまに見れば兌☱の口である。兌口を両方から向かい合わせるのは談合する象なので相談事と云う。我が悦んで進めば、彼は順い応じるので、相談事は調うとする。

○次第に良い事があるとする。

解に曰く、大抵、事が成就するのは、成就する日に成就するのではなく、必ず由って来る所がある。自分に孚誠の心があって、その後に物が自然とこれに応ずるので、次第に良い事があるとする。

○心身に苦労あり、それを内に包み隠している意がある。
解に曰く、四陽が二陰を包み、また裏には大坎☵の苦労を伏しているので、心身の苦労があって、内に包むとする。
○心を一つにして変わらなければ願望は叶う。
解に曰く、大離☲を心とし、二心がないのを中孚とし、中孚で豚魚《とんぎょ》のようならば、大川を渉《わた》るのによく、鶴が鳴いてその子がこれに和すると云うのも、またこれに外ならない。よって一心に求めれば何事も成らないと云うことはない。それで願望が叶うとする。
○親愛せられる意がある。
解に曰く、兌を愛すとし、我が説《よろこ》び、彼が応じ、互いに相親しむので親愛せられるとする。
○婚姻は吉。病人は大抵凶。
解に曰く、内が悦び、外は順い、内と外とが相応ずる象なので吉とする。また病は中虚で、内傷また大熱があるので凶とする。
○出産は無事。
解に曰く、大離は大腹と云う象。内が説び、外は順う義なので無事とする。但し大離なので女子を孕《はら》むとする。
○待人は来る。
解に曰く、両人が相逢って、我が説《よろこ》び、彼が応じるので来るとする。

○遺失物は時間が経ってから連絡がある。
解に曰く、内に包んで未だに外に発しない象なので直《す》ぐには出ない。しかし、内と外とが相応ずる象があるので、時間が経ってから後に連絡があるとする。
○始めは凶で末は吉卦。
解に曰く、中孚は、伏卵の象があって物の始めである。兌口が相接し、母鳥がその子に食を含ませて養育するの義がある。また内に物を包んで、未だ発しない象があるので、始めは善くなくても末は吉とする。

占例

ある人が来る途中で見た物があって、それを問う。筮して中孚䷼の益䷩を得て、平沢先生は「中孚は鶴が鳴き、子が和すると云う卦である。各々その道に信がある。また益は損である。情愛のためにその身を損する。これは情死を見たのであろう」と占った。果たしてその通りであった。
○虫類でその行動と云うのを筮して、同じく中孚䷼の益䷩を得た。平沢先生は「この虫は一に止まらず多数であろう。巽を蛇とし、兌に蛙の象がある。益は損である。各々が自分のために利を謀る。風雷の破れがあり、中孚は両口が相対している。互いに向かい合い、睨《にら》み合った象がある」と占断し、封を開くと果して「蛙《かえる》蛇《へび》蚭《なめくじり》一盤に盛《も》る」と書いてあった。
○漢土の古人の風情と云うのを筮して、中孚䷼の節䷻を得た。雲除は「中孚は首と尾が丸くて中が細く結び切った象である。上爻が変じて上に口がある。この人はこのような物を持っているのであろう。また変卦兌☱の口から、坎☵の四足の生類が出た象。これは必ず張果仙人が瓢箪から駒を出す所であろう」と判断した。果たして的中した。

木ニ魚

白嶺門
三井ノ泰堂

䷼中孚之䷉履

斷ニ云ク魚《ウヲ》長《ナガク》メ大《タイ》魼《キヨ》ニ非《アラ》ズ香《ニヲヒ》高《タカ》ク多《ヲヽク》集《アツマ》ルモノナリ木《キ》ニアブナキ鳥ハアレバ鰯《イワシ》ニ柊《ヒラギ》ト云影《ハタ》メ中《チウ》ス

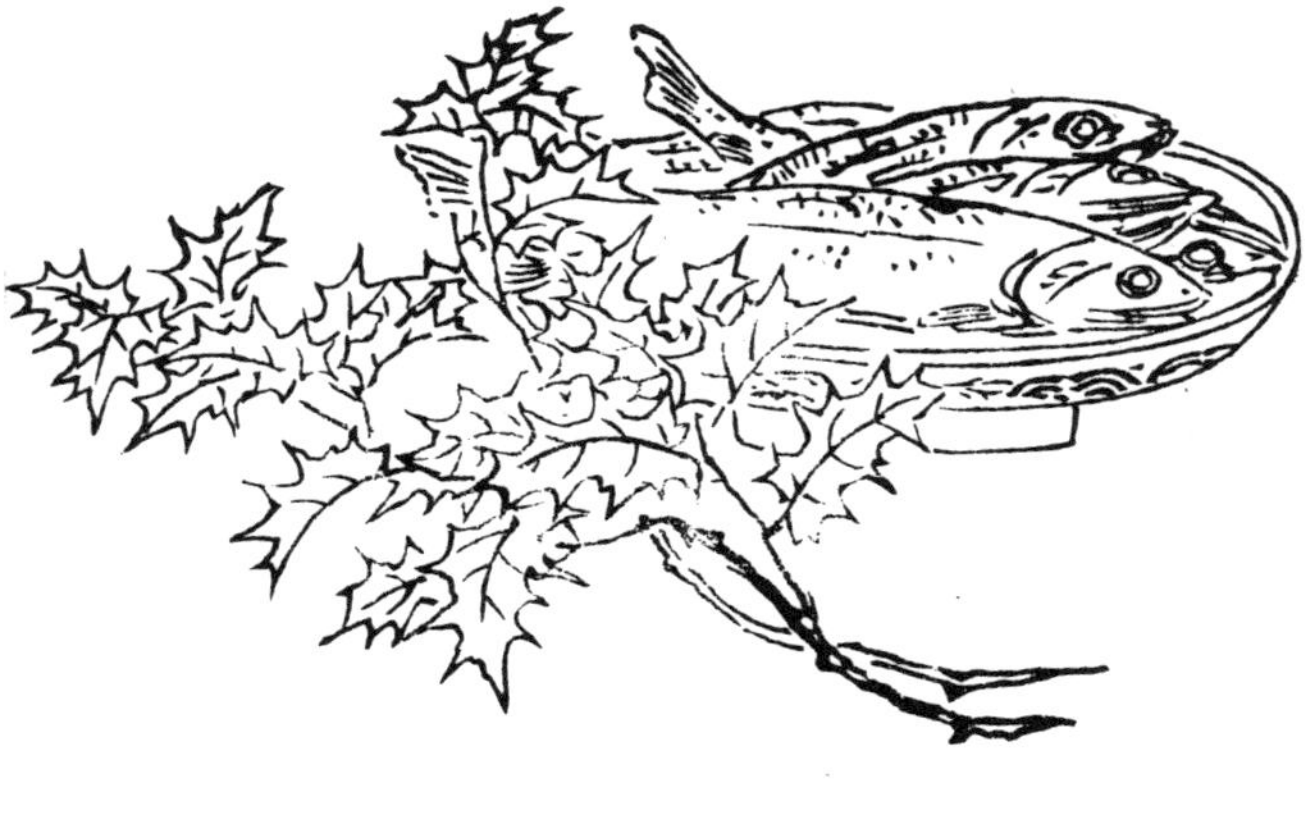

震 艮

雷 山

雷山小過

飛鳥過山之象（飛鳥、山を過ぐるの象《かたち》）

門前有兵之意（門前、兵有るの意《こころ》）

○飛鳥過山…小過は過失である。その象は、鳥が上には止まる所がないのに、誤って高く山を過ぎて飛び上がる有り様である。艮を山とし、震を過ぎ行くとする。飛鳥は全卦の象で、中の二陽は鳥の身で、上下の四陰は両翼の象である。これは象像と云うものである。

卦辞に「飛鳥、之が音を遺す。上るに宜しからず、下るに宜し」とある。鳥は上に止まる所はない。下に宿する処がある。それなのに却って高く上って、音だけ下に下って聞えるのである。これは暫しのことで、上にいれば、翼は疲れ、苦しむはずである。人にあてはめれば、高ぶる者は正を失い、人の憎しみを受け、謙《へりくだ》る者は正を得て、人の愛敬を受ける。よって飛鳥の上下を以て人事の慎みを戒め示すのである。

○門前有兵…進むのは宜しくない。退くのが宜しいと云う意である。進んで出る時は、門前に兵があって災いがある。退き守る時は虎口を免れる。艮を門とし、震を兵とする。漢の高祖が楚兵に囲まれ、危急の時だが東門を出ることができない。その時に紀信《きしん》の謀計によって西門から出て、虎口を免れたようなものである。東は陽の方、西は陰の方、陽は進むである。

○この卦は鳥の飛ぶのが目に見え、その声を耳に聞くのだが、手に取る事ができない。そうした意で、万事調い難い。

解に曰く、小過は小なる者が過ぎるのである。四陰、二陽であって、陰を小とし、陽を大とするので小過と云う。震と艮の二陽を鳥の身とし、上下の四陰を両翼とする。これは飛鳥の象である。飛鳥が高いところにいて、目に見え、またその声を聞くが、手に取る事ができないので、物事は調い難いとする。

○大きな禍はないが、常に苦労や気兼ねが多く、我身が我心に任せられない意がある。

解に曰く、小過は小事が過ぎるとは云っても、過ぎることが甚だしくはならない。これを以て大なる禍いはないとする。また大坎☵と云う象があるので、苦労があるとし、震は動こうとし、艮は止まろうとし、進退が互いに相背き自由にならないので、我が身が我が心に任せられないとする。また艮を門とし、震を兵とし、門前に兵ある象なので、気兼ねが多いとする。

○物が十分に満ちようとすると、そこに不足の事が起こり、調い難い卦なので、小事に宜しく、大事には宜しくない。

解に曰く、二つの震が両方に進んで膨脹し、共に一陽進めば兌☱となり、また乾☰となる。兌を毀損とし、乾を十分に満ちるとする。十分に満ちずに毀損するので、十分に満ちようとするとまた不足の事が起こるとする。また飛鳥は高く昇り過ぎると棲息する所がない。よって小事に宜しく、大事には宜しくないとする。
○旅行は難《なや》みがある。
解に曰く、小過は大卦の坎であって、坎を災難とし、盗賊とするので難みがあるとする。
○人と仲が絶える意がある。また背く義がある。
解に曰く、震は動き進み、艮は退き止まる。互いに背中合せの象で、親しまないので、仲が絶えるの意、また相背く義があるとする。
○病は治癒する。
解に曰く、全卦は陽剛によって中実と云う象。また過ぎ去ると云う意があるので治癒するとする。
○婚姻は調い難い。
解に曰く、あるいは動き、あるいは止まると云う象なので、相談が折り合わず調い難いとする。また少し過ぎると云う意なので、彼と我の身上に少し不釣合の所があるはずである。
○出産は無事。
解に曰く、中実と云う象があって、震を動き出るとするので、無事とする。
○待人は遅い。
解に曰く、門外に出て進む象があっても、全卦は大坎なので、途中に難みがあって来るのは遅いとする。

占例

失せ物があり、どこに行ったかを問う。これを筮して小過䷽を得た。谷川先生は「艮は家であり、門である。震は壮士であり、走るである。小過は、壮士が物を取って門外へ走り出ると云う象なので、行方は分からないだろう」と占断した。果たして的中した。

○寿永の頃の古人で風情があると云う。筮して小過䷽の咸䷞を得て、平沢先生は「小過は音を遺すと云う卦で、よって末世が感じられる。五爻変なので下賤の者ではない。智略兼備の名将であろう。卦象は両頭が弱く、中が強いので、弓の形があり、小過は大坎の卦で坎を弓とする。また山沢気を通じ、山があり、水があり、高いところから低いところを臨み、落としたものを取ると云う様子がある。義経の弓流《ゆみなが》しであろう」と占断し、果たして的中した。

坎　水
離　火

水火既済

芙蓉載霜之象（芙蓉《ふよう》、霜を載するの象《かたち》）
西施傾国之意（西施《せいし》、国を傾くるの意《こころ》）

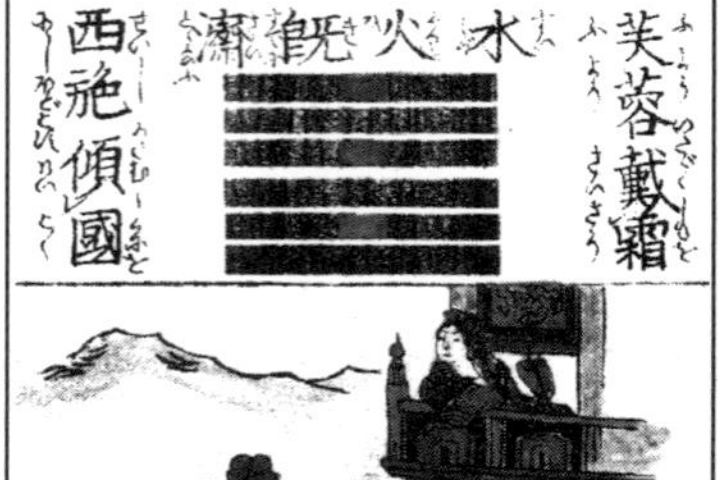

○芙蓉載霜…芙蓉は花の名、秋に花を開き、甚だ美麗ではあるが、霜に傷《やぶ》れやすい物である。この卦を得た場合に、始め盛んで、後に衰えるのは、芙蓉が霜に遇う象と同様である。離を芙蓉とし、坎を霜とする。ちなみに水に生ずるものを水芙蓉と云う。即ち蓮である。木に生ずるものを木芙蓉と云う。ここに云う芙蓉は木である。

○西施傾国…中国の古代における呉・越の興亡を記した書『呉越春秋』などに登場する西施《せいし》は絶世の美女である。范蠡《はんれい》に見出され、越王の勾践《こうせん》から呉王の夫差《ふさ》に献上される。呉王は西施を寵愛し、惑溺し、国事を忘れ、ついに呉は越に滅ぼされる。この卦が意味するところの、始めは楽しみが盛んで、後に壊れ乱れる有り様は、呉王が西施を愛して国を傾けたと同様である。

卦辞に「初めは吉にして終りは乱る」とある。この卦は、物が成るので初めは吉である。後に敗るので終わりは乱れるのである。卦は火の上に水がある。火は初め小さな時は、生臭いものを熟して煮ると云う働きがある。しかし、もし後に火が大いに盛んになれば、水が沸き上り、溢れ出て、水火共に滅して各々その用を敗ることになる。その意は西施が国を傾けるようなものである。既済は明を出て暗に入り、未済は暗を出て明に入るので、未済は待つ所があり、既済は待つ所がない。

○この卦は物の乱れる始めとする。一旦は成就するが末には破れる意がある。注意しなければならない。

解に曰く、離の中女が下にあって位を得た。坎の中男が上にあって位を得る。これは二爻と五爻の陰陽が各々その位が正しく配偶する卦である。とはいえ、盛んなものは必らず衰え、盈《みつ》れば必らず欠けるのは自然の理である。

この卦は六爻が相交り、相応じ、相比して、すべて正を得て、既に済《ととの》っている。これが既済と名付ける所以である。また火の上に水があり、水火が相交って各々その用を成すので、事が既に済うとする。事が既に済えば必らず散乱するに至るので、一旦は事が済いはしても末には破れがあるとする。

○渡し場に往って舟を得た意があり、良い事に逢う義もあるが、今から後が変わる卦なので、油断怠慢なく貞正を守ること。

解に曰く、離を舟とし、坎を水とするので、渡し場に行って舟を得るとする。また事が既に済って良い事に逢いはしても、また忽《たちま》ち欠けて破れるので、油断なく貞正を守れと云う。

○色欲がある。婚礼には凶である。何事も終わりを保たない意がある。

解に曰く、陰陽がよく組み合って相和するので色欲があると見る。また始めは吉だが終わりは乱れる意があるので、婚礼には凶であるとする。また満つれば欠ける意があるので終わりを保ち難いとする。

○人と仲違いがある。

解に曰く、水と火とが相敵する象があるので、仲違いがあるとする。

○出産は安産である。

解に曰く、剛と柔が位を得て、陰と陽が相交わるので、故障がなく安産とする。

○病は凶。

解に曰く、陰と陽が位を得て、六爻が相応ずる象なので、病が全身に充満して、命が尽きるとする。

○遺失物はない。

解に曰く、坎が離明を覆い、また坎を賊とし、離火を克害とする。これは賊が外に在って、内に通ずると云う意。また水は火を剋し、火もまた水を滅し、水火共に消滅する意があるので、遺失物はないとする。

占例

享和の頃、ある人が中州先生に「ある川筋に通い船（川や港で、本船と陸地との連絡のために用いる小船）のことを願ったけれども叶わないので、またその枝川の通い船を願ったところ、官の方は叶ったけれども、里人の故障があって成就しない。この度はまた右の川筋に近い川の方を願おうとしているので成否を占って下さい」と頼んだ。それでこれを筮すると既済䷾の乾䷀を得た。先生は「この願いは成就しない。また成就する。その訳は、既済は既に済うとも、尽きるとも見る卦である。最初からその理由を考えると、卦は一陽一陰と入れ替わりにあり、陽は剛で成らない象、陰は柔で成る象である。よって成就しない、また成就すると云う。また既済の象に、坎の川が幾筋もあり、また陽の配爻はどれも艮☶である。艮を止むとする。これは成ろうとしては止め、成ろうとしては止める象である。また之卦の乾と本卦の既済とを、古易活法を以て見れば、天火同人䷌があり、天水訟䷅があり、二が同人、三が訟、四が同人、五が訟である。同人は人と同じくして訴えをすることが屢々《しばしば》である。しかし、坤の川筋は塞《ふさが》って乾の無となり、また既済には尽きて無となる象がある。よってこの願いは成らない。止めて吉である。川筋が出来る象がない」と。後に果たして悉く的中したと云う。

離 坎
火 水
䷿

火水未済

暁光浮海之象（暁光《ぎょうこう》、海に浮かぶの象《かたち》）
花落結実之意（花落ちて、実を結ぶの意《こころ》）

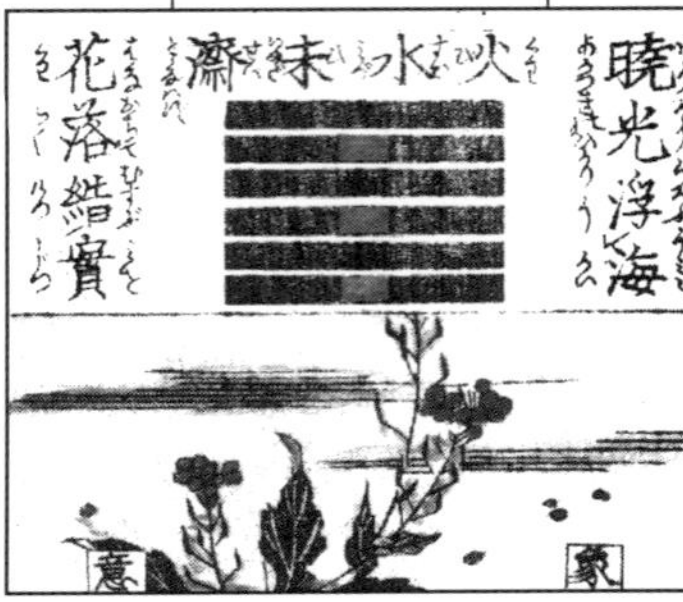

○暁光浮海…坎を海とし、離を暁光とする。未済は水火が交わらないので、その用をなさない様子は、暁光が海に浮んでも、幽《かす》かで分明でないようなものである。六五の爻に至れば、光が万邦に及んで、多くの人がその徳を蒙る。これを日輪が海に浮かぶ象とする。

○花落結実…既済は既に成って待つ所がない。未済は成るの始めで、待つ所があって次第に成る様子は、花が落ちて実を結ぶようなものである。

○この卦は物の成就する卦である。未だ用を成さない。だが、これから以後相交わり、事を始めるのに吉兆である。願望は調う。

解に曰く、未済は未だ成らないと云う義だが、「未だ」の字は後に期する所がある字なので、終に成るの義があると見る。離火は炎上して下らず、坎水は潤下して升らず。二物が相交わらないので未済と云う。しかし、これからまさに相交わって既済になろうとするので、事を始めるのに吉兆であって、願望も調うと云う。
○胸中に思いがあり、その事を云い出すか、云い出さないかの中間であると知ること。
解に曰く、離を心とし、坎を思いとし、未済なので、これから始めようとの思惑はあっても未だ言い出さない中間とする。また坎が内にあるので、未だ思いを外に現わさないとする。
○身心に辛苦がある。
解に曰く、離の心中に坎がある。坎を難《なや》みとし、辛苦とする。
○色情がある。婚礼や養子は吉。
解に曰く、陰と陽が相応ずる象があるので、色情があるとする。また未済はこれから相交わって、既済となる義があるので、婚礼や養子などすべて吉とする。
○出産は安産である。
解に曰く、未済は未だ成らないと云う義なので、末に楽しみがある。即ち憂中に喜びがあると云う象であって、坎の暗中から、離明を望み、凶が散じて吉に向かうので安産とする。
○病は凶兆。
解に曰く、水と火が相剋する象があり、また陽は炎上し、陰は降下して、相和さない象があるので凶兆とする。
○遺失物は出る。思いがけない所を探すこと。

解に曰く、陰と陽、剛と柔が位を失った象があるので、置き場所の覚え違い、または他の物に入り雑《まじ》ったのであろう。急には出てこない。時が過ぎて出ることがある。また六爻が位を失い、上下顛倒する象なので、思いがけない所を捜索しろと云う。例えば高い所に在るはずの物は低い所、また低い所に在るはずの物は高い所、あるいは内に在るはずの物は外、また外に在るはずの物は内を探すと云った類である。

○待人は来ない。

解に曰く、剛と柔が位を失い、水と火が相交わらない象なので、来ないとする。

○女は悦びがある。男は窮苦の後に良くなる。

解に曰く、離の中女は上に位し、時を得て未済中の既済に居るので、女は悦びがあると云う。また坎の中男は下に位し、未だ時を得ずに未済中の未済に居て、しかも坎を苦しみ難むとするので、男は窮苦があると云う。しかし、これからまさに位を得、時を得て、既済になる意があるので、窮苦があって後に良くなると見る。

占例

古人一人と云うのを筮して、未済䷿の晋䷢を得た。松井は「未済の義から判断して、この古人は公正の大業を天下に建てようと思い謀《はか》ったが、時が未だ至らないので、その功が成らず、忠節のために死したであろう。そして、晋の義からは、その忠信智勇の名は万代に輝くことが分かる。これは必ず楠廷尉正成公である」と。果して的中したと云う。

六十四卦　索引

坤(地) ☷	艮(山) ☶	坎(水) ☵	巽(風) ☴	震(雷) ☳	離(火) ☲	兌(沢) ☱	乾(天) ☰	上卦／下卦
P.62 地天泰 P.242	P.72 山天大畜 P.298	P.68 水天需 P.218	P.66 風天小畜 P.234	P.64 雷天大壮 P.330	P.70 火天大有 P.252	P.74 沢天夬 P.365	P.60 乾為天 P.199	乾(天) ☰
P.174 地沢臨 P.270	P.184 山沢損 P.358	P.180 水沢節 P.434	P.178 風沢中孚 P.439	P.176 雷沢帰妹 P.409	P.182 火沢睽 P.346	P.186 兌為沢 P.425	P.172 天沢履 P.238	兌(沢) ☱
P.142 地火明夷 P.338	P.152 山火賁 P.281	P.148 水火既済 P.448	P.146 風火家人 P.342	P.144 雷火豊 P.413	P.150 離為火 P.314	P.154 沢火革 P.388	P.140 天火同人 P.249	離(火) ☲
P.94 地雷復 P.290	P.104 山雷頤 P.302	P.100 水雷屯 P.208	P.98 風雷益 P.362	P.96 震為雷 P.397	P.102 火雷噬嗑 P.277	P.106 沢雷随 P.263	P.92 天雷无妄 P.294	震(雷) ☳
P.110 地風升 P.377	P.120 山風蠱 P.267	P.116 水風井 P.385	P.114 巽為風 P.421	P.112 雷風恒 P.322	P.118 火風鼎 P.393	P.122 沢風大過 P.306	P.108 天風姤 P.369	巽(風) ☴
P.126 地水師 P.226	P.136 山水蒙 P.213	P.132 坎為水 P.310	P.130 風水渙 P.429	P.128 雷水解 P.354	P.134 火水未済 P.452	P.138 沢水困 P.380	P.124 天水訟 P.222	坎(水) ☵
P.158 地山謙 P.255	P.168 艮為山 P.401	P.164 水山蹇 P.350	P.162 風山漸 P.405	P.160 雷山小過 P.444	P.166 火山旅 P.417	P.170 沢山咸 P.318	P.156 天山遯 P.326	艮(山) ☶
P.78 坤為地 P.203	P.88 山地剥 P.286	P.84 水地比 P.230	P.82 風地観 P.273	P.80 雷地予 P.259	P.86 火地晋 P.334	P.90 沢地萃 P.373	P.76 天地否 P.246	坤(地) ☷

P.60
乾為天 ☰
P.199

【索引例】

「乾為天」の卦は、第２章はP.60、第３章はP.199に掲載されています。

神易玄義

本体 九、八〇〇円＋税

平成二十九年一月十六日　初版発行

編著者　大宮　司朗 ©

発行所　八　幡　書　店

〒142-0051　東京都品川区平塚二丁目一番十六号
KKビル5F

振替　〇〇一八〇―一―四七二七六三

電話　〇三（三七八五）〇八八一

印刷／平文社

製本・製函／難波製本

ISBN978-4-89350-726-6 C0014 ¥9800E